COORDENAÇÃO EDITORIAL
Andrea Lorena Stravogiannis

# AUTISMO
um olhar por inteiro

Literare Books
INTERNATIONAL
BRASIL · EUROPA · USA · JAPÃO

© LITERARE BOOKS INTERNATIONAL LTDA, 2021.
Todos os direitos desta edição são reservados à Literare Books International Ltda.

**PRESIDENTE**
Mauricio Sita

**VICE-PRESIDENTE**
Alessandra Ksenhuck

**DIRETORA EXECUTIVA**
Julyana Rosa

**DIRETORA DE PROJETOS**
Gleide Santos

**RELACIONAMENTO COM O CLIENTE**
Claudia Pires

**DIRETOR DE MARKETING E DESENVOLVIMENTO DE NEGÓCIOS**
Horacio Corral

**EDITOR**
Enrico Giglio de Oliveira

**REVISÃO**
Tarik Alexandre
Sérgio Ricardo

**CAPA**
Gabriel Uchima

**DESIGNER EDITORIAL**
Victor Prado

**IMPRESSÃO**
Impressul

---

**Dados Internacionais de Catalogação na Publicação (CIP)**
**(eDOC BRASIL, Belo Horizonte/MG)**

A939   Autismo: um olhar por inteiro / Coordenação Andrea Lorena Stravogiannis. – São Paulo, SP: Literare Books International, 2021. 336 p. : 15,8 x 23 cm

ISBN 978-65-86939-62-0

1. Literatura de não-ficção. 2. Autismo. 3. Família. I. Andrea, Stravogiannis.

CDD 618.928982

**Elaborado por Maurício Amormino Júnior – CRB6/2422**

---

**LITERARE BOOKS INTERNATIONAL LTDA.**
Rua Antônio Augusto Covello, 472
Vila Mariana — São Paulo, SP. CEP 01550-060
+55 11 2659-0968 | www.literarebooks.com.br
contato@literarebooks.com.br

# PREFÁCIO

Quando a Organização das Nações Unidas instituiu, em 2007, o Dia Mundial de Conscientização do Autismo, ela convocou a sociedade para um movimento coletivo de conhecimento, respeito ao próximo e empatia.

Pouca gente sabe, mas o autismo não é uma doença, e sim um transtorno neurológico que compromete o desenvolvimento das crianças, afetando o modo como elas se comunicam ou interagem socialmente. Essas alterações provocam justamente o que a ONU quer combater dedicando, a cada ano, o dia 2 de abril à conscientização do autismo: o preconceito provocado pela falta de informação.

Falar sobre o autismo, principalmente no Brasil, ainda é, infelizmente, explorar um território onde poucos estão preparados para formar integralmente as pessoas que sofrem o transtorno, considerando todos os aspectos da sua vida: pessoal, profissional, sexual, acadêmico, entre outros.

Quando falamos abertamente e de forma abrangente sobre o autismo, não estamos apenas munindo a sociedade com informações, mas atuando como agentes facilitadores para que os familiares dos portadores convivam com os seus desafios de uma forma menos dolorosa. E para que isso aconteça e seja perene, precisamos, além de debater sobre os desafios iniciais relacionados ao desenvolvimento infantil, ampliar essa discussão para as dificuldades que o autista e seus familiares enfrentarão durante a adolescência e a vida adulta.

Ressalto, também, a importância de ampliar o nosso olhar para uma questão que considero um dos pontos altos deste livro: a abordagem, sem tabu, sobre o impacto emocional e os ajustes que a mulher é obrigada a fazer em seus diversos papéis quando recebe o diagnóstico do seu filho(a). A não aceitação inicial, a depressão, além das dificuldades de relacionamento entre os cônjuges, que passam a lidar frequentemente com uma enorme demanda para que as crianças tenham uma vida mais estável e saudável apesar das dificuldadess na comunicação, na integração social e na aprendizagem.

Por isso, considero o olhar por inteiro, proposto por este livro, de fundamental importância. A construção dos capítulos foi idealizada para, além de trazer conceitos sobre o autismo, bases teóricas e estudos sobre o transtorno, dar voz a educadores, psicólogos, terapeutas, fonoaudiólogos e neuropsicólogos, para que esses profissionais consigam esclarecer todas as complexidades que envolvem o universo do autista, libertando e direcionando o autista à desenvolver seus potenciais e habilidades sociais com intervenções precoces, métodos alternativos de educação, além, claro, de muito afeto.

Nas próximas páginas, essa visão holística se apresenta com a integração de relatos de mães de crianças portadoras do transtorno e olhares apurados de profissionais que discorreram amplamente sobre diversos aspectos, trazendo discussões e fundamentações sobre o impacto do transtorno no cérebro e nas funções cognitivas da criança, a importância da educação parental, o autocuidado e preparo emocional, teórico e prático dos próprios pais, o papel da terapia comportamental para aumentar o nível de autonomia da criança, entre outros. Entre os casos aqui compartilhados, vale destacar intervenções alternativas que impactam positivamente no desenvolvimento da percepção, interação e comunicação dos portadores do autismo, como a terapia assistida por animais, que os posiciona como agentes facilitadores nesse processo.

Do ponto de vista educacional, entender como a Lei Brasileira de Inclusão Social atua de forma conjunta e colaborativa com os profissionais de educação e os pais é o que considero o ponto de partida para aprofundarmos o debate sobre uma educação estruturada com práticas inclusivas nas escolas. E os capítulos sobre o tema trazem explanações esclarecedoras sobre um ensino baseado em habilidades básicas, comunicativas, acadêmicas e de higiene, ao mesmo tempo em que apresentam metodologias, propostas práticas e teóricas para a inclusão dos alunos autistas no contexto escolar. As peculiaridades da educação sexual aplicada à vida dos autistas é outro assunto tratado com naturalidade e de forma bastante original e atual.

Ao se deparar com os temas aqui apresentados, o leitor poderá complementar o seu conhecimento e desmistificar discursos sem fundamentos que ainda chegam de forma distorcida para boa parcela da sociedade e proliferam ainda mais o preconceito em torno das pessoas autistas. Nós, profissionais da área da saúde, temos a missão de levar à população as informações corretas.

**Andrea Lorena Stravogiannis**

# SUMÁRIO

3   PREFÁCIO
    **Andrea Lorena Stravogiannis**

9   DO AUTISMO AO TRANSTORNO DO ESPECTRO AUTISTA: UMA TRAJETÓRIA
    HISTÓRICA PELA BUSCA DO CONCEITO, DA ETIOLOGIA E DA HEGEMONIA
    **Ricardo Schers de Goes**

17  AUTISMO: O TRANSTORNO DA DESCONEXÃO
    **Daisy Miranda**

25  DESVENDANDO O AUTISMO: MITOS E VERDADES
    **Wilson Candido Braga**

33  DESENVOLVIMENTO DA LINGUAGEM EM CRIANÇAS COM TEA
    **Milene Rocha Lima**

39  A IMPORTÂNCIA DA AVALIAÇÃO NEUROPSICOLÓGICA EM CASOS
    COM TRANSTORNO DO ESPECTRO AUTISTA
    **Andreza Aparecida Oliveira Santos e Paula Adriana Zanchin**

45  GERENCIAMENTO DE COMPORTAMENTOS DISRUPTIVOS NO
    TRANSTORNO DO ESPECTRO DO AUTISMO
    **Luciana Garcia de Lima**

55  DO FILHO IMAGINÁRIO AO FILHO REAL: O (DES)AJUSTE DO NÚCLEO FAMILIAR
    APÓS O DIAGNÓSTICO DO TRANSTORNO DO ESPECTRO AUTISTA (TEA)
    **Claudia Moura**

63  MÃE DE AUTISTA: AQUELA QUE AMA E DOA A VIDA PELO FILHO
    **Adriana Assis**

71  ESTRATÉGIAS DE INTERVENÇÃO ATRAVÉS DO TREINAMENTO PARENTAL
    E DE OUTROS CUIDADORES
    **Liana Vale dos Santos Marques**

79     AUTOCUIDADO PARA OS PAIS DE CRIANÇAS
COM ATRASOS NO DESENVOLVIMENTO
**Suzana Kelly Soares Lara**

87     AUTISMO E CANABIDIOL — UMA NOVA ESPERANÇA
**Débora Fukuoca**

93     ESPECTRO NA ADOLESCÊNCIA
**Lídia Silveira**

99     ESTIMULAÇÃO VISUAL: A IMPORTÂNCIA DO CONTATO VISUAL
PARA A INTERAÇÃO SOCIAL DE CRIANÇAS COM TEA
**Ester Melo**

107     AUTISMO, EDUCAÇÃO E SEXUALIDADE: CONSTRUÇÃO
E PREVENÇÃO DE EXPERIÊNCIAS AFETIVAS E SEXUAIS SAUDÁVEIS
**João Miguel Marques**

115     DESENVOLVIMENTO DA LINGUAGEM NA CRIANÇA COM AUTISMO
**Lenice Silva Munhoz**

123     A TERAPIA OCUPACIONAL, A SENSORIALIDADE
E O PODER DE TRANSFORMAR HISTÓRIAS
**Ana Carolina Porcari**

137     ENVOLVENDO FAMÍLIAS
**Caroline Loezer**

145     PSICOMOTRICIDADE E AUTISMO
**Osmarina Montrezol de Oliveira**

153     MODELO JASPER PARA O TRATAMENTO DE CRIANÇAS COM
TRANSTORNO DO ESPECTRO AUTISTA
**Andrea Lorena Stravogiannis e Hannah Iamut Said**

161     PLANEJAMENTO EDUCACIONAL INDIVIDUALIZADO
PARA ALUNOS COM AUTISMO
**Célia de Fátima Macagnan**

167     TERAPIAS MULTIDISCIPLINARES NO TRATAMENTO DE CRIANÇAS
DIAGNOSTICADAS COM TRANSTORNO DO ESPECTRO AUTISTA
**Cilene Maria Cavalcanti**

| | | |
|---|---|---|
| 175 | ALÉM DO CONSULTÓRIO – UMA CONVERSA SOBRE O COTIDIANO DA FAMÍLIA ATÍPICA E COMO A ABA PODE AJUDAR | |

175 ALÉM DO CONSULTÓRIO – UMA CONVERSA SOBRE O COTIDIANO
DA FAMÍLIA ATÍPICA E COMO A ABA PODE AJUDAR
**Virna Valadares**

183 UM OLHAR SOBRE O CÉREBRO AUTISTA
**Talita Nangle**

191 MEU FILHO TEM AUTISMO, E AGORA?
**Simoni Hoffmann e Yuri Riera Nicolau**

197 NO OLHAR DE UMA PSICOLOGIA INTEGRAL
**Neli Maria Tavares**

203 COMO DIVIDIR A ATENÇÃO ENTRE OS FILHOS SENDO UM DELES AUTISTA
**Ana Nossack**

209 A INSERÇÃO INCLUSIVA DOS ALUNOS AUTISTAS NO CONTEXTO EDUCACIONAL
**Priscila Sorrentino**

217 A INCLUSÃO COM A MEDIAÇÃO ESCOLAR: UMA VIA ADEQUADA PARA
O SENSO DE PERTENCIMENTO SOCIAL DAS PESSOAS COM DEFICIÊNCIA (PCDs)
**Glicéria Martins Cleter e Tito Lívio De Figueiredo**

225 INTERVENÇÃO ASSISTIDA POR ANIMAIS E AUTISMO
**Gabriela A. Cruz e Karen Thomsen Correa**

233 O AUTISMO E A EMPREGABILIDADE PODEM ANDAR JUNTOS
**Jaqueline Silva**

241 A INCLUSÃO DE CRIANÇAS COM AUTISMO NO ENSINO REGULAR BRASILEIRO
**Ana Cordeiro**

247 A ETAPA DE ALFABETIZAÇÃO PARA CRIANÇAS COM
TRANSTORNO DO ESPECTRO AUTISTA
**Tatiane Hollandini**

255 AUTISMO NA PSICOPEDAGOGIA E NA EDUCAÇÃO
**Eliziane da Silva Lima**

263 DESAFIOS E POSSIBILIDADES DE PRÁTICAS DE LEITURA
PARA CRIANÇAS AUTISTAS
**Viviane Mattos Battistello**

269  AFETIVIDADE: FATOR ESSENCIAL NO PROCESSO DE
APRENDIZAGEM DE CRIANÇAS AUTISTAS
**Jacineide Santos Cintra Silva**

275  MATERNIDADE ATÍPICA
**Jacqueline Menengrone**

283  AUTISMO: UM OLHAR DIFERENTE
**Erika Reggiani Lavia**

291  ORIENTAÇÃO FAMILIAR, DO LUTO À LUTA
**Amanda Machado de Magalhães Peixoto**

299  GRITOS DO APRENDER
**Edilaine Geres**

307  AUTISMO E EDUCAÇÃO: UM CAMINHO POSSÍVEL
**Fabio de Oliveira Santos**

315  ESPIRITUALIDADE DO AUTISMO
**Flávia Cavalcanti**

323  A FAMÍLIA COMO PROTAGONISTA NO DESENVOLVIMENTO
DE CRIANÇAS COM TRANSTORNO DO ESPECTRO AUTISTA
**Luanda Garcez Ranha**

329  INSTRUMENTO DE RASTREIO PARA SINAIS PRECOCES
DO TRANSTORNO DO ESPECTRO AUTISTA
**Nadia Giaretta**

# 1

## DO AUTISMO AO TRANSTORNO DO ESPECTRO AUTISTA: UMA TRAJETÓRIA HISTÓRICA PELA BUSCA DO CONCEITO, DA ETIOLOGIA E DA HEGEMONIA

Neste capítulo, há uma reflexão sobre os conceitos de autismo a partir de um percurso histórico e do Manual diagnóstico e estatístico de transtornos mentais (DSM), com o intuito de demonstrar que não há consenso sobre a conceituação do autismo e a sua etiologia, e que esse dissenso tem a ver tanto com a produção do conhecimento científico quanto com disputas entre as áreas de conhecimento.

**RICARDO SCHERS DE GOES**

**Ricardo Schers de Goes**

Doutor em Educação pelo Programa de Estudos Pós-graduados em Educação: História, Política, Sociedade pela PUC-SP (2014), com bolsa-sanduíche na University of Kansas (2013). Mestre em Educação pelo Programa de Estudos Pós-graduados em Educação: História, Política, Sociedade pela PUC-SP (2009). Mestre em Psicologia pelo Programa de Psicologia Escolar e do Desenvolvimento Humano, do Instituto de Psicologia da Universidade de São Paulo, USP (2012). Especialista em Educação Inclusiva e Deficiência Intelectual pela PUC-SP (2007). Graduado em Psicologia pela Universidade Metodista de São Paulo (2005) e graduado em Pedagogia pela Universidade de São Paulo, USP (2012). Experiências nas áreas da Educação, Psicologia, e Artes, com ênfase em Educação Especial, Psicologia Escolar e do Desenvolvimento Humano, Políticas Educacionais, e Artes Cênicas. Atualmente é professor na Universidade Regional de Blumenau (FURB), e, também, professor de Educação Infantil na rede pública de ensino da Prefeitura de Indaial/SC.

**Contatos**
ricardoschersgoes@gmail.com
Instagram: @ricardoschersdegoes

Autismo, que atualmente é denominado como "transtorno do espectro autista", não é um conceito fechado, ou seja, não há consenso científico sobre o que é autismo e qual é a sua etiologia. De fato, isso ocorre porque não sabemos o que causa o autismo, se é que ele é causado por algo. E mais, há uma diversidade de manifestações do que hoje é considerado como transtorno do espectro autista, com diferentes perspectivas a respeito, tanto de uma possível etiologia, quanto das suas características, comorbidades, diagnósticos, terapias, entre outros aspectos. Assim, toda essa diversidade dificulta uma conceituação precisa.

Neste capítulo, utilizo o termo autismo, e não transtorno do espectro autista, que é o termo determinado pelo "Manual diagnóstico e estatístico de transtornos mentais" (DSM-V), pois ele é vago e muito amplo, já que é uma fusão de vários transtornos:

> Fusão de transtorno autista, transtorno de Asperger e transtorno global do desenvolvimento no transtorno do espectro autista. Os sintomas desses transtornos representam um continuum único de prejuízos com intensidades que vão de leve a grave nos domínios de comunicação social e de comportamentos restritivos e repetitivos em vez de constituir transtornos distintos. Essa mudança foi implementada para melhorar a sensibilidade e a especificidade dos critérios para o diagnóstico de transtorno do espectro autista e para identificar alvos mais focados de tratamento para os prejuízos específicos observados. (APA, 2014, p. 42)

Não há consenso científico sobre o que é autismo, e até agora nós não sabemos qual é a etiologia do autismo. Portanto, o que nos resta é admitir que a única coisa que nós podemos afirmar com certeza é: o autismo é uma anomalia.

O autismo é uma anomalia, desde que entendido como algo que está fora do padrão de normalidade tanto do ponto de vista estatístico quanto do conceito socialmente produzido de normalidade. Contudo, o autismo faz parte da diversidade humana. Canguilhem (1995, p. 89) afirma: "[...] diversidade não é doença. O anormal não é o patológico. [...] Mas o patológico é realmente o anormal".

Dessa forma, o autismo, sendo parte da diversidade humana, pode ser entendido como uma anomalia, ou seja, uma anormalidade. Porém, isso não significa necessariamente que o autismo é uma patologia, já que pode ser compreendido apenas como uma variação da espécie. Contudo, o autismo também pode ser considerado uma patologia, pois, se o autismo é uma anomalia, ou seja, uma anormalidade, e o patológico é anormal, logo, também é possível entender o autismo como algo patológico. Então, o que é autismo? Ainda não sabemos com certeza. Insisto, não há consenso científico.

A compreensão do patológico como indesejado é uma relação moral, ou seja, tratar o que é anormal como patologia é um processo chamado de patologização. A patologização é um processo que, de acordo com Untoiglich (2014), concebe que certas particularidades dos indivíduos não são apenas características anormais, mas também são consideradas doenças. As doenças são tratadas como um problema de ordem biológica, sendo a área médica uma das responsáveis por lidar com a questão do normal e patológico.

A Psiquiatria é uma especialidade médica, e segundo Caponi (2012), historicamente as classificações da Psiquiatria foram organizadas em: etiológicas; anatômicas; sintomáticas; e evolutivas. Entende-se por classificação etiológica o estabelecimento de uma relação de causa, já a classificação anatômica, pela relação das alterações anatomopatológicas; por sua vez, a classificação sintomática é aquela que descreve e delimita as doenças a partir de um conjunto sintomatológico específico, e, por fim, a classificação evolutiva é a que reconhece e observa a desenvolvimento da doença. A Psiquiatria, já no final do século XIX, buscava criar uma classificação internacional de doenças mentais, como um modo de padronização da sua prática.

A primeira Classificação Internacional de Doenças (CID) foi aprovada em 1893. A partir de então, a classificação é periodicamente revisada. A penúltima revisão (CID-10) foi aprovada em 1989 e ainda é muito utilizada, apesar de a última revisão (CID-11) já ter sido publicada em 2018. A CID foi criada como classificação de doenças por meio da definição de um sistema de categorias de acordo com critérios específicos. Segundo a Organização Mundial da Saúde, o objetivo é permitir uma avaliação, análise e interpretação sistemática para ter um padrão para diferentes países.

Em 1980, a Organização Mundial de Saúde publicou a *Classificação Internacional de deficiências, incapacidades e desvantagens* (CIDID), que tratava da classificação de deficiências visando à criação de uma linguagem comum para a pesquisa e a prática clínica. Após revisões, a versão atual é a Classificação Internacional de Funcionalidade, Incapacidade e Saúde (CIF), que trata da classificação, mas também da funcionalidade e da incapacidade, que são descritas em relação às condições de saúde da pessoa. A CIF é, portanto, baseada em uma compreensão biopsicossocial do indivíduo.

Por sua vez, a American Psychiatric Association (APA) criou, em 1952, o *Diagnostic and Statistical Manual of Mental Disorders* – Manual diagnóstico e estatístico de transtornos mentais (DSM), na tentativa de padronizar o conceito e o diagnóstico de transtornos mentais, entre eles o autismo. Até hoje, a APA publicou cinco versões do Manual diagnóstico e estatístico de transtornos mentais.

De acordo com Coutinho et al. (2013), na primeira versão, o DSM-I, publicado em 1952, e na segunda versão, o DSM-II, publicado em 1968, apesar da ampliação de categorias, de 106 para 182, não ocorreram mudanças em relação ao conceito de autismo, ou seja, nada foi alterado entre as duas versões. Assim sendo, nas duas primeiras versões do DSM, o autismo foi apresentado como um sintoma da esquizofrenia do tipo infantil. Ainda segundo Coutinho et al. (2013), nessas duas publicações havia uma forte influência da área da psicanálise.

Segundo Coutinho et al. (2013), o DSM-III, publicado em 1980, ampliou o número de categorias para 265, e pela influência dos crescentes estudos sobre o autismo, sobretudo pelo estudo de Michael Rutter, de 1978, que propôs uma definição de autismo com base em quatro critérios: 1) atraso e desvio sociais não só como função de retardo mental; 2) problemas de comunicação, novamente, não só em função de retardo mental associado; 3) comportamentos incomuns, tais como movimentos estereotipados e maneirismos; e 4) início antes dos 30 meses de idade. O autismo passou a ser considerado um transtorno denominando como "Transtorno Invasivo do Desenvolvimento" (TID). Nesse momento, a área da Psicanálise perde força e espaço, e quem se fortalece e conquista mais espaço é a área da Psiquiatria.

No DSM-IV, publicado em 2000, o número de categorias foi ampliado para 374, e de acordo com Coutinho et al. (2013) o documento seguiu as referências classificatórias das publicações do DSM-III e do seu texto revisado, o DSM-III-TR, que foi realizado em 1989. Além disso, o termo "Transtorno Invasivo do Desenvolvimento" (TID) acabou sendo adotado também pela décima revisão da "Classificação Estatística Internacional de Doenças e Problemas Relacionados à Saúde" (CID-10), com o intuito de evitar interpretações diferentes e padronizar o diagnóstico do autismo. Na versão do texto revisado do DSM-IV, que foi o DSM-IV-TR, constava alguns textos atualizados sobre autismo, síndrome de Asperger e outros TIDs, mas os critérios diagnósticos permaneceram os mesmos da versão original do DSM-IV.

Na última versão, o DSM-V, publicado em 2013, no que diz respeito à classificação do autismo, agora ele aparece como um dos "Transtornos do Neurodesenvolvimento", com o nome de "transtorno do espectro autista", e apresenta os seguintes critérios diagnósticos:

> A. Déficits persistentes na comunicação social e na interação social em múltiplos contextos, conforme manifestado pelo que segue, atualmente ou por história prévia [...] B. Padrões restritos e repetitivos de comportamento, interesses ou atividades, conforme manifestado por pelo menos dois dos seguintes, atualmente ou por história prévia [...] C. Os sintomas devem estar presentes precocemente no período do desenvolvimento (mas podem não se tornar plenamente manifestos até que as demandas sociais excedam as capacidades limitadas ou podem ser mascarados por estratégias aprendidas mais tarde na vida). D. Os sintomas causam prejuízo clinicamente significativo no funcionamento social, profissional ou em outras áreas importantes da vida do indivíduo no presente. E. Essas perturbações não são mais bem explicadas por deficiência intelectual (transtorno do desenvolvimento intelectual) ou por atraso global do desenvolvimento. Deficiência intelectual ou transtorno do espectro autista costumam ser comórbidos; para fazer o diagnóstico da comorbidade de transtorno do espectro autista e deficiência intelectual, a comunicação social deve estar abaixo do esperado para o nível geral do desenvolvimento. (APA, 2014, p. 50-51)

Como podemos observar, essa concepção de espectro abrange uma variedade de sintomas e comportamentos dentro de um mesmo grupo de critérios diagnósticos, o que é fruto da fusão de vários transtornos, já mencionados no início do capítulo, e isso acaba provocando uma invisibilidade da diversidade, ou seja, apaga as diferenças entre fenômenos distintos.

O DSM-V segue alinhado com o CID-10 e com o CID-11, já que todos apresentam o transtorno do espectro autista como um dos Transtornos do Neurodesenvolvimento, o que implica compreender o autismo como um transtorno de causa orgânica. Assim sendo, passa a ser entendido como um transtorno cuja causa deve ser genética com associações ambientais. Essa perspectiva, mesmo não sendo um consenso na área científica, acaba sendo difundida entre sistemas de saúde pública e indústria farmacêutica, como uma concepção hegemônica sobre o autismo, enfatizando uma posição biologizante e organicista sobre os aspectos da vida do indivíduo entendido como autista, que passará então a ser rotulado pelas classificações dos manuais.

Portanto, isso tudo demonstra que, desde o início da produção de conhecimento científico sobre o autismo, já existiam perspectivas diferentes sobre a conceituação do autismo. Segundo Schwartzman (2011), ainda hoje existe controvérsia entre estudiosos do autismo, principalmente a respeito do diagnóstico. Algumas pesquisas científicas apontam como causa os fatores genéticos ou biológicos, que podem ser tanto por carga hereditária quanto por mutações novas, já outras pesquisas apontam para uma influência do ambiente. Ainda segundo Schwartzman (2011), o entendimento do chamado transtorno do espectro autista apresenta condições multifatoriais.

Vale ressaltar que no campo da produção de conhecimento científico sobre o autismo, ao mesmo tempo que existem pesquisas de diversas áreas do conhecimento que estão buscando explicações mais precisas sobre autismo, e assim, contribuir com o desenvolvimento científico, por outro, também existe uma disputa entre essas mesmas áreas do conhecimento pela legitimidade científica. Em outras palavras, uma busca pela hegemonia, quer seja entre áreas diferentes do conhecimento quer seja dentro de uma mesma área de conhecimento. Enfim, esse é um campo controverso, pois nas diferentes áreas do conhecimento ainda há muitas questões em aberto a respeito do autismo.

Assim sendo, o que podemos afirmar com certeza, até agora, é que não há uma resposta definitiva sobre o que é o autismo e a sua etiologia. O que parece mais provável é que não se trata de uma causa única, mas com várias associações. Ainda há quem defenda que não existe uma causa, mas que se trata de uma variação da espécie, como é o caso do conceito da Neurodiversidade. Por fim, gostaria de indicar o "Fórum sobre Medicalização da Educação e da Sociedade", e, também, o coletivo "STOP DSM", pois ambos se insurgem contra o discurso hegemônico presente nos manuais e fazem a crítica aos processos biologizantes, patologizantes e de medicalização do indivíduo e sociedade.

Enfim, a ciência é fundamental. Portanto, é necessário investir em pesquisa para produção de conhecimento sobre o autismo a fim de descobrir quais são as múltiplas associações à etiologia do autismo, possíveis diagnósticos, terapias, com o intuito de promover uma melhor qualidade de vida, inclusão social, e uma vida digna de ser vivida para as pessoas com autismo.

**Referências**

AMERICAN PSYCHIATRIC ASSOCIATION (APA). *Manual diagnóstico e estatístico de transtornos mentais, DSM-V.* 5. ed. Porto Alegre: Artmed, 2014.

CANGUILHEM, G. *O normal e o patológico.* 7. ed. Rio de Janeiro: Forense Universitária, 2015.

CAPONI, S. *Loucos e degenerados: uma genealogia da psiquiatria ampliada.* Rio de Janeiro: Editora Fiocruz, 2012.

COUTINHO, A. A. et al. *Efeitos do diagnóstico psiquiátrico "espectro autista" sobre pais e crianças.* 2013. BLOG Movimento Psicanálise, Autismo e Saúde Pública. Do DSM-I ao DSM-V. Disponível em: psicanaliseautismoesaudepublica. wordpress.com/2013/04/11/do-dsm-i-ao-dsm-5-efeitos-do-diagnostico-psiquiatricoespectro-autista-sobre-pais-e-criancas/. Acesso em: 3 mar. 2020.

SCHWARTZMAN, S. J. *Transtornos do espectro Autismo: conceito e generalidades.* In: SCHWARTZMAN, J. S.; ARAÚJO, C. A. (Orgs). *Transtornos do espectro do autismo.* São Paulo: Memnon, 2011.

UNTOIGLICH, G. *Medicalización y patologización de la vida: situación de las infâncias em latinoamérica,* 2014. Nuances: estudos sobre Educação. Presidente Prudente, v. 25, n. 1, p. 20-38.

# 2

# AUTISMO: O TRANSTORNO DA DESCONEXÃO

Nascemos programados para viver em bando, pois assim garantimos nossa sobrevivência e adaptação da nossa espécie. Somos sociais, portanto, precisamos do outro (espelhamento) para nos identificarmos e aprendermos como agir no mundo. Nossa vida depende de vínculos relacionais, sensação de pertencimento e segurança no bando. Estamos desaprendendo a viver em coletividade. Precisamos (re)aprender a cuidar das vidas que se iniciam. O autismo e outras doenças são de origem sistêmica e, como tal, devem ser compreendidas e tratadas dessa forma.

**DAISY MIRANDA**

**Daisy Miranda**

Graduada em Psicologia Clínica. Especialista em Neuropsicologia e Transtornos do Neurodesenvolvimento e da Aprendizagem. Formação em Neurofeedback e Biofeedback. Mestre em Neurociências com ênfase em Eletroencefalografia, Neurodesenvolvimento e Cognição. Estudos avançados em Psicotraumatologia terapias de Reprocessamento e Dessensibilização por Movimentos Oculares (EMDR); Brainspotting (BSP). L'ICV Integration Du Cycle De La Vie (Lifespan Integration) e Abordagem Integrada da Mente (AIM). Hoje, clínica e pesquisadora de doutorado em Neurociências com ênfase em redes neurais e reparação de psicotraumas.

**Contatos**
daisyneuropsi@gmail.com
Instagram: @daisyneuropsi
91 98274-7469

**Prevenindo a desconexão com conexão consciente**

O transtorno do espectro do autismo (TEA) é conhecido como o transtorno da desconexão. As informações sensoriais são os alicerces das funções sociais e cognitivas superiores. Indivíduos diagnosticados com TEA frequentemente apresentam alterações nas funções multissensoriais, exteroceptivas (captação e processamento de informações do mundo externo) e interoceptivas (percepção e compreensão de informações do mundo interno) (NOEL; LYTLE; CASCIO; WALLACE, 2018, p. 194-205).

Sabemos que a origem e o aumento do índice de autismo são influenciados pela predisposição genética e fatores ambientais. Essas condições ocorrem em janelas de tempo relevantes para o desenvolvimento do cérebro, períodos perinatal, pré-natal e pós-natal.

Dentre os fatores ambientais condicionantes encontram-se: doença mental materna, idade avançada dos pais, epilepsia materna, obesidade, hipertensão, diabetes, síndrome dos ovários policísticos, infecção, asma, baixa nutrição, fertilidade assistida, hiperêmese gravídica, gravidez na adolescência, ambiente de trabalho nocivo, baixo peso ao nascer, prematuridade, infecção infantil, epilepsia infantil, hipóxia durante o parto e complicações neonatais (HISLE-GORMAN et al., 2018, p. 190-198). Entretanto, pesquisas em alguns países apontam que, após desenvolver estratégias com múltiplas intervenções e prevenção gestacional, é possível minimizar os fatores de risco, e possivelmente impedir o desenvolvimento do TEA (NEVISON; PARKER, 2020, p. 1-11).

**Cuidando das janelas temporais de risco**

Recomenda-se que a rede social e de saúde voltem a fazer trabalhos de monitoramento, educação e prevenção quanto à saúde integral da família e, principalmente, quanto à necessidade do planejamento da gravidez. Esse cuidado inclui idade, exames para detecção precoce de doenças preexistentes, prevenção e tratamento de doenças mentais, riscos quanto à obesidade, nutrição parental, como também informações quanto a fatores que bloqueiam e estimulam a produção dos hormônios necessários à amamentação, em especial a ocitocina.

O período perinatal é uma janela de tempo anterior ao nascimento. Momento de preparar a casa para receber uma vida. O desenvolvimento ocorre vinculado à mãe que, por diversas razões, inclusive o não planejamento da gravidez, pode não perceber nem aceitar o bebê. Quando isso acontece, a criança corre o risco de não se sentir percebida ou aceita, portanto, desconectada de si e do outro.

O período pré-natal é quando a família já está grávida e os cuidados e acompanhamentos devem permanecer. Nesse momento, a família precisa de aprendizados preventivos quanto a saúde, alimentação, toxinas nos ambientes externo e interno da mãe, estratégias de administração financeira para resolução de problemas e prevenção de estresses ambientais.

Nesse período, o cérebro é potencialmente sensível e plástico, logo, sujeito a mudanças. Essa etapa da vida não só corresponde ao desenvolvimento biológico como também ao desenvolvimento de mecanismos relacionados à estabilização e à adaptação emocional (GLOVER, 2015, p. 269-283). A prevenção da saúde mental é fundamental.

Para isso existem técnicas de regulação emocional que devem ser aprendidas. O movimento de desregulação/regulação com baixa intensidade, baixa frequência, com amparo e comunicação, favorece o desenvolvimento do músculo da resiliência (SALEHI, 2019). Entretanto, se a frequência e a intensidade de situações estressoras forem altas e sem rede de amparo, poderão afetar a saúde destes indivíduos de forma importante (BREEN, 2018, p. 320-330).

A seguir algumas medidas de cuidados:

1. Monitoramento da qualidade do sono, da alimentação, suplementos vitamínicos e de atividades físicas adequadas às condições parentais;
2. Disponibilidade e compreensão da rede, pois a mãe, sentindo-se amparada, pode se recarregar e estabilizar suas emoções;
3. Atenção aos sinais corporais como tensões, cansaço, taquicardia e outros desconfortos. Quando ocorrerem, a mãe volta sua atenção para essas sensações, com foco em sua respiração, na intenção de perceber e gerir as emoções que surgirem;
4. Perceber, (re)conhecer e nomear são passos que levam à regulação. A mãe inicia os passos acariciando seu ventre em um diálogo conectando com a vida que habita dentro de si. Sentada de forma confortável, focando na respiração, inicia um balanço lento de um lado para o outro, sussurrando uma canção ou ouvindo uma música que faça sentir-se melhor (SALEHI; TALEGHANI; KOHAN, 2019, p. 42).

**O cérebro gosta de previsibilidade e familiaridade**

A vida no ambiente intrauterino, ainda que sujeita a adversidades, é mais estável. O bebê já está familiarizado com os estímulos de som, luz, temperatura, alimentação, movimento, espaço, sensação de segurança e conexão com o sistema materno. Por isso sugere-se atenção à proximidade do parto, pois tanto para a mãe quanto para o bebê esse é um período de vulnerabilidade e insegurança. A saída física do ventre materno, o primeiro ambiente, é uma desconexão abrupta dos sistemas.

No período exterogestacional, o bebê precisa da mãe para garantir a sua sobrevivência e adaptação ao mundo (SMITH, 2007, p. 621-630). Sinais de ansiedade, anedonia e depressão são os sintomas principais de depressão pós-parto (DPP). Estes sintomas reduzem a produção de hormônios necessários para amamentação, a capacidade de sintonia da mãe com as necessidades do bebê, geram pensamentos distorcidos e redução de julgamento crítico. Esses fatores afetam a sensibilidade materna e a capacidade de maternar.

Além disso, a DPP aumenta o risco de abuso e negligência infantil, gerando vinculação insegura, distúrbios psiquiátricos e dificuldades cognitivas nas crianças.

Compreendendo e prevenindo os fatores de risco – o que se inicia com a proximidade do parto e termina aproximadamente no terceiro trimestre exterogestacional – é possível a redução de doenças mentais.

O pós-parto é a janela temporal que nos prediz um olhar sensível para a transição e continuidade dos cuidados. Logo após o parto é importante o contato corpo a corpo com a mãe para estabilização do bebê. O neonato dependerá do cuidador para ensiná-lo a ser, se perceber, nomear e regular suas funções e necessidades básicas como fome, sono, temperatura, segurança, higiene e também a vinculação segura (MONTIROSSO; MCGLONE, 2020). Por conexão dos sistemas a criança ainda estará vinculada ao funcionamento da mãe. Afastamentos abruptos ou longos do cuidador podem gerar instabilidades emocionais na criança.

**Pendulação mundo interno mundo externo**

Em momentos de estresse, para favorecer o retorno à estabilidade, é importante a redução ou controle dos estímulos externos como som, luz e cheiros. A conexão é (re)estabelecida pelo contato sensorial, contenção corporal pele a pele, temperatura, batimentos cardíacos, respiração, som da voz e toques gentis de segurança (FELDMAN, 2015, p. 369-395).

Essa sincronia desenvolve mecanismos de resiliência e de autorregulação. A troca de informações amorosas por meio do toque, do olhar, da emocionalidade da fala e da atenção dada aos desconfortos fisiológicos, favorece o desenvolvimento de redes funcionais. Já a parentalidade ansiosa está relacionada a estresse e maior desorganização neural (ATZIL; HENDLER; FELDMAN, 2011, p. 260-263).

Além disso, esse trabalho é para que não haja obstáculos à amamentação, a não ser que esta seja fator de risco para o bebê. Amamentar é conectar, alimentar, nutrir de afeto, além de estimular seis dos 12 nervos cranianos, 22 ossos conectados em 34 suturas, 60 músculos voluntários e involuntários para sucção, deglutição e respiração e, tudo isso, de forma coordenada em 40 a 60 ciclos por minuto, 10 a 30 minutos seguidos e 8 a 16 vezes por dia (SMITH, 2007, p. 621-630). Essa conjugação nutritiva estimula a linguagem, expressões faciais/emocionais, produção de serotonina e ocitocina, a saúde da microbiota intestinal e a regulação emocional.

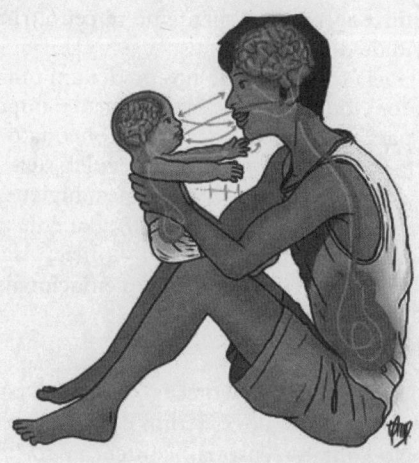

A ocitocina e a vasopressina são hormônios-chave para processos sociais. No pós-parto os bebês estão com os receptores de ocitocina e vasopressina ativos para receber e estabelecer trocas inter-afetivas (ATZIL, et al., 2012, p. 798-811). Sendo assim, interações multissensoriais previnem desconexões sensório-emocionais-sociais, que é a tríade de fragilidades no autismo (REPP; SU, 2013, p. 403-452).

As pesquisas nos direcionam para o cuidado nestes períodos sensíveis e críticos do desenvolvimento. Afeto e vinculação diminuem os fatores de risco ao autismo. Juntos podemos implementar medidas preventivas, cada um dentro do seu universo, aprimorando o que já se trabalha e compartilhando com outros o que se aprende, e acreditando que conectados, com um só objetivo, possamos reduzir não só o TEA, mas outros transtornos do desenvolvimento.

**Referências**

ATZIL, S.; HENDLER, T.; & FELDMAN, R. *Specifying the neurobiological basis of human attachment: brain, hormones, and behavior in synchronous and intrusive mothers.* 2011. *Neuropsychopharmacology.* p. 260-263.

ATZIL, S.; HENDLER, T.; ZAGOORY-SHARON, O.; WINETRAUB, Y. & FELDMAN, R. *Synchrony and specificity in the maternal and the paternal brain: relations to oxytocin and vasopressin.* 2012. *Journal of the American Academy of Child & Adolescent Psychiatry.* p. 798-811.

BASTOS, M. B. *Incidências do educar no tratar: desafios para a clínica psicanalítica da psicose infantil e do autismo.* Tese (Doutorado). Instituto de Psicologia da Universidade de São Paulo, São Paulo, SP, Brasil. 2002.

BREEN, M. et al. *Gene expression in cord blood links genetic risk for neurodevelopmental disorders with maternal psychological distress and adverse childhood outcomes.* 2018. p. 320-330.

FELDMAN, R. *Sensitive periods in human social development: New insights from research on oxytocin, synchrony, and high-risk parenting.* 2015. *Development and psychopathology.* p. 369-395.

GLOVER, V. *Prenatal stress and its effects on the fetus and the child: possible underlying biological mechanisms.* In: *Perinatal programming of neurodevelopment,*. Springer, New York, 2015, p. 269-283.

HISLE-GORMAN, E.; SUSI, A.; STOKES, T.; GORMAN, G.; ERDIE-LALENA, C.; NYLUND, C. M. *Prenatal, perinatal, and neonatal risk factors of autism spectrum disorder.* 2018. p. 190-198.

MONTIROSSO, R.; McGLONE, F. *The body comes first. Embodied reparation and the co-creation of infant bodily-self.* 2020. *Neuroscience & Biobehavioral Reviews.*

NEVISON, C.; PARKER, W. *California Autism Prevalence by County and Race/Ethnicity: Declining Trends Among Wealthy Whites* 2020. *Journal of Autism and Developmental Disorders.* p. 1-11.

NOEL, J. P.; LYTLE, M.; CASCIO, C.; WALLACE, M. T. Disrupted integration of exteroceptive and interoceptive signaling in autism spectrum disorder. 2018. Autism Research. p. 194-205.

REPP, B. H.; & SU, Y. H. *Sensorimotor synchronization: a review of recent research (2006–2012).* 2013. *Psychonomic bulletin & review.* p. 403-452.

SALEHI, K.; TALEGHANI, F.; KOHAN, S. *Effect of attachment-based interventions on prenatal attachment: a protocol for systematic review. Reproductive health*, 2019.

SMITH, L. J. *Impact of birthing practices on the breastfeeding dyad.* 2007. *Journal of midwifery & women's health.* p. 621-630.

# 3

# DESVENDANDO O AUTISMO: MITOS E VERDADES

Mitos foram criados em torno do autismo, dificultando sua inclusão e interferindo nas intervenções propostas, pois muitos foram tomados como verdades, comprometendo abordagens cientificamente comprovadas. De posse de mais informações podemos esclarecer esses equívocos, explicando por que alguns são falsos e justificando outros como verdades, baseando-se em pesquisas e estudos científicos.

**WILSON CANDIDO BRAGA**

**Wilson Candido Braga**

Terapeuta Ocupacional. Licenciatura para o ensino da Biologia e disciplinas específicas. Especialista em Saúde Mental: Ciências da Educação, Atendimento Educacional Especializado (AEE), Psicopedagogia Clínica e Institucional, Docência do Ensino Superior, Neuropsicopedagogia, Ludopedagogia e Educação Infantil. Gestão de Programas de Saúde da Família, Transtornos Globais do Desenvolvimento – TGD/AUTISMO. Educação Estruturada para alunos com Autismo, Comunicação Alternativa e Educação Especial. Mestrando em Ciências da Educação e Mestrando em Psicologia Infantil e Adolescente. Diretor, coordenador e professor da +STIMULLUS: centro de estudo, formação e consultoria. Coordenador de Pós-graduação na Faculdade do Maciço de Baturité – FMB.

**Contatos**
prof.wilsoncandido@gmail.com
Facebook: www.facebook.com/wilsoncandido
Instagram: @wilsoncandidobraga
85 98878-3532

O autismo foi introduzido na psiquiatria em 1906. Desde então, muitas informações foram construídas e outras descontruídas, garantindo-nos na atualidade maior segurança e entendimento acerca dessa temática tão intrigante. Porém, muitos mitos foram criados e isso dificultou o processo de inclusão desses indivíduos, bem como interferiu no seu processo de intervenção, pois muitos desses mitos foram tomados como verdades, comprometendo abordagens cientificamente comprovadas, prejudicando na evolução e na inclusão social desses sujeitos. De posse de mais informações, e pelo crescente movimento de acesso ao conhecimento, podemos esclarecer alguns desses mitos, explicando por que alguns são considerados falsos e justificando outros como verdades:

**Autismo – doença psicológica ou psiquiátrica: FALSO**

Transtorno do neurodesenvolvimento: trata-se de uma condição médica que compromete o desenvolvimento do cérebro em áreas específicas durante o processo gestacional, afetando o funcionamento cerebral e causando prejuízos no comportamento, fala, comunicação e na capacidade para a socialização.

**Pessoas com autismo não têm sentimentos e não compreendem o que acontece ao seu redor: FALSO**

Ainda que não seja fácil para muitos autistas demonstrarem suas emoções ou compreenderem as emoções e sentimentos expressos por outras pessoas, elas também choram, riem, se alegram e se entristecem, como qualquer outro ser humano. Sim, compreendem o que acontece no seu entorno, apesar de apresentarem dificuldades em leituras sociais, na capacidade de comunicação não verbal e na metacognição. Contudo, disso não podemos afirmar que elas não percebam o que aconteça à sua volta, pois alguns de seus comportamentos e desconfortos são para nós indicativos de que algo está sendo percebido e abstraído como desconfortante para elas.

**A desatenção dos pais, o comportamento da mãe e a falta de amor causam o autismo: FALSO**

Autismo não tem relação com falta de atenção dos pais. Essa teoria foi defendida nas décadas de 1940 e 1960, mas não é mais aceita na atualidade. O autismo é de origem neurobiológica e associado a causas genéticas, ambientais ou multifatoriais. Vale afirmar que pais atenciosos e afetivos representam um ganho qualitativo para o desenvolvimento de melhores comportamentos em seus filhos, independentemente de sua condição.

**Pessoas com autismo são gênios ou tem atraso mental: FALSO**

O espectro do autismo representa uma variedade de tipos para uma mesma condição diagnóstica, ou seja, existem autistas nos níveis mais leves aos mais severos. Não existem nesses extremos de inteligência acima ou abaixo da média. Pesquisas apontam percentual elevado de autistas com prejuízos intelectuais, outros sem prejuízos intelectuais significativos e um pequeno percentual com capacidade acima da média a partir de interesse monotemático, que se classificado como habilidade acima da média, boa capacidade de envolvimento com a atividade e uso criativo em situações diversas, podemos entender como altas habilidades/superdotação, mas isso é percebido em percentual mínimo.

**A alimentação influencia para que uma criança seja autista ou alimentação diferenciada modifica padrões do autismo: FALSO**

Ainda que alguns pensem que uma dieta distinta, com ou sem alguns nutrientes, evitará que os filhos fiquem expostos a substâncias tóxicas, as quais podem ser consideradas fatores de risco para o autismo ou encontrar-se associadas a possíveis causas, o que a criança come não causa nem reverte esse quadro. Não existem pesquisas comprovadas apontando a alimentação como elemento de causa ou de reversão para o autismo.

**Glúten e caseína causam autismo: FALSO**

Estima-se que 1% da população mundial seja de pessoas celíacas – pessoas que podem apresentar intolerância ao glúten (proteína encontrada em trigo, cevada e centeio) –, o que não significa que todo autista esteja nessa condição. O glúten e a caseína irão provocar malefícios em qualquer pessoa que os consumam em excesso ou que tenha intolerância, porém é necessário examinar a partir de testes específicos: se existe de fato intolerância por parte da pessoa com autismo para assim pensar na retirada desse ou de qualquer outro alimentar de sua dieta. Logo, se a pessoa com autismo não apresenta intolerância ao glúten ou quaisquer alergias associadas, não há motivos para esse rigor alimentar.

**Vacinas causam autismo: FALSO**

A aplicação de vacinas não tem relação comprovada com o desenvolvimento do autismo, assim como não existe associação dos conservantes das vacinas com o autismo. O problema é neurológico e começa no útero da mãe e não por um fator externo posterior ao nascimento. O que pode acontecer durante a gestação é uma associação a possíveis interferências de fatores externos que podem provocar mutações genéticas, justificando o autismo. Esses múltiplos fatores podem estar ligados a radiação, poluição, doenças infecciosas sofridas pela mãe, uso de substâncias tóxicas e agentes químicos; são considerados multifatores de risco ou possíveis causas para o autismo e qualquer outro transtorno do neurodesenvolvimento.

**Uma pessoa com autismo será dependente a vida toda: FALSO**

Se uma criança com autismo recebe atenção e estimulação desde cedo, poderá ser um adulto autossuficiente e capaz de estabelecer relações sociais dentro das condições que seu quadro lhe permite, com maior ou menor desempenho para as habilidades adaptativas. Para essa afirmação a resposta será depende, pois esse desenvolvimento para uma vida autônoma irá depender de uma infinidade de fatores que devem ser qualificados ainda na infância, especialmente pelos investimentos familiares e serviços de intervenção. Por esse motivo, é comum falarmos do autismo sempre na infância, pois sua vida adulta irá depender do que fizermos por ela na sua fase inicial de desenvolvimento.

**A pessoa com autismo pode gritar, espernear e provocar grande confusão ao seu redor: VERDADE**

A desmodulação sensorial ou distúrbio do processamento sensorial é uma constante na vida da maioria dos autistas – 90% dos casos, pois sua capacidade de organização sensorial encontra-se em desarmonia por falhas no repasse de informações neurais. Logo, a percepção e a interpretação dos estímulos que chegam a esses indivíduos podem acontecer com falhas. Nesse sentido, as respostas linguísticas, motoras ou comportamentais apresentadas por eles serão também alteradas e sua capacidade de inibição para comportamentos inadequados (função executiva) poderá não funcionar de forma satisfatória que os levem a uma adaptabilidade coerente, causando assim comportamentos desorganizados e provocando desconforto para quem está a sua volta e a si mesmo. Isso nos faz afirmar que os autistas se desorganizam sem motivo aparente, mas esse inaparente é para nós e não para eles, pois sempre que isso acontece é porque alguma coisa é percebida e interpretada por eles como desconfortável e desorganizante.

**Recursos tecnológicos como o tablet e o celular podem auxiliar no tratamento de pessoas com autismo: VERDADE, mas CUIDADO**

O tablet e o celular, assim como outros recursos tecnológicos, podem ser grandes aliados no processo de intervenção, porém precisam e devem ser utilizados com cautela e critérios de acordo com cada caso, pois estamos falando de pessoas com dificuldades no processo de comunicação social e elementos que reforcem o isolamento social podem acentuar cada vez mais essas dificuldades. Por isso, esses recursos precisam ser mediados para fins objetivos. A utilização dessas ferramentas deve ser monitorada, evitando tempo em demasia fechado nessa relação de isolamento com esses recursos.

**Pessoas com autismo não olham nos olhos: FALSO**

Olhar ou não olhar nos olhos de alguém não é característica para o diagnóstico do autismo nem define esse quadro. Pode ser que algumas pessoas com essa condição tenham maior dificuldade de olhar no olho e de fixar esse olhar com boa capacidade de interpretação para as nuances que a face humana pode apresentar.

Essa capacidade de interpretar mímicas, gestos e expressões diversas favorece a nossa comunicação não verbal, que pode se apresentar comprometida nas pessoas com autismo, especialmente por apresentarem falhas de funcionamento dos neurônios espelhos (neurônios responsáveis pela imitação de gestos, mimicas ou qualquer ação mecânica, para mais tarde interpretar a intenção de quem as realizou). O contato visual para muitos autistas é algo desconfortável, pois nem sempre entendem os significados das expressões manifestas por outras pessoas (mais bem explicado pela Teoria da Mente e Teoria da Coerência Central).

### Não há cura para o autismo: VERDADE

O autismo é uma forma particular de funcionamento cerebral, não podendo ser considerado doença, portanto não há cura. O que podemos afirmar é que existem diversas formas de tratamentos psicoeducacionais e medicamentosos que favorecem maiores possibilidades para uma vida funcional, mesmo continuando na sua condição de pessoa com autismo.

### A maioria das pessoas com autismo têm problemas de fala, comunicação, interação social e comportamentos repetitivos: VERDADE

Prejuízos na comunicação social (fala, comunicação e interação social), presença de comportamentos com atividades e interesses restritos, repetitivos e estereotipados são as principais alterações observadas para se chegar ao diagnóstico para o autismo. A "díade do autismo", segundo o DSM-5 (2014), são elementos primordiais para que se observe o autismo em alguém, os demais sintomas evidenciarão maior ou menor comprometimento para esse quadro.

### O autismo pode ser hereditário: VERDADE

O autismo é justificado por causas genéticas, ambientais ou multifatoriais. Logo, quando falamos em genética, estamos nos referindo a possibilidades de herança parental em percentuais bem significativos, mas também genética associada a mutações de genes ocorridas durante o processo gestacional a partir da interferência de fatores externos que podem comprometer o funcionamento cerebral do bebê.

### Existem mais meninos do que meninas com autismo: VERDADE

A estimativa é de 4 meninos para 1 menina com autismo; isso representa 80% dos diagnósticos em meninos. Essa explicação pode estar associada a uma maior resistência das mulheres às mutações de genes ou maior facilidade para mascaramento dos sintomas, porém existem outras explicações em estudo para essas diferenças de quantidades prevalentes.

Os mitos são criados para se explicar algo ainda sem grandes esclarecimentos, enquanto a verdade é o que precisa ser investigado para que a partir do conhecimento possamos nos embasar com maior segurança e argumentação. Com isso, evitamos situações que reforcem comportamentos e posturas excludentes, pois queremos e buscamos a cada dia por possibilidades que favoreçam a inclusão para todo e qualquer sujeito, independentemente de sua condição física, mental, intelectual e sensorial. Logo, alterações temporárias ou permanentes não podem e não classificam nossas capacidades para a realização de algo. Somos diferentes em tudo e essas diferenças nos fazem semelhantes, não são elas que limitam ou dificultam nossos avanços. O que nos impede são as barreiras de acessibilidade estruturais e principalmente as barreiras atitudinais, pois uma ação de compreensão e acolhimento favorece de forma significativa todo e qualquer movimento de inclusão. Precisamos mudar nossas atitudes para que possamos oferecer maiores possibilidades a quem funciona de forma diferenciada daquilo que convencionamos como normalidade. Afinal, esse conceito não existe e, se existe, ele tem uma descrição pontual para cada época, situação, pessoa ou convenção estabelecida. Normal é ser diferente. Normal é fazer a diferença, dando acesso, permanência e oportunidades para tentativas de sucessos, por menores que eles nos pareçam.

**Referências**

AMERICAN PSYCHIATRIC ASSOCIATION. *Referência rápida aos critérios diagnósticos do DSM-5.* Trad. Maria Inês Corrêa Nascimento, et al. Porto Alegre: Artmed, 2014.

BRAGA, Wilson Candido. *Autismo: azul e de todas as cores: guia básico para pais e profissionais.* São Paulo: Paulinas, 2018.

CAMARGO JR., Walter. *Intervenção precoce no autismo: guia multidisciplinar de 0 a 4 anos.* Belo Horizonte: Ed. Artesã, 2017.

LENT, Roberto. *Cem bilhões de neurônios: conceitos fundamentais de Neurociência.* São Paulo: Atheneu, 2001.

MOMO, Aline Rodrigues Bueno. *O processamento sensorial como ferramenta para educadores: facilitando o processo de aprendizagem.* São Paulo: Memnon, 2015.

RODRIGUES, Patrícia Maltez. *Funções executivas e aprendizagem: o uso dos jogos no desenvolvimento das funções executivas.* Salvador: SANAR, 2017.

SCHWARTZMAN, J. S.; ARAÚJO, C. A. *Transtornos do Espectro do Autismo – TEA.* São Paulo: Memnon, 2011.

SEABRA, G., A. et al. *Inteligência e funções executivas: avanços e desafios para a avaliação neuropsicológica.* São Paulo: Memnon, 2014.

# 4

# DESENVOLVIMENTO DA LINGUAGEM EM CRIANÇAS COM TEA

Neste capítulo, os pais podem compreender a importância da comunicação e sua base através da linguagem. Além disso, podem descobrir no brincar a forma ideal de estimular a expressividade de seus filhos.

## MILENE ROCHA LIMA

## Milene Rocha Lima

Fonoaudióloga graduada pela Universidade Nilton Lins (2016). Especialista em Linguagem pela Faculdade de Conhecimento e Ciência (2018) e especialista em transtorno do espectro autista pela FINAMA (2020).

**Contatos**
milene.l.rocha@gmail.com
Instagram: @fonorocha.milene / @centro_sermente
92 99243-4565

Durante o tratamento do autismo, as intervenções fonoaudiológicas tornam-se primordiais para o desenvolvimento de fala e linguagem dos pacientes. Entretanto, muitas famílias chegam ao consultório fonoaudiológico sem compreender os aspectos necessários que um ser humano precisa ter para desenvolver essas habilidades. Muito menos conhecem o termo "linguagem", quando mencionados pelos profissionais. Dessa forma, faz-se necessário que o terapeuta fonoaudiólogo esclareça para a família as escalas de desenvolvimento e como ocorre o processo de evolução da comunicação para que, enfim, a família compreenda que eles, dependendo de cada caso, podem ocorrer de forma rápida ou gradativa.

No decorrer do tratamento, é importante a continuação das orientações passadas pelos profissionais às famílias para serem realizadas nos demais ambientes de convívio da criança com autismo. Entretanto, deve-se observar a disponibilidade e o manejo que as pessoas do ambiente familiar terão com a criança, e o mais importante, que ocorra de forma naturalizada, garantindo o melhor proveito de trocas interativas. Assim, uma das melhores formas orientadas é o brincar. Seja ele por trocas de turnos ou simbólicos, o brincar favorece a interatividade e o interesse por parte da criança. Portanto, este capítulo tem como objetivo esclarecer os aspectos de fala e linguagem e como desenvolvê-las através do brincar com crianças diagnosticadas com TEA (transtorno do espectro autista). A seguir, vamos compreender alguns processos da comunicação:

## O que é linguagem?

A linguagem é o meio pelo qual o ser humano tem para comunicar suas ideias e intenções, seja através de símbolos, gestos ou expressões verbais. O ato da interação comunicativa é considerado linguagem. Quando nos referimos à linguagem verbal, estamos mencionando o uso funcional da fala, a comunicação com compreensão do que se é expressado verbalmente.

Normalmente, as pessoas diagnosticadas com TEA apresentam atraso ou ausência no desenvolvimento da fala, afetando diretamente o convívio familiar, pois quando não há meios de comunicação efetivos, a maioria das crianças com TEA acabam por apresentar comportamentos disruptivos. Os pais chegam ao consultório fonoaudiológico ansiosos para que a fala da criança se inicie o mais breve possível, porém desconhecem que a fala é apenas o mecanismo pelo qual se manifesta os sons das palavras e que o objetivo da terapia deve ser o desencadeamento da linguagem, ou seja, a compreensão da função da comunicação.

De acordo com Lopes (2019), as características de atraso de linguagem em crianças autistas podem ser observadas precocemente, observando as poucas variedades de expressões e a ausência de gestos com significados comunicativos. A autora ainda menciona que crianças com TEA apresentam dificuldades em processamento dos sons da fala, além da pouca atenção às tentativas comunicativas do outro.

É importante destacar que, para que ocorra o ato comunicativo, o indivíduo precisa ter a intenção em comunicar e a troca interativa com o outro (parceiro de comunicação). As crianças diagnosticadas com TEA apresentam dificuldades nessas áreas de interatividade. Assim, é interessante que, inicialmente, se utilizem meios que chamem a atenção delas para que desperte nelas o interesse no objeto ou ação de desejo. Dessa forma, é possível iniciar os primeiros passos da comunicação funcional. A partir daí, cabe ao parceiro de comunicação (o adulto) utilizar as oportunidades de interesse da criança com o melhor aproveitamento possível, aumentando a interatividade e gerando mais oportunidades comunicativas.

Certamente, é nesse momento que a maioria dos pais sentem dificuldades com seus filhos, pois surgem dúvidas se estão realizando da forma certa e/ou relatam que não conseguem iniciar esses momentos de interação. O meio mais indicado e sem dúvidas o mais prazeroso é através do brincar, pois é a oportunidade de que determinados estímulos possam ocorrer de forma mais natural possível, sem que a criança se sinta testada, principalmente no ambiente familiar.

**Estimulando a linguagem através do brincar**

Os autores Santos, Secol, Lima e Lopes (2019) afirmaram que através do brincar se torna possível realizar uma análise da linguagem da criança, mesmo que ainda não fale. No brincar pode-se estimular a comunicação, com variações da manipulação dos objetos, dando explicações para que a criança desenvolva aspectos simbólicos, imitativos e verbais.

É importante reafirmar que a linguagem acontece por meios verbais e não verbais e que sua manifestação é gerada a partir dos estímulos que a criança recebe do meio em que vive.

Durante os primeiros meses de vida, é esperado que os bebês se comuniquem através de sons como o choro, sons sem sentidos, além de acompanhar com os olhos os movimentos do adulto. Nessa fase a estimulação pode ocorrer com:

- Conversas com o bebê;
- Estimular a audição e fala, incentivando que faça os mesmos sons;
- Brincar de esconder e achar objetos (visíveis para a criança);
- Fique junto ao bebê, cubra seu rosto e faça que o procure com os olhos.

Nos primeiros sinais das características do TEA, geralmente, não ocorre o contato olho a olho. Cabe ao adulto buscar esse contato através de estímulos visuais e auditivos (chocalhos, ursos, movimentos com objetos). O tempo disponível e o interesse do bebê vão determinar a duração da brincadeira.

Costumeiramente os atrasos de linguagem são notados pelos pais através da ausência ou dificuldades da fala da criança a partir dos 12 meses de idade. A partir dessa idade, é esperado que a criança esteja falando as primeiras palavras e imitando as ações das pessoas, além de atender quando chamada e realizar respostas de linguagem receptiva, através de dar tchau, jogar beijos, bater palmas etc. Essas habilidades podem ser estimuladas através de:

- Ler para criança nomeando o nome de objetos, animais e pessoas;
- Brincar com os sons de animais e fazer gestos; aos poucos aumente informações sobre cada animal (p. ex.: "a vaca dá leite");
- Mostrar figuras de ações e imitar, peça que a criança acompanhe;
- Cantar canções representando com materiais concretos (p. ex.: sítio do seu lobato, mostrando os animais).

No desenvolvimento típico, dos 4 aos 5 anos de idade, a criança tem a capacidade de narrar e inventa histórias, relatos imediatos diários, compreende e é compreendida durante a emissão da fala. Além disso, as trocas fonológicas se reduzem, tendo a capacidade de falar as palavras de forma mais correta. Os estímulos podem se dar com:

- Construir um diário ilustrativo para que a criança consiga relatar sua vivência diária. Identificar, também, funções de linguagem temporal (ontem, hoje, amanhã);
- Brinquem de adivinha, mencionando características;
- Estimule perguntas e respostas com: "o quê?", "onde?", "quê", "qual?", "quando?", "por quê?", através de ações imediatas ou situações ilustradas;
- Telefone sem fio é uma ótima opção para a criança aprender a guardar e transmitir uma informação.

Para as crianças que apresentam dificuldades de expressão verbal, é sugerido que se façam adaptações conforme a possibilidade de cada uma. Crianças com TEA demonstram capacidade de aprender por meios ilustrativos, como figuras e rotinas visuais; as brincadeiras descritivas sugeridas podem obter essas adaptações.

Outras crianças diagnosticadas com TEA caracterizam a ausência da fala. Para essas crianças, além das adaptações visuais, é sugerida a comunicação alternativa, permitindo que possa realizar suas intenções comunicativas e possíveis comentários.

No estudo com TEA, a comunicação alternativa é o meio mais adequado para que ocorra a comunicação funcional, possibilitando que a criança consiga compreender e utilizar as propriedades da linguagem, gerando, também, a oportunidade da estimulação da fala. Durante o acompanhamento fonoaudiológico, o profissional deve sinalizar para a família a sugestão do uso da comunicação alternativa, além de realizar o treino com os responsáveis para que o uso ocorra de forma generalizada.

**O que eu posso fazer para ajudar o/a meu/minha filho(a) a se comunicar?**

- Observe o comportamento comunicativo da criança, gestos, tentativas expressivas e os torne funcionais, dando significados;
- Use palavras compatíveis com as possibilidades de compreensão pela criança. Que sejam simples e objetivas;

- Não dar automaticamente objetos ou ações de desejo para a criança. Aguarde iniciativas para que ela solicite;
- Quando for se comunicar com a criança, fique ao nível do tamanho dela para que veja a articulação da nomeação do objeto de desejo ou das ações;
- Crie situações que a faça solicitar por maior número de vezes o item de desejo ou a ação;
- Criar pequenos problemas, em que a solução seja atos comunicativos, como "dar", "eu quero", "sim", "não" e aumentar conforme a capacidade da criança em se expressar;
- Disponibilize a previsibilidade das ações que serão realizadas durante o dia: "hoje vamos à casa da titia"/ "vamos ao parque";
- Estimule a memória: "você comeu arroz ou macarrão?"/ "o que você fez hoje?" / "o que você vestiu hoje?"/ "quem você viu?";
- Escolha músicas para a criança ouvir, cante junto com a criança, ou brinquem de completar músicas;
- Utilize jogos que envolvam construções de ações simbólicas, estimulando sua função e imaginação.

**Referências**

LOPES, Maria Silva Wuo de Oliveira. Autismo práticas e intervenções. *Capítulo 4* In: *Autismo práticas e intervenções*. Luciana Garcia de Lima (organizadora). São Paulo, SP: Memnon Edições Científicas Ltda., 2019.

SANTOS, Betânia Avelino dos; SECOL, Luana Cristiane; LIMA, Luciana Garcia de; LOPES, Maria Silva Wuo de Oliveira. Capítulo 6. In: *Autismo práticas e intervenções*. Luciana Garcia de lima (organizadora). São Paulo, SP: Memnon Edições Científicas Ltda, 2019.

# 5

# A IMPORTÂNCIA DA AVALIAÇÃO NEUROPSICOLÓGICA EM CASOS COM TRANSTORNO DO ESPECTRO AUTISTA

A avaliação neuropsicológica para casos com suspeita de transtorno do espectro autista (TEA) – além de uma ferramenta de grande importância para auxiliar no diagnóstico e na prescrição do tratamento – proporciona um mapeamento comportamental cognitivo do indivíduo, possibilitando a correta análise das regiões cerebrais mais afetadas e das regiões que podem ser potencializadas pelo tratamento.

**ANDREZA APARECIDA OLIVEIRA SANTOS E PAULA ADRIANA ZANCHIN**

## Andreza Aparecida Oliveira Santos

## Paula Adriana Zanchin

Graduada em Psicologia e Especialista em Psicopedagogia Clínica. Formação em Avaliação Neuropsicológica em crianças e adolescentes. Realizando avaliação e tratamento de pessoas com TEA. Atualmente atua em atendimento familiar, relação pais e filhos e casal. Atendimento Clínico há 14 anos.

**Contatos**
psicoandrezza@gmail.com
11 97332-9104

Graduada em Psicologia e Especialista em Neuropsicologia Clínica pelo Instituto de Psicologia Aplicada e Formação. Formação em Análise Aplicada do Comportamento e Formação em Terapia Cognitiva Comportamental. Atua no atendimento Psicológico e Neuropsicológico no contexto clínico há 14 anos.

**Contatos**
paulazanchin@hotmail.com
12 99676-9512

## Introdução

Abordaremos neste capítulo as contribuições da avaliação neuropsicológica para o auxílio ao diagnóstico do TEA (transtorno do espectro autista) e ao seu tratamento interventivo.

Considerando o crescimento de casos com TEA, torna-se cada vez mais necessário o conhecimento de possibilidades que auxiliem no diagnóstico e forneçam informações que contribuam para o seu tratamento. Por isso, serão apresentados dois importantes assuntos: o que é avaliação neuropsicológica e quais os testes mais utilizados dentro da avaliação do TEA.

## O transtorno do espectro autista

O transtorno do espectro autista é caracterizado como um dos transtornos do neurodesenvolvimento descritos no DSM-5 (2014). Os portadores desse transtorno podem apresentar manifestações comportamentais heterogêneas, considerando que há diferentes graus de comprometimento e diversos fatores etiológicos. Entre as manifestações pode-se observar o comprometimento de algumas habilidades sociais, como comunicação, interação e aprendizagem de comportamentos, além de limitações sociais, comportamentos característicos e repetitivos. Por ocasião dessas diferentes manifestações, que variam entre os pacientes, os profissionais devem utilizar abordagens avaliativas e terapêuticas específicas, centradas no indivíduo. De acordo com inúmeros autores (BAILEY, PHILIPS, & RUTTER, 1996; BARBARESI, KATUSIC, COLLIGAN, WEAVER & JACOBSEN, 2005 et al.; SILVA e MULICK, 2009, p.119), a deficiência intelectual é o transtorno mais comum associado ao TEA, alcançando a estatística de 75% dos casos de autismo.

No diagnóstico do transtorno do espectro autista, as características clínicas individuais são registradas por meio do uso de especificadores (com ou sem comprometimento intelectual concomitante; com ou sem comprometimento da linguagem concomitante; associado a alguma condição médica ou genética conhecida ou a fator ambiental), bem como especificadores que descrevem os sintomas autistas (idade da primeira preocupação; com ou sem perda de habilidades estabelecidas; gravidade). Tais especificadores oportunizam aos clínicos a individualização do diagnóstico e a comunicação de uma descrição clínica mais rica dos indivíduos afetados. Por exemplo, muitos indivíduos anteriormente diagnosticados com transtorno de Asperger atualmente receberiam um diagnóstico de transtorno do espectro autista sem comprometimento linguístico ou intelectual (DSM-5, 2014, p. 76).

**A avalição neuropsicológica**

A Neuropsicologia – ciência que estuda as habilidades cognitivas e comunicativas e sua relação com o comportamento e com o funcionamento cerebral (REPPOLD et al., 2017) – relaciona-se também a demais áreas afins tanto da saúde quanto da educação. Para compreender o desenvolvimento do funcionamento cognitivo em condições normais ou em disfunções neurológicas, ela utiliza-se de métodos clínico-experimentais de observação e de mensuração do comportamento humano. Por meio da avaliação neuropsicológica, ela investiga funções cognitivas como atenção, percepção, memória, linguagem, habilidades aritméticas, entre outras, e contribui para o diagnóstico, o prognóstico e para o planejamento de um programa de reabilitação. Portanto, busca dimensionar potencialidades e limitações que podem refletir, por exemplo, no aprendizado de crianças.

A avaliação neuropsicológica, por ter embasamento nos fundamentos da neurologia, possibilita uma análise interpretativa que difere da avaliação psicológica comum. Dessa forma, pode-se dizer que as informações qualitativas possuem um maior grau de precisão (REPPOLD et al., 2017).

A abordagem da avaliação neuropsicológica tem o objetivo de contribuir para a elaboração de diagnósticos cada vez mais assertivos e precoces. Por meio dela pode-se analisar, com a observação das expressões comportamentais, a presença e o grau de disfunções cognitivas, correlacionando-as às disfunções cerebrais, além de excluir possíveis relações com outros transtornos que compõem os TGD.

Nessa última perspectiva de compreensão do transtorno do espectro autista ocorreu a confirmação pela comunidade acadêmica de uma percepção que já advinha das outras classificações e compreensões acerca do transtorno quando ao diagnóstico: quanto antes houver o diagnóstico do paciente, maiores as chances de resultados evolutivos e satisfatórios, e mais amplo e adequado será o seu desenvolvimento.

Os testes neuropsicológicos baseiam-se em conceitos multidisciplinares e suas técnicas apresentam nuances cuja compreensão máxima escapa aos limites da formação de um profissional de ramo específico da saúde; desta feita, a existência de equipe multidisciplinar que atue em conjunto facilita e dá maior proficiência, não somente no processo de avaliação, como também aos procedimentos clínicos de acompanhamento de tratamento (SOUZA et al., 2004).

A avaliação neuropsicológica parte de pressupostos neurológicos para identificar comprometimentos e a ocorrência de dificuldades para o desenvolvimento a partir da análise das funções cognitivas das regiões cerebrais do indivíduo. Desse modo, a análise das funções cognitivas do indivíduo e a correlação com a região cerebral correspondente possibilitam mediante aplicação de testes de fluência verbal, percepção visual, memória visual incidental, cálculo e memória tardia, a ocorrência de traços comuns, permitindo a identificação de determinados transtornos e um mapeamento detalhado das funções avaliadas.

**Principais escalas de diagnóstico e instrumentos**

Entre as principais formas de avaliação estão: Escalas de Rastreio, Escala de Avaliação do Autismo na Infância (CARS), Escala de Traços Autísticos (ATA),

Inventário de Comportamentos Autísticos (ICA), *Modified Checklist for Autism in Toddlers* (M-CHAT), *Autism Diagnostic Interview* (ADI-R), *Autism Diagnostic Observation Schedule* (ADOS) e Questionário de Avaliação do Autismo (ASQ).

Quanto às habilidades sociais, tem-se: Inventário de Habilidades Sociais (IHS), Inventário de Habilidades Sociais – SSRS, Escala de habilidades adaptativas Vineland e subtestes de compreensão e semelhanças das Escalas Wechsler.

No que tange à inteligência, a Escala Wechsler de Inteligência para Crianças – WISC IV (2013) compreende dez subtestes principais e cinco suplementares. Ela avalia diversos aspectos da inteligência, como compreensão verbal, organização perceptual, memória operacional e velocidade de processamento, gerando os seguintes valores: QI total (Funcionamento cognitivo Global), índice de compreensão Verbal (Habilidades verbais) e índice de organização perceptual (aspectos visuoespaciais e construtivos), índice de memória de trabalho e velocidade de processamento. Há, ainda, o teste Stroop-Vitória (SPREEN e STRAUS, 1998), que consiste em três condições e cujas normas utilizadas encontram-se em Oliveira, Mograbi, Gabrig, & Charchat-Fichman (2016); O *Rey Auditory Verbal Learning Test* (RAVLT – versão reduzida para crianças em português), (Oliveira & Charchat-Fichman, 2008), cujas normas utilizadas encontram-se em Oliveira et al. (2016); Bayley III – Escalas de Desenvolvimento do bebê e da criança pequena (2018); Paradigma de Fluência verbal (SPREEN e STRAUS, 1998), cujas normas utilizadas encontram-se em Oliveira et al. (2016); Figura complexa de Rey (OLIVEIRA & RIGONI, 2010).

Devido às particularidades de cada caso, é fundamental que a escolha dos testes seja com base na história clínica do paciente e na idade, considerando que estas análises são necessárias conjuntamente e caracterizam a avaliação neuropsicológica. Iniciando com a entrevista clínica e anamnese do paciente, deve-se investigar detalhadamente sua história, desempenho e dados para a formulação de uma hipótese diagnóstica sobre sua condição. Em seguida, planeja-se a avaliação com base em seu objetivo, na queixa e nos achados propriamente ditos, analisando quais instrumentos irão compor a bateria de testes. Nesses casos, o desafio do neuropsicólogo clínico é imenso – escolher entre uma estratégia de avaliação compreensiva, de exploração sistemática ou de exploração flexível (HAASE et al., 2012) é apenas um dos desafios da avaliação.

**Referências**

BORGES, R. F.; REIS, F. F. dos S. *Avaliação Neuropsicológica do Autista*. Disponível em: repositorio.aee.edu.br/bitstream/aee/1156/1/AVALIA%C3%87%-C3%83O%20NEUROPSICOL%C3%93GICA%20DO%20AUTISTA%20.pdf. Acesso em: 17 maio 2020.

FERNANDES, C. S.; FICHMAN, H. C.; BARROS, P. S. *Evidências de diagnóstico diferencial entre transtorno do espectro autista (TEA) e Transtorno do desenvolvimento intelectual (TDI): análise de casos*. Disponível em: neuropsicolatina.org/index.php/Neuropsicologia_Latinoamericana/article/view/408. Acesso em: 17 mai 2020.

FUENTES, D. et al. *Neuropsicologia: teoria e prática*. 2. ed. Porto Alegre: Artmed, 2014.

MAIA, Kelvya Silveira. *Escala de rastreio para transtorno do espectro autista: um estudo para validade de adolescente e adultos*. Disponível em: teses.usp.br/teses/disponiveis/47/47135/tde-19022020-180328/publico/maia_corrigida.pdf. Acesso em: 5 mar. 2020.

MALLOY-DINIZ, L. F. et al. *Neuropsicologia: aplicações clínicas*. 1. ed. Porto Alegre: Artmed, 2016.

PEBMED. *Critérios diagnósticos: diagnostic and statistical manual of mental disorders, fifth edition (DSM-V)*. Disponível em: pebmed.com.br/autismo-veja-os-criterios-diagnosticos-do-dsm-v/. Acesso em: 17 mai. 2020.

REPPOLD, C. T. et al. *Análise dos manuais psicológicos aprovados pelo SATEPSI para avaliação de crianças e adolescentes no Brasil*, 2017. Disponível em: redalyc.org/pdf/3350/335051347004.pdf. Acesso em: 5 mar. 2020.

# 6

# GERENCIAMENTO DE COMPORTAMENTOS DISRUPTIVOS NO TRANSTORNO DO ESPECTRO DO AUTISMO

Autistas costumam apresentar atrasos importantes na comunicação social, gerando dificuldades na compreensão do contexto e alterações na expressão de suas necessidades, o que leva a problemas de comportamento. Sabemos que comportamentos aumentam ou diminuem conforme são reforçados. Parece simples, mas se não soubermos sua função, podemos reforçá-los mesmo sem desejar.

## LUCIANA GARCIA DE LIMA

## Luciana Garcia de Lima

Neuropsicóloga. Doutoranda em Neurologia (Departamento de Pediatria da Faculdade de Medicina da Universidade de São Paulo). Mestre em Semiótica, Tecnologias da Informação e Educação (Universidade Brás Cubas), bolsista CAPES. Psicopedagoga (Pontifícia Universidade Católica de São Paulo). Neuropsicologia e especialização em Reabilitação Neuropsicológica (HC-FM-USP). Especialista em Avaliação Psicológica (Instituto de Pós Graduação – IPOG) e em Neurologia Clínica e Intensiva (HIA Einstein). Aprimoramento em Análise Aplicada do Comportamento – ABA (Grupo Gradual). Registered Behavior Technician – RBT (FIT – Flórida Institute of Technology). Formação profissional em Estimulação Precoce baseada no Modelo Denver (Instituto Farol). Diretora da Clínica Sinapses. Autora dos livros *A Negação da Infância* e *Autismo: práticas e intervenções* (organizadora).

**Contatos**
www.clinicassinapses.com.br
lucianaglima@yahoo.com.br
Facebook: clinicasinapses
Instagram: @clinicasinapses / @psico.luciana.garcia
11 4312-9343

O transtorno do espectro autista (TEA) é um transtorno do neurodesenvolvimento e suas características diagnósticas, segundo o DSM-5, estão subdivididas em duas categorias: 1) prejuízo na comunicação e na interação social e 2) padrões restritos e repetitivos de comportamentos, interesses e/ou atividades que limitam seu desenvolvimento em vários aspectos da vida diária (APA, 2014, p. 50). De acordo com o Center of Diseases Control and Prevention (CDC, 2014), o TEA atinge hoje 1 em cada 59 crianças nos Estados Unidos (não temos no Brasil estudo adequado de sua frequência na população brasileira) e é 4 vezes mais comum em meninos do que em meninas.

Devido aos atrasos importantes na linguagem e na comunicação social, muitas vezes o autista apresenta *déficit* em compreender seu entorno, o contexto das situações e dificuldade em comunicar suas necessidades e desejos, o que pode acarretar irritabilidade e desencadear diversos tipos de problemas de comportamento, podendo chegar, inclusive, à hétero ou autoagressividade.

A maneira como pais, familiares e profissionais reagem a esses comportamentos é o que vai determinar a frequência com que ele vai voltar a ocorrer e sua intensidade. Por isso, torna-se fundamental que se entenda como os comportamentos são mantidos, como fazer a análise funcional deles (isso não substitui os profissionais analistas de comportamento) e de que forma reagir a eles para que diminuam ou não voltem a ocorrer.

**Princípios do comportamento**

Comportamento, de acordo com Martin e Pear (2009), é algo que as pessoas fazem ou dizem. É a ação de uma pessoa ou um conjunto de ações. É qualquer atividade de um organismo, seja ela elétrica, química ou muscular. Segundo Johnston & Pennypacker (1980), é a interação do organismo com o ambiente. Comportamento também é conhecido como resposta. Ou seja, quase tudo é comportamento. Comportamento é vida, é movimento. Só é comportamento se ele pode ser realizado por um organismo vivo. Se algo sem vida pode fazer, então não é comportamento.

Existem algumas características que definem o comportamento: implica movimento (ação) de um organismo vivo, ser observável e ser mensurável (MYERS-KEMP, 2018, p. 62). Vamos ver cada uma dessas características. Implicar movimento significa dizer que o comportamento deve ser descrito por um verbo ativo ("Estou falando com você", "tomou notas durante uma conferência", "está olhando a paisagem"), se falamos em verbo passivo não é comportamento ("foi golpeado", "está inerte").

A segunda característica do comportamento (ser observável) é subdividida em dois tipos: a pessoa que realiza a ação pode sentir direta (algo que a pessoa realiza e que se pode ver, ouvir ou sentir) ou indiretamente (passível de observação apenas mediante a utilização de instrumentos especiais, por exemplo, a pressão sanguínea). Na análise do comportamento o enfoque é nos comportamentos que podem ser diretamente observados. Dizemos que um comportamento é observável se duas ou mais pessoas percebem que ele ocorreu.

Ser mensurável é a terceira das características que definem um comportamento. Isso equivale a dizer que esse comportamento pode ser contado, sua duração pode ser cronometrada, entre outras medidas possíveis (frequência e intensidade ou força). Essas características do comportamento que podem ser medidas são denominadas dimensões do comportamento.

O mais importante sobre os comportamentos, como ressaltam Moreira e Medeiros (2007), é que os mesmos podem ser aprendidos e modificados a partir da alteração de características do ambiente (antecedentes ou consequências). O termo ambiente se refere a todo o entorno da pessoa: características físicas do local, pessoas e eventos. Como dito anteriormente, o termo resposta (R) é dado ao comportamento e o fator ambiental (modificação do ambiente) que eliciou esse comportamento é chamado de estímulo (S). Então, temos a seguinte fórmula: S → R.

Antecedentes (A) são os eventos ambientais que ocorrem imediatamente antes do comportamento e o termo consequência (C) se refere ao que ocorre como reação ao comportamento, imediatamente ou quase imediatamente após sua ocorrência. Ambos, antecedente e consequência, podem aumentar, manter ou extinguir um comportamento (B) – utilizamos a sigla B do inglês *Behavior*. Temos então: A → B → C.

Vamos aos exemplos:

| ANTECEDENTE (A) | COMPORTAMENTO (B) | CONSEQUÊNCIA (C) |
|---|---|---|
| Joana estava brincando com blocos de montar quando sua mãe lhe chamou para tomar banho. | Maria jogou longe as peças, gritou e se jogou no chão. | A mãe lhe deu mais algum tempo para brincar, deixando a hora do banho para depois. |
| Carlos estava brincando com blocos de montar, quando sua mãe lhe avisou que, conforme o combinado, faltavam 5 minutos para o horário do banho. Após 5 minutos o chamou. | Carlos se levantou e dirigiu-se ao banheiro. | A mãe lhe abraçou e elogiou. |

Nesses exemplos muito semelhantes, podemos perceber como um antecedente pode gerar uma resposta e como essa resposta pode gerar consequências bastante diferentes, reforçando diferentes tipos de comportamentos.

Vamos introduzir mais dois conceitos: reforçamento e extinção. Tanto reforçamento quanto extinção são tipos de consequências. De acordo com Myers-Kemp (2018), reforçamento é a consequência capaz de manter ou aumentar a ocorrência do comportamento futuramente. O reforçamento pode ser de dois tipos: positivo ou negativo, seguindo os conceitos de aritmética. Positivo (+) é quando algo é acrescentado após a ocorrência do comportamento e negativo (-) é quando algo é subtraído/retirado depois do comportamento. Para que se tenha efeito reforçador, a consequência deve ser dada imediatamente após o comportamento.

Exemplificando:

| COMPORTAMENTO | REFORÇO POSITIVO | REFORÇO NEGATIVO |
|---|---|---|
| Chorar | Pegar no colo | Retirar o espinho |
| Terminar a tarefa | Elogio | Deixar sair da sala |

Tanto o positivo quanto o negativo são reforçadores, mas no caso dos positivos estamos acrescentando/dando algo (colo e elogio) e nos negativos estamos retirando algo (espinho) ou uma situação (sala de aula) que traz uma sensação ruim. Mas, em ambos os casos, estamos aumentando a probabilidade de ocorrência futura do comportamento.

Mas, e se quisermos que o comportamento diminua em frequência e intensidade, ou se quisermos que ele não mais ocorra? Então deixamos de reforçar, tanto positiva quanto negativamente. Ou seja, para um comportamento anteriormente reforçado, simplesmente deixamos de dar a consequência reforçadora. Esse tipo de consequência recebe o nome de extinção (MYERS-KEMP, 2018, p. 99).

Exemplificando, se antes os pais davam colo todas as vezes que a criança chorava, agora eu a deixo chorando e deixo de dar o colo. Ou se antes a professora retirava a tarefa de sala todas as vezes que o aluno a jogava longe, agora simplesmente mantém a tarefa. Vamos ver mais sobre isso quando estivermos falando das funções do comportamento.

É muito importante que, ao pretender diminuir ou eliminar um comportamento, as pessoas que compõem o ambiente da criança mantenham-se consistentes em sua consequência, caso contrário, poderemos ter o efeito inverso, de aumento do comportamento disruptivo.

Salientamos que, ao iniciar o processo de extinção de um comportamento, ele inicialmente irá aumentar para que só depois diminua e se extinga. Vejamos a curva de extinção:

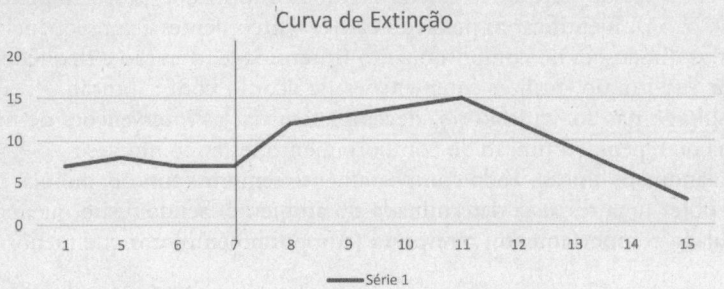

A linha vertical refere-se ao comportamento de chorar para obter algum objeto. Na linha horizontal estão as vezes (frequência) que a criança emite o comportamento. Todas as vezes que a criança chorava para obter um objeto do desejo, ele lhe era entregue. A partir da linha em azul, foi iniciado o processo de extinção, ou seja, os pais pararam de lhe entregar o objeto mediante choro. Inicialmente há uma piora do comportamento, pois a criança havia aprendido que precisava chorar para ganhar algo, então entende que deve chorar ainda mais. Se os pais se mantiverem consistentes e firmes não lhe entregando o objeto, seu comportamento vai se modificando e diminuindo. Portanto, não esqueçam, as coisas vão piorar antes de começarem a melhorar.

É muito importante salientar que os autistas, na maioria das vezes, não se comunicam bem, muitos nem falam. Dessa forma, ao mesmo tempo em que se aplica o procedimento de extinção, deve-se ensinar para a criança maneiras mais funcionais de fazer o pedido (apontar, dizer o nome).

Além disso, podemos usar de reforçamento o tempo todo em que a criança estiver se comportando de acordo com o esperado para que ela entenda que dessa maneira consegue obter as coisas e agindo de outra forma não.

Nem todos os comportamentos devem ser tratados da mesma forma, pois cada um tem uma função diferente e, portanto, suas consequências, tanto para aumentar como para diminuir, devem ser diferentes.

**Avaliação do comportamento**

Ao pensarmos em um programa de modificação de comportamento, devemos ter muito claro de qual comportamento estamos falando. Vale lembrar que ele deve ser descrito com muita precisão (seguindo as características comportamentais descritas acima) para que qualquer pessoa, ao ler, compreenda exatamente a qual comportamento estamos nos referindo e possamos, assim, agir de forma coerente nos diversos ambientes que a criança frequenta. Além disso, para modificarmos um comportamento, como relatam Martin e Pear (2009), precisamos definir um comportamento-alvo (um comportamento de cada vez). Definir o comportamento-alvo significa dar a ele um nome e descrever exatamente o que o indivíduo faz quando se engaja no comportamento. Exemplo: bate fortemente com ambas as mãos abertas em cima da mesa.

Esses comportamentos podem estar atrelados ao próprio diagnóstico (comportamentos repetitivos, estereotipias, rigidez), podem ser observados em momentos de avaliação, podem ser relatados por pais, familiares ou professores.

Depois disso, precisamos coletar algumas informações a seu respeito (LIMA, 2019, p. 54): identificar as possíveis causas (antecedentes e consequências), mensurar as dimensões do comportamento (intensidade, duração e frequência), identificar sua função, realizar intervenções de acordo com a função e reavaliar. Se o resultado não for satisfatório, devemos reiniciar as intervenções de uma outra forma ou repensar a função do comportamento testando hipóteses.

Falando em função. Todo comportamento tem uma função, ou seja, ele ocorre para obter uma resposta determinada do ambiente. Sendo assim, na análise funcional do comportamento, a resposta (comportamento) é o que menos importa, o que temos que prestar atenção é no que gera a resposta e na sua consequência. Quando não sabemos a função, não conseguimos fazer a intervenção adequada. Vamos falar de quais são essas funções e de como identificar e intervir em cada uma delas. Atenção, porém, pois grande parte dos comportamentos são controlados por múltiplas variáveis.

A análise funcional do comportamento é, segundo MacDonald et al. (2013), o método mais bem estabelecido para avaliar problemas de comportamento. Existem duas técnicas de avaliação funcional (Myers-Kemp, 2018, p. 417): descritiva e experimental. A primeira é feita a partir de observação e registro, é mais simples e consome menos recursos. A segunda identifica as relações causais a partir de observação, testagem de hipóteses (manipulação) e registro, portanto é mais complexa, trabalhosa e consome mais recursos.

Na análise descritiva, pais e professores podem tomar nota sobre o que observam antes e depois do comportamento e passar essas anotações para os terapeutas, assim como os terapeutas (equipe multiprofissional) também pode fazê-lo durante as sessões.

A análise experimental, segundo Iwata et al. (1994), é uma metodologia em que os estímulos que evocam os comportamentos, assim como seus consequentes, são apresentados de maneira controlada e sistematizada a fim de isolar e elucidar a função do comportamento-problema. Isso é normalmente realizado na clínica, que também é um ambiente controlado.

Então, para identificar a função do comportamento, precisamos aprender a olhar para os estímulos que antecedem a resposta, olhar para as respostas, olhar para os estímulos consequentes e identificar a relação entre eles.

De acordo com Martin & Pear (2009), são essas as funções do comportamento: atenção social, alcance de objeto tangível, fuga/esquiva de tarefa e autoestimulação. Vamos falar sobre cada uma das funções.

Atenção Social (reforçamento positivo social) é quando a criança realiza o comportamento como forma de obter a atenção de alguém específico ou de todo o seu entorno. Como identificamos esse tipo de função de comportamento? Geralmente a criança olha e/ou sorri para o interlocutor antes de realizar o comportamento ou se aproxima da pessoa de quem quer obter a atenção. Temos então:

Presença de alguém ⟶ comportamento-problema ⟶ atenção

A obtenção de objeto tangível envolve a realização do comportamento com a finalidade de conseguir obter algum objeto (comida, chupeta, brinquedo) que não está ao seu alcance. É muito comum quando as crianças ainda não têm o comportamento de mando e tato, mas também pode ocorrer com crianças que já verbalizam. Identificamos essa função quando a criança tenta fisicamente pegar um objeto e grita, chora ou se joga no chão quando o quer está fora de alcance ou lhe foi retirado.

Ausência do objeto de desejo ⟶ Comportamento-problema ⟶ Entrega do objeto

A terceira função do comportamento é fuga/esquiva de tarefa, ou seja, quando a criança não quer realizar a tarefa que lhe foi demandada ou encontra-se em situações de condição aversiva (ruídos altos, luz forte, muitas pessoas). Pode ser identificado ao entrar em supermercados, shoppings, festas de aniversário e quando alguma tarefa lhe é pedida e, logo depois, ela realiza o comportamento. Muitas vezes há tentativa física de escape. Devemos diferenciar também fuga (a demanda já foi dada e a criança quer fugir (consequência) de esquiva (a demanda ainda não foi dada, mas a criança consegue prever e quer se esquivar antes de seu início (antecedente).

Demanda ⟶ Comportamento-problema ⟶ Retirada/adiamento da demanda

Por fim, a autoestimulação. Essa é fácil de identificar, mas muito difícil de realizar a intervenção. Nesse caso, o comportamento ocorre tanto na presença como na ausência de alguém. O reforço desse comportamento é a resposta sensorial que a criança obtém (sensações vestibulares, táteis, visuais, auditiva etc., inclusive dor).

Sozinho ⟶ Comportamento-problema ⟶ Reforçamento automático

Vale lembrar que, em grande parte dos casos, o comportamento pode apresentar múltiplas funções. Por isso, é preciso que essa análise funcional seja realizada por profissionais capacitados, pois, como mencionamos, em muitos casos é necessário que se teste diferentes hipóteses para se chegar à função do comportamento.

**Manejo comportamental**

Agora que já aprendemos a identificar as funções comportamentais, vamos ver de que forma intervir com cada uma. Vale lembrar que antes de melhorar, vai piorar. Essa é uma certeza.

No caso de a função ser a obtenção de atenção de terceiros, a diminuição do comportamento se dá a partir da retirada da atenção. Não dar atenção significa não tocar, não falar e não olhar para a criança. Se, como forma de obter a atenção, a criança passa a ser agressiva, é preciso intervir e fazer a correção do comportamento: segura a criança, diz "bater não" e a solta e repete quantas vezes forem necessárias. Importante que durante a correção a voz e a expressão do educador não sejam de raiva, caso contrário pode-se ativar uma resposta emocional. É cara de paisagem e voz monótona, em total autocontrole.

Quando a criança quer pegar um objeto, é bem simples: não dê. Deixe claro que enquanto a criança estiver se comportando daquela forma, não vai ganhar o objeto (de forma clara, simples e objetiva; grandes sermões cansam e são inúteis). Tenha paciência! É importante ensiná-la outra forma de pedir e entregar o objeto quando ela, pelo menos, fizer uma tentativa.

Na função de fuga/esquiva de demanda temos dois casos diferentes: a situação está muito desagradável (ruídos, iluminação) ou a criança não quer fazer a atividade.

No primeiro caso, em que há grande incômodo da criança, devemos respeitar seu limite. Mas essa questão deve ser trabalhada nas terapias que a criança frequenta (dessensibilização) para que aumente seu limiar sensorial. Isso geralmente é trabalhado em terapia de integração sensorial.

No segundo caso, temos duas possibilidades: ou a tarefa está muito fácil, chata e repetitiva ou está muito difícil. Lembre-se de que a criança não sabe se comunicar corretamente na grande maioria dos casos. De qualquer forma, a demanda sempre deve ser mantida. Demanda dada é demanda cumprida, nem que seja com suporte físico total. Mas, depois analise se a tarefa se encontra no nível adequado de desenvolvimento da criança/adolescente. Adapte sempre que necessário.

Os casos de autoestimulação são os mais difíceis, pois a consequência não é externa, é a sensação causada no corpo do paciente. O que fazer? Bloquear fisicamente a ação e tentar redirecionar a atenção para outros objetos, pessoas e/ou eventos.

Então, a boa notícia é que a maioria dos comportamentos disruptivos são mantidos socialmente, pelo ambiente e, dessa forma, respondem melhor às intervenções. Mas alguns problemas de comportamento extremamente graves (autolesão e estereotipias) são, geralmente, reforçados automaticamente, o que não quer dizer que não tenham tratamento, apenas que são mais difíceis e demorados de obter resultados.

Enfatizamos que, para que as intervenções realizadas obtenham sucesso, é fundamental a parceria entre família, escola e equipe de profissionais que atendem a criança. Dessa forma, as intervenções se tornarão consistentes e coerentes para o indivíduo que responderá de forma mais rápida.

## Referências

AMERICAN PSYCHIATRIC ASSOCIATION. Manual *Diagnóstico e Estatístico de Doenças Mentais – DSM-5*. Washington: American Psychiatric Publishing, 2014.

CENTERS OF DISEASE CONTROL AND PREVENTION. 2018. *Autism spectrum disorders (asds): data & statistic*. Disponível em: cdc.gov/spanish/mediosdecomunicacion/comunicados/p_prevalencia-autismo_042618.html. Acesso em: 7 jan. 2020.

IWATA, B. A.; DORSEY, M. F., SLIFER, K. J., BAUMAN, K. E.; RICHMAN, G. S. Toward a Functional Analysis of self-injury. 1994. *J. Appl. Behav Anal*, v.27, n.2, p.197-209.

JOHNSTON, J. M.; PENNYPACKER, H. S. *Strategies and tatics of human behavioral research. Hilladale*, NJ: Lawrence Eralbaum Associates, 1980.

LIMA, Luciana Garcia de. In: *Autismo: práticas e intervenções*. São Paulo: Memnon; 2019.

MACDONALD, J. M.; AHEARN, W. H.; PARRY-CRUWYS, D.; BANCROFT, S.; DUBE, W. V. Persistence during extinction: examining the effects of continuous and intermitente reinforcement on problem behavior, 2013. *J. Appl. Behav. Anal.*, v. 46, n. 1, p. 333-8.

MARTIN, G.; PEAR J. *Modificação de comportamento: o que é e como fazer*. 8. ed. São Paulo: Roca, 2009.

MOREIRA, M.; MEDEIROS, C. A. *Princípios básicos de análise do comportamento*. Porto Alegre: Artmed, 2007.

MYERS-KEMP, K. *Manuel Del Curso Essenciales* RBT. Melborne: ABA Technologies, 2018.

# 7
# DO FILHO IMAGINÁRIO AO FILHO REAL: O (DES)AJUSTE DO NÚCLEO FAMILIAR APÓS O DIAGNÓSTICO DO TRANSTORNO DO ESPECTRO AUTISTA (TEA)

A chegada de um filho por si só já se impõe como um desafio para os pais. A confirmação de que esse filho apresenta um diagnóstico de autismo requer uma (re)elaboração parental e a necessidade de mudanças significativas no contexto familiar.

## CLAUDIA MOURA

## Claudia Moura

Graduada em Psicologia. Mestre em Psicologia. Especialista em Neurociência da Aprendizagem. Consultora Técnica em Educação no Instituto UNIAPAE-ES. Coautora do Manual de Boas Práticas em Educação pela Federação das APAEs-ES. Diretora da Inclusive-Consultoria em Educação Inclusiva. Docente no Curso de Pós-Graduação. Ampla experiência na área da Educação Especial e Inclusiva.

**Contatos**
www.inclusiveconsultoria.com.br
claudiamourapsi@gmail.com
Instagram: @inclusiveconsultoria
27 99961-3839

No decorrer da história da humanidade, o papel da mulher pode ser entendido tanto por um vínculo consanguíneo entre mãe e filho, chamado de maternidade, quanto por um laço de cuidado, nomeado de maternagem. Para Kitzinger (1978), os interesses sociais e culturais de cada época irão afetar diretamente os valores a serem estabelecidos nos cuidados com o filho. A maternidade ainda simboliza a concretização da identidade feminina, como se a ela coubesse um destino inviolável e biológico, determinístico desde o seu nascimento.

Para Bandinter (1985), o amor materno não é inato e a infância é uma construção moderna. A ideia sobre a criança, tal como conhecemos hoje, é fruto de uma construção social, compreendida através de narrativa histórica, cultural e econômica. Segundo Ariés (1978), essa marca afetiva nem sempre existiu, precisou de um longo percurso para ser reconhecida como parte da família: o universo infantil era considerado um estorvo, a criança, um ser incapaz, portanto destituído de vontades. Às mulheres, cabiam o trabalho no coletivo, misturavam-se umas com as outras, cuidavam de todos, sem individualidade nem particularidade familiar.

Ao final do século XVII, com a decadência do feudalismo, os adultos passaram a se preocupar mais com os sentimentos familiares. A história distorcida do papel feminino, suas inferioridades e distanciamento dos filhos, começa a passar por transformações (CASTELLS, 2002, p. 191-198). Com o passar do tempo, as mulheres foram buscando mudar sua história, com importantes conquistas e maior visibilidade, principalmente as relacionadas ao seu corpo e sexualidade. Ela passa a planejar melhor suas relações e futuro familiar, optando pelo número de filhos e deseja ou não tê-los.

Para Piccinini (2003), os pais, ao se sentirem grávidos, têm em seu imaginário três tipos de bebês: um fantasiado, um imaginário e um real. O bebê fantasiado é aquele que habita o nosso imaginário desde sempre: está dentro de um projeto parental que um dia poderá ou não vir a ser realidade e a ele caberá corresponder a um padrão de beleza, saúde e perfeição, cujo produto será admirado por todos. O bebê imaginário será constituído em um mundo interior, que durante a gestação estará imbuído de desejos, sonhos e expectativas. Na impossibilidade de saber como é o seu bebê, a mãe poderá aumentar sua ansiedade, carregando um possível temor em relação a possíveis "defeitos".

O diagnóstico de malformação no bebê intraútero, ocasionará uma forte emoção e exigirá estratégias diferentes daquela planejada. O nascimento de uma criança com deficiência envolve uma repercussão de intensidade nos relacionamentos e ações que a família deve tomar. É um momento complexo, de grande impacto, deixando marcas profundas e indeléveis na família, principalmente na mãe, que muitas vezes se sente culpada pela perda desse bebê sonhado e idealizado. Essa perda significativa e simbólica pode apresentar várias reações emocionais como negação, raiva, negociação, depressão e aceitação (KUBLER-ROSS, 1983, p. 94-97).

A cada época, a história lança luz sobre os padrões esperados pela sociedade. Enfatiza-se a beleza, a saúde, a sensualidade, constrói-se homens e mulheres engajados em construir um discurso sobre o tempo do corpo. No decorrer da humanidade constatamos a destruição, o menosprezo, a eliminação e a morte de corpos deficientes. Se para o mundo a noção de uma pessoa com deficiência é aquela que se materializa através de objetos, próteses, órteses, libras, linguagens de sinais e ambientes adaptados, há um grupo que sugere o que muitas vezes está na ordem do invisível: as pessoas autistas. O que é visível no corpo da deficiência, agora está dominado por uma ingerência totalmente humana, pessoal e única. Aquilo que se considerava um "déficit" físico, visível e descritível, situa-se no âmbito da relação com o outro, nas inter-relações, em uma esfera social rígida e com regras que regem a natureza humana (FERREIRA, 2002, p. 111-119).

O autismo é um distúrbio do neurodesenvolvimento e não um distúrbio mental. Ele se constitui como um desvio do desenvolvimento e foi descrito pela primeira vez pelo psiquiatra austríaco Leo Kanner, em 1943. Está classificado dentro do transtorno global do desenvolvimento. Envolve uma díade de prejuízos nas áreas de:

1. Déficits persistentes na comunicação/interação social recíproca;
2. Padrões restritos e repetitivos de comportamento, interesses ou atividades.

Além do comprometimento de outras habilidades como atraso na linguagem e do desenvolvimento social, deficiências cognitivas, hipossensibilidade e hipersenibilidade, regulação deficiente das emoções, deficiências motoras grossas e finas, comportamentos estereotipados, obsessões e alterações no trato gastrointestinal.

Sua etiologia ainda é pouco conhecida, não há exames médicos ou marcadores biológicos que permitam identificar a sua causa, mas as evidências mostram uma forte ligação entre fatores genéticos e ambientais. Por ser uma condição que causa grande comprometimento na funcionalidade do indivíduo, o tratamento atual se baseia na intervenção educativa e comportamental, de forma individualizada. O diagnóstico deve ser estabelecido por volta dos 3 anos de idade. Entretanto, de acordo com alguns autores, os sinais de uma criança com autismo podem ser observados entre os 12 e 18 meses. Há alguns indicativos, como: não atender pelo nome, não apontar para pedir algo, a criança não fica bem no colo, se sente irritada, com movimentos repetitivos, como o *flapping* e *rocking*, e ao participar de atividades lúdicas não consegue dar função aos brinquedos e simbolizá-los.

| Nível de severidade para o TEA | Comunicação social | Interesses restritos e comportamentos repetitivos (IRRs) |
|---|---|---|
| Nível 3<br><br>Exigindo apoio muito substancial | • Déficits severos nas habilidades de comunicação social verbal e não verbal;<br>• Iniciação muito limitada de interações sociais;<br>• Raramente responde a propostas sociais. | • Comportamentos repetitivos e/ou rituais que interferem gravemente com as atividades diárias;<br>• Ansiedade e irritação exagerada;<br>• Grande dificuldade em desviar a sua atenção dos interesses e rituais repetitivos. |
| Nível 2<br><br>Exigindo apoio substancial | • Déficits acentuados nas habilidades de comunicação social verbal e não verbal;<br>• Presença de dificuldades na interação social mesmo com apoio;<br>• Início limitado de interações sociais e resposta reduzida. | • Presença de IRRs suficientes para serem detectáveis pelo observador e que afetam a vida da criança;<br>• Irritação ou frustração quando os IRRs são interrompidos;<br>• Dificuldade de conseguir o desvio da atenção de interesses. |
| Nível 1<br><br>Exigindo apoio | • Déficits notório na comunicação social;<br>• Dificuldade para iniciar interações sociais com as outras pessoas e respostas atípicas ou inadequadas na interação social;<br>• Interesse reduzido na interação social. | • IRRs prejudicam o dia a dia da criança em um ou mais aspectos;<br>• Resiste às tentativas de interrupção ou de desvio da atenção dos seus interesses e comportamentos. |

*Três níveis de gravidade identificados no DSM-5. Fonte: J Evid Base Dent Pract 2014.*

As relações parentais ocupam um lugar de destaque quando falamos das interações para o desenvolvimento da criança, tanto na sua constituição psíquica quanto nos aspectos físicos e sociais. Estudos realizados por Silva (2000) e Bolsoni-Silva e Marturano (2010) apontam que uma boa qualidade de interação conjugal auxilia na relação entre pais e filhos, assim como no repertório dos comportamentos infantis. Crianças e jovens com autismo evidenciam, por vezes, respostas incomuns a estímulos sensoriais; logo, todas essas adaptações podem aumentar os níveis de estresse na família e acarretar impacto na sua qualidade de vida, o que muitas vezes culmina com o próprio afastamento familiar em relação à vida social e de seus cônjuges (ZANATA et al., 2014, p. 271-282).

Guralnick (2000) apresenta um modelo representativo das reações emocionais da família:

| Diagnóstico | Mudanças |
|---|---|
| Fuga; Impacto; Sofrimento; Insegurança; Negação; Culpa; Impotência; Rejeição. | Desligamento do emprego; Impacto financeiro; Restrições ao lar; Dedicação exclusiva; Ausência de pares; Isolamento social; Julgamento externo. |

*Sentimentos dos familiares diante do diagnóstico de transtorno do espectro autista e mudanças na dinâmica familiar.*

Os altos níveis de estresse parental, principalmente nas mães, indicam que há a necessidade de um suporte social mais efetivo, pois geralmente há uma sobrecarga de tarefas como os cuidados com a criança, a demora no fechamento do diagnóstico, além da responsabilidade da casa, com o trabalho e com os outros integrantes da família (ELDER, VALCANTE, WON, & ZYLIS, 2003, p. 273-295).

Em relação à quantidade de casais separados por conta da notícia da deficiência do filho, tem sido comum encontrar um número elevado de casais que se separam por esse motivo. Reações como a culpabilização de ambos os cônjuges, dúvidas sobre como ocorreu, de qual família veio, se os outros filhos também terão a deficiência e o descrédito na hora do fechamento do diagnóstico podem acarretar a separação, além de prejudicar a qualidade da intimidade e da relação sexual, contribuindo para o declínio da relação (BRAUNSTEIN, PENISTON, PERELMAN, & CASSANO, 2013, p. 858-865).

A adaptação conjugal pode ser um processo contínuo e que varia de acordo com o contexto familiar, o grau de comprometimento do autismo, o desenvolvimento e características da criança e seu suporte social. Entretanto, apesar das mudanças familiares, a compreensão e a (re)significação da dinâmica familiar após o diagnóstico do TEA pode renovar e dar alento à própria vida e às atividades do dia a dia.

**Considerações finais**

O diagnóstico do autismo, ainda que conduzido de forma adequada, mobiliza muitos sentimentos no casal. Caso a relação esteja passando por momentos de desajustes, essa tensão pode ocasionar conflitos, mágoas e culpas entre o casal. O foco nesse caso é compreender que esses estressores podem também servir para vínculos familiares, fortalecendo ainda mais o elo entre os pares. Entender o sistema de crenças, revela, além da resiliência, os valores, atitudes e convicções em torno das respostas emocionais, decisões e ações da relação parental. Compreender isso pode ajudar a entender quais serão as atitudes diante da criança, do autismo e de tudo o que esse diagnóstico significará para a vida dos pais. Com apoio, o casal poderá ser capaz de aceitar as circunstâncias, ressignificando suas vivências e produzindo importantes transformações.

**Referências**

AMERICAN PSYCHIATRIC ASSOCIATION. *Manual diagnóstico e estatístico de transtornos mentais*. 5. ed. Washington, 2013.

ARIÉS, P. *História social da criança e da família*. Rio de Janeiro: Guanabara, 1978.

BADINTER, Elisabeth. *Um amor conquistado: o mito do amor materno*. Rio de Janeiro, Nova Fronteira, 1985.

BOLSONI-SILVA, A. T.; MARTURANO, E. M. Relacionamento conjugal, problemas de comportamento e habilidades sociais de pré-escolares. *Revista Psicologia: Teoria e Pesquisa*. 2010, vol. 26, n. 1, pp. 67-75.

BRAUNSTEIN, V. L.; PENISTON, N.; PERELAM, A.; CASSANO, M. C. The inclusion of fathers in investigations of autistic spectrum disorders. *Research in Autism Spectrum Disorders*. 2013. Jornal V. 7 Ed. 7 858-865. Disponível em: doi.org/10.1016/j.rasd.2013.03.005. Acesso em: 30 abr. 2020.

CASTELLS, Manuel. *O poder da identidade*. Tradução: Klauss Brandini Gerhardt. 3. ed. São Paulo: Paz e Terra, 2002. p. 530.

ELDER, J. H.; VALCANTE, G.; WON, D.; ZYLIS, R. Effects of in-home training for culturally diverse fathers of children with autism. *Issues in Mental Health Nursing*. 2003. Revista 24(3), 273-295. Disponível em: doi.org/10.1080/01612840390160793. Acesso em: 17 maio 2020.

FERREIRA, C. A. M.; THOMPSON, R. (Orgs.). *Imagem e esquema corporal*. São Paulo: Lovise, 2002.

GURALNIK, M. J. Early childhood intervention: evolution of a system. *Focus on autism and other developmental disabilities*. 2000.15, p. 68-79.

KITZINGER, S. *Mães: um estudo antropológico da maternidade*. Lisboa: Presença, 1978.

KUBLER-ROSS, E. *On children and death*. New York: Touchstone, 2003.

LEONE, E.; DORSTYN, D.; WARD, L. Defining resilience in families living with neurodevelopmental disorder: a preliminary examination of Walsh´s framework. *Journal of Development and Physical Disabilities*. 2016 28(4). Disponível em: autismsa.org.au/Media/Default/Research%20Documents/Past%20Research%20Documents/PP201508-Leone%20Resilience%20in%20families%20raising%20a%20child%20with%20a%20neurodevelopmental%20disability.pdf. Acesso em: 20 ago. 2020.

RIBEIRO, E. L.; PAULA, C. S. *Política de saúde mental para crianças e adolescentes*. In: Políticas de saúde mental. 1. ed. São Paulo: Imprensa Oficial do Estado de São Paulo, 2013.

SILVA, A. T. B. *Problemas de comportamento e comportamentos socialmente adequados: sua relação com as habilidades sociais educativas de pais*. Dissertação (Mestrado em Educação Especial). Universidade Federal de São Carlos, São Paulo.

VOLKMAR, F. R.; CHAWARSKA, K.; KLIN, A. Autism spectrum disorders in infants and toddlers: An introduction. *Autism spectrum disorders in infants and toddlers*. New York: The Guilford Press, 2008.

ZANATTA, Elizangela Argenta et al. Cotidiano de famílias que convivem com o autismo infantil, 2014. *Revista Baiana de Enfermagem*, v. 28, n. 3, p. 271-282.

# 8

# MÃE DE AUTISTA: AQUELA QUE AMA E DOA A VIDA PELO FILHO

Neste capítulo conversaremos sobre as mães com filhos autistas: suas rotinas atribuladas, o psicológico abalado e o pouco tempo tirado para si. Com uma paciência de dar inveja, a mãe de autista deixa o amor transbordar e, ao mesmo tempo, "renuncia" a si em função de outro ser para que ele seja a pessoa mais feliz do mundo.

## ADRIANA ASSIS

**Adriana Assis**

Pedagoga graduada pela UNISUL (2013), graduanda em Psicologia pela UNISOCIESC (previsão de término em 2022), com especialização em Psicopedagogia Clínica e Institucional (IPEGEX - Instituto de Pós-Graduação e Formação Continuada - 2011) e Neuropsicopedagogia e Desenvolvimento Humano (UNIASSELVI - Centro Universitário Leonardo da Vinci - 2016). Possui outros cursos extracurriculares.

**Contatos**
www.adrianaassis.com.br
psicoadrianaassis@gmail.com
Facebook: facebook.com/psicoadrianaassis
Instagram: psicoadrianaassis

*Não sei... Se a vida é curta ou longa demais pra nós. Mas sei que nada do que vivemos tem sentido, se não tocamos o coração das pessoas. Muitas vezes basta ser: colo que acolhe, braço que envolve, palavra que conforta, silêncio que respeita, alegria que contagia, lágrima que corre, olhar que acaricia, desejo que sacia, amor que promove.*
*E isso não é coisa de outro mundo, é o que dá sentido à vida. É o que faz com que ela não seja nem curta, nem longa demais, mas que seja intensa, verdadeira e pura enquanto durar.*
Cora Coralina

"Positivo" é a palavra mais vibrada pelas mulheres que querem ter filhos. Significa "alegria", "animação", "bagunça" e "vida". Saber que um ser irá fazer parte de sua vida é a mais pura fascinação de uma futura mãe. A partir desse momento começam as mudanças corporais, alimentares e emocionais, ou seja, toda a rotina muda, inclusive os pensamentos e as observações. Surgem as análises como: "meu filho não será assim", "meu filho não fará isso", "meu filho será educado dessa maneira". Desse modo, a lista vai crescendo e tomando forma de um "manual de instruções". Mas será que toda criança precisa de manual? Será que toda mãe precisa de manual? Será que existe um "manual de instruções" ideal?

Os dias vão passando, a criança vai se desenvolvendo e a dúvida vai aumentando. Orientações médicas são seguidas corretamente até que chega o grande dia: o nascimento. Alegria total! A partir desse momento, o que realmente importa são a saúde e o bem-estar dessa nova vida gerada e, na primeira troca de olhares, ufa! Vem o suspiro de alívio e o sorriso nos lábios. Agora é esperar até que possa tê-lo nos braços.

Hora de ir para casa e desfrutar do que há de mais maravilhoso que existe: a maternidade. O instinto materno aflora ajudando no cuidado do belo bebê. A criança vai crescendo e se desenvolvendo até que começam questionamentos como: "meu filho não me dá atenção", "meu filho não olha para mim", "meu filho gosta de brincar sozinho", "meu filho não sorri para mim" etc. De repente, outro "manual de instruções" começa a se compor.

Nesse momento se iniciam as consultas aos médicos especialistas e os sentimentos e sensações se manifestam, por vezes, relacionados à ausência de informações e dúvidas sobre o comportamento da criança. Após periódicas buscas e descobertas o diagnóstico é revelado: a criança é autista. E agora? Surgem possibilidades de emoções: desespero, medo, angústia, entre outras. Então, a grande pergunta aparece: "como eu vou fazer agora?"

É interessante o patamar da pergunta, pois ela procede a pergunta inicial "o que fazer agora?", já que o "como" é a consequência do "o quê". Dessa maneira, se questionar "como" traz possibilidades de pensamentos que envolvem a organização das ideias, gerando ações em prol do desenvolvimento de um universo adequado para a criança autista.

Daqui em diante é hora de relaxar, organizar os pensamentos, começar a rever o planejamento inicial e perceber que o "manual de instruções", na realidade, não existe. Cada criança é uma criança com uma identidade, personalidade e família diferente.

**Falando da rotina e do psicológico das mães**

Amar o filho de todo o coração é uma experiência fantástica, mas não dá a condição de entender como o autismo afeta seu filho nem como ele interage com o mundo. A partir disso, começa a mudança na rotina da família, principalmente na rotina da mãe, que começa a levar o filho não só para a escola, mas também para as terapias. São vários os profissionais que assistem a criança, como neuropediatra, fonoaudiólogo, psicólogo, pediatra, psicopedagogo etc.

O período de adaptação é o mais difícil, tanto para a criança quanto para a mãe. Com o passar do tempo, as coisas vão se acalmando e tudo vai tomando o seu lugar. Por exemplo, a mãe que trabalha fora precisa ter um pouco mais de paciência para organizar sua rotina e conseguir participar ativamente da vida da criança. Para aquelas que conseguem, aí vão meus parabéns, porque sabemos que não é fácil conciliar tudo. Para aquelas que ainda precisam de ajuda: não desistam, pois sabemos que nem tudo é fácil.

Conforme a reportagem do G1 do Paraná (*Mãe consegue na justiça redução de jornada de trabalho para cuidar de filho com autismo no Paraná*, 2019), uma mãe técnica em enfermagem conquistou o direito de reduzir sua jornada de trabalho em 50% sem desconto no salário para cuidar de seu filho autista. Dessa forma, é importante acreditar e insistir, não desistir.

As dores dessas mães vão surgindo à medida que os sintomas são descobertos. São dores que afetam o coração e tocam no fundo da alma por não poderem ajudar o seu filho. É difícil para uma mãe não ser correspondida com um olhar, não ser chamada de mamãe, ficar sabendo que seu filho sofreu *bullying* em algum lugar, não tem bom desempenho na escola, entre outras situações. Cada uma dessas mães sabe perfeitamente o que é sentir essa dor.

É sabido que a jornada não é fácil e que chega um período da vida em que a mãe fica cansada, estressada e com o psicológico abalado. Pensamentos de insegurança e desmotivação costumam aparecer, afetando até a autoestima. Mas toda mãe possui poderes mágicos para cuidar de seus filhos: elas respiram, sacodem a poeira e dão a volta por cima.

Mães de filhos autistas não são diferentes das outras mães. Elas ensinam, amam, dão limites, respeito, administram, são flexíveis, autoritárias, "mãetoristas" e são a base da família. Ainda têm o privilégio de estarem mais presentes e acompanharem o filho.

A ajuda é bem-vinda porque ninguém é de ferro e nem autossuficiente. A terapia é para que possam lidar com as emoções e a situação que mexeu com toda a sua vida. É um ajuste para entender que também são pessoas lindas, com uma vida cheia de alegria e sentimentos saudáveis. Aprender a lidar com o bom humor, paciência, a organização, ajudá-las a ter uma vida mais tranquila e organizada. Ah! Não podem esquecer que precisam ter um período para descansarem a fim de renovarem as suas energias.

**A Saúde Mental**

A Secretaria de Saúde do Paraná (*on-line*) menciona:

> Saúde mental é estar de bem consigo e com os outros. Aceitar as exigências da vida. Saber lidar com as boas emoções e também com as desagradáveis: alegria/tristeza; coragem/medo; amor/ódio; serenidade/raiva; ciúmes; culpa; frustrações. Reconhecer seus limites e buscar ajuda quando necessário (ESTADO DO PARANÁ, s. a.)

Não é preciso ter uma doença para ter uma saúde mental desestabilizada. A própria falta de controle emocional faz com que o desequilíbrio apareça. Saber conviver com emoções boas e ruins nos leva a ter uma aceitação melhor da vida e ter uma tranquilidade maior. Entretanto, a sociedade padroniza que as mulheres sejam mães, donas de casa, esposas, trabalhem fora, andem produzidas e ainda durmam 8 horas por noite. Essa mulher não existe! Um ou mais itens citados acima, com certeza, vai andar fora de controle. É impossível andar 100% nesse padrão.

Toda mãe de autista merece estar com uma boa saúde mental. Ela precisa estar estruturada para conseguir ir adiante, e isso não significa que ela precise dar conta de tudo: só precisa ter calma, paciência necessária e a organização em dia. É fácil? Não, porque sabemos que os obstáculos existem e são muitos, mas quem disse que a mãe do autista não consegue? O desânimo e a tristeza podem bater à porta de vez em quando, mas tente não dar vida a essas emoções. O amor pelo filho é algo incondicional, não conseguimos mensurar, apenas sentir...

O que significa o amor? Como menciona o *Dicionário de Psicologia* (2010) é uma emoção que abrange o sentimento de afeto e ternura para com a pessoa amada. Mas vamos falar de sentir. O que é sentir o amor? O que devemos fazer para sentir o amor? Ele simplesmente acontece, não tem definição para o coração. A emoção surge e o sentimento aparece. Isso pode acontecer para com outrem e para consigo mesmo? Sim. Amar-se, talvez, não seria se conhecer? Olhar para si? Entender como você "funciona"? O que gosta e o que não gosta? A partir dessas reflexões e outras que irão surgindo, as mães dos autistas vão aprendendo a lidar com as emoções e equilibrando-se em meio à vida. Assim, descobrem o quão especiais são.

Pensar em algo positivo, fazer exercícios, alimentar-se de modo saudável, fazer algo de que goste, encontrar-se com amigos; enfim, existem várias maneiras de melhorar a saúde mental: basta escolher as opções que mais ajudam e se organizar para que dê tudo certo. As boas maneiras são importantes para que as mães não desenvolvam algum tipo de transtorno como de ansiedade, de humor ou mesmo depressão. A constante sobrecarga de atividades em função do filho pode gerar anseios para que tudo funcione da maneira mais eficaz. Sem contar que o comportamento da criança influi muito no humor da mãe.

É importante a mãe aprender a olhar para si mesma e perceber o quanto é importante para si, para os familiares e principalmente para a criança autista. Dessa forma, ela precisa se cuidar e se dar a mesma atenção. Qualquer tempinho que é tirado para si, mesmo que seja para ler uma página de um livro de que goste, ou mesmo tomar um café com uma amiga, já é muito importante. É algo que está fazendo em prol do seu bem-estar. Os cuidados não devem ser só para com o filho, devem ser para com ela também. Você talvez esteja pensando: "Mãe de autista não tem tempo para nada, muito menos para cuidar de si". Será? Existem mães com filhos autistas que trabalham fora, fizeram faculdade etc. A vida em si não é fácil com toda a certeza, mas não desistiram. Pelo contrário, adaptaram sua rotina para que a rotina do autista seja a mais tranquila possível.

Com isso, essas mães possuem um cotidiano agitado devido à quantidade de tarefas exercidas, mas estão aptas a dizer que fizeram de tudo e com o maior carinho do mundo para seus filhos se desenvolverem e crescerem em um mundo livre de preconceitos. As mães de autistas pedem socorro no cuidado de seus filhos e de si mesmas. Elas trabalham e se doam incondicionalmente aos seus filhos, que são incompreendidos e, em alguns casos, excluídos. O conhecimento e o sentir se fazem necessários na ajuda dessas pessoas tão queridas por todos.

Essas mães não são diferentes das outras mães: elas choram, riem, ficam alegres, tristes, brincam (quando podem com seus filhos), e, muitas vezes, não contam com a compreensão de outras pessoas. São escolas despreparadas para aceitar os filhos, são poucos profissionais que sabem lidar com autistas e ainda existe a vergonha de estar em um local e ver que seu filho é motivo de olhares diferentes. Essas situações acontecem devido ao despreparo da população em relação ao autismo. Muitas pessoas não conhecem ou simplesmente não fazem questão de conhecer ou mesmo aprender sobre o assunto, o que ocasiona um desconforto grande para toda a família do autista, em especial para a mãe.

Entretanto, muitas perguntas ainda estão sem resposta sobre o conteúdo autista. É sabido que ainda requer muitos estudos, porém de uma coisa sabemos claramente: não é fácil para a família. Por mais conhecimento que possuam, o desconhecido é muito presente. Devemos sempre ser solidários e amáveis com essas mães que lutam tanto por seus filhos.

Hoje, podemos perceber que pais já estão "assumindo" o autismo e deixando o preconceito de lado. É muito importante essa atitude, porque designa força, segurança, perseverança e determinação dos pais em lutar e conquistar, reconhecimentos esses que estão aparecendo aos poucos. O reconhecimento em relação ao autista está ocorrendo, mas ainda precisamos falar sobre a saúde mental da família e, principalmente, da mãe do autista, porque é ela quem acompanha o filho em todos os momentos. Saúde que, se não for ajudada pode vir a desencadear problemas maiores, como os desequilíbrios emocionais.

Portanto, saibamos olhar e ajudar a todas as mães dessas crianças para que elas possam perceber a importância que possuem na vida delas e dos outros. Que possam perceber o quão maravilhosas e lutadoras são. Que possamos sempre estar perto, auxiliando para que o amor prospere.

**Referências**

AMERICAN PSYCHOLOGICAL ASSOCIATION. *Dicionário de psicologia*. Porto Alegre, Artmed, 2010.

ESTADO DO PARANÁ. O que é Saúde Mental? Secretaria de Saúde do Paraná. Disponível em: <www.saude.pr.gov.br/Pagina/Saude-Mental>. Acesso em: 20 jan. 2021.

FILIPPIN, Natalia. *Mãe consegue na justiça recução de jornada de trabalho para cuidar de filho com autismo no Paraná*. 2019. G1 Paraná, 27 mar. 2019. Disponível em: <g1.globo.com/pr/parana/noticia/2019/03/27/mae-consegue-na-justica-reducao-de-jornada-de-trabalho-para-cuidar-de-filho-com-autismo-no-parana.ghtml>. Acesso em: 20 jan. 2021.

SOLOMON, Andrew. *Longe da Árvore: pais, filhos e a busca da identidade*. Trad. Donaldson M. Garschagem; Luiz A. de Araújo; e Pedro Maia Soares. São Paulo: Companhia das Letras, 2013.

# 9

# ESTRATÉGIAS DE INTERVENÇÃO ATRAVÉS DO TREINAMENTO PARENTAL E DE OUTROS CUIDADORES

O treinamento de pais é uma estratégia eficaz para garantir a manutenção e generalização da intervenção junto à pessoa com TEA, podendo ser composto por formação conceitual, manejo de comportamento problema, treino de comunicação funcional e tentativas discretas. O ensino pode ser por meio de instrução, videomodelação, modelagem, *role playing* e *feedback*.

## LIANA VALE DOS SANTOS MARQUES

## Liana Vale dos Santos Marques

Mestra em Educação (UFMG-2016). Pós-graduação: Análise Aplicada do Comportamento (ABA); transtorno do espectro autista (TEA); Educação; Saúde da Família. Qualificação Avançada em Terapia de Contingências de Reforçamento (ITCR-SP). Curso em Análise Experimental do Comportamento (PUC-SP). Aperfeiçoamento em Terapia Comportamental Infantil (ITCR-SP). Formação em Desenvolvimento Atípico (ITCR-SP). Qualificação em ABA aplicada ao TEA (IBAC-DF). Formações nos protocolos de Avaliação Comportamental (VB-MAPP, ABLLS). Curso em PECS (PECS BRAZIL - 2018) e Avaliação PEAK (2019). Mentoranda do Grupo de Orientação de Pais. Psicóloga Clínica Infantil há 12 anos. Docente do curso de Psicologia.

**Contatos**
livales@hotmail.com
88 99941-8414

De acordo com o DSM-5, o TEA envolve dois pilares: déficits na interação/comunicação e presença de comportamentos repetitivos, restritos e estereotipados (DSM, 2014). Há uma variabilidade de tratamentos, cabendo aos pais coordenar essas intervenções, o que pode levá-los a um desgaste emocional, até mesmo propensão à depressão (BAGAIOLO, 2018). As famílias com TEA passam por mais desafios e estresse que as famílias de crianças típicas, sendo fundamental promover intervenções centradas nas famílias (RUSSA, 2015).

A análise do comportamento aplicada (ABA) é um domínio da ciência do comportamento que tem apresentado resultados eficazes na intervenção de pessoas com TEA (COOPER; HERON, apud DUARTE et al., 2007; DILLENBURGER apud DUARTE et al., 2009). As dimensões da ABA são: aplicada (os comportamentos são escolhidos pela relevância social); comportamental (é fundamental mensurar e operacionalizar os comportamentos-alvo); analítica (manter o controle dos eventos para ocorrência ou não do comportamento); tecnológica (as técnicas utilizadas devem ser identificadas e descritas); conceitual (os procedimentos são descritos a partir dos princípios filosóficos do behaviorismo radical); eficaz (os comportamentos são modificados); e generalização (a mudança de comportamento deve ocorrer ao longo do tempo, em vários ambientes e a uma variabilidade de comportamentos) (BAER apud DUARTE et al., 1986).

Uma das maneiras de atingir a generalização é através da aplicação dos programas por pessoas relevantes da vida do sujeito, como pais, professores e cuidadores, sendo fundamental treinamento. O treino de pais tem sido foco de muitas pesquisas, como coterapeutas, pois podem aproveitar situações na vida cotidiana da criança colaborando com a manutenção e generalização dos comportamentos aprendidos. Com isso, favorece que os pais se sintam capazes de se envolver ativamente no processo de desenvolvimento dos seus filhos, necessitando de apoio e supervisão profissional durante e após a execução (UBEID, 2017).

Lovass (1987) realizou experimento com crianças de dois anos, algumas que participaram de treinamento intensivo de 40 horas semanais tiveram maior êxito que crianças que participaram do treinamento de 10 horas semanais. No último grupo os sintomas persistiram ao longo da vida (LOVASS, 1987). As intervenções no autismo são complexas, intensivas e demandam alto investimento, havendo ainda uma predominância de literatura internacional. No Brasil, há ainda poucos estudos sobre modelos de intervenção. A intervenção analítico comportamental é inacessível à maior parte da população, uma vez que essa intervenção intensiva, precoce e duradora requer uma equipe capacitada, sendo difícil esse serviço na rede pública de ensino e saúde (BARROS, 2018).

Foi realizado um experimento de capacitação de cuidadores, duas vezes por semana e carga horária total de 32 horas, com base em Keller (1999), ou seja, com abordagem centrada no aluno, seguindo suas individualidades. O conteúdo de ensino foi ofertado em passos graduais de complexidade. Os pais recebiam inicialmente uma cartilha de leitura individual com os assuntos abordados e exercício prático. Os assuntos abordados eram: caracterização do autismo; análise do comportamento: resposta, evento antecedente e evento consequente; fortalecimento do comportamento; enfraquecimento do comportamento; revisão; controle discriminativo e generalidade; comportamento verba e programas de ensino. Foram realizadas orientações individuais. O procedimento era: entrega do programa para leitura e soluções de dúvidas, demonstração através de vídeos, demonstração através de dois monitores, *role playing* entre o cuidador e monitor, demonstração do monitor com a criança, tentativa do cuidador para com a criança (sem registro de dados, nesse caso o registro era feito pelo monitor), tentativa do cuidador para com a criança com registro dos dados e análise do passo. O resultado da pesquisa mostrou que um programa que envolve "combinação de instrução escrita, videomodelação, demonstração com monitores, e *role playing* com *feedback* imediato" é eficaz no ensino de cuidadores. As crianças participantes do estudo apresentaram melhora no desempenho dessas habilidades, assim como outras habilidades que não foram ensinadas (FERREIRA, 2015).

Os pais podem implementar os protocolos de intervenção simplificados sem necessariamente passar por uma formação conceitual, porém para utilizar plenamente as sete dimensões da ABA é necessário que se compreendam conceitos e princípios básicos. Além disso, a formação conceitual promove uma melhor comunicação com os pais e adesão aos protocolos de ensino (BARROS, 2018).

Foi realizada uma pesquisa em que houve treinamento conceitual com cuidadores comparado ao treino através de *role playing* com *feedback*, que consistia nos seguintes passos: o pesquisador aplica o programa com um pesquisador auxiliar e o cuidador observa; o pesquisador auxiliar aplica o programa e o cuidador observa; o pesquisador realiza o programa com o cuidador; o cuidador aplica o programa com o pesquisador. Durante os procedimentos, o pesquisador forneceu *feedback* com o cuidador, que recebia a filmagem de todo o processo. Os resultados mostraram que no experimento 1 os participantes obtiveram conhecimento teórico sobre os princípios da análise do comportamento, porém apresentou limitações na intervenção do cuidador com a criança. No experimento 2, foi verificado acerto de 100% na implantação do programa de intervenção e generalização de um programa aprendido. O estudo mostrou que um ensino de cuidadores com base em instruções, modelação, *feedback* e ensaios é eficaz para uma aplicação adequada de programas de ensino (FERREIRA, 2015).

Houve uma pesquisa na qual o treino consistiu em "observação da aplicação dos programas de ensino, *role play* com *feedback* imediato e vídeo-*feedback*". Na etapa *role playing* o experimentador 1 aplicou o programa com o experimentador 2, enquanto o cuidador observava. Em seguida, o experimentador 1 e o 2 inverteram os papéis, depois um dos experimentadores aplicou com o cuidador e, por último, o cuidador aplicou com explicações e *feedback* imediato durante todo o processo. A avaliação foi realizada com os seguintes critérios: garantir a atenção através do contato visual ao chamá-lo pelo nome; expor a instrução; fornecer ajuda; reforçar a resposta esperada; registrar a resposta. Os resultados mostraram eficácia sobre o treino baseado em instruções, modelação, ensaios e *feedback*, porém o procedimento apresenta extensa carga horária de treino individualizado (FERREIRA, 2016).

Experimentos de treino por videomodelação instrucional através de: "teste de preferências"; "treino por tentativas discretas (DTT)"; "procedimentos de ajuda"; e "procedimentos de correção" mostraram que a exposição exclusivamente à videomodelação instrucional aumentou a precisão na aplicação dos programas (BARBOZA, 2015). Há evidências na literatura de que é importante a utilização de plataformas de ensino *on-line* para pais de crianças com TEA através do ensino naturalístico. Um estudo em que mães assistiam a três vídeos compostos por uma visão geral sobre tentativas discretas; tipos de ajuda; implementação da correção; anotações em folha branca e computador mostrou que o procedimento de videomodelação instrucional para ensino de tentativas discretas é eficaz, com pequena carga horária (BARBOZA, 2019).

Faggiani (2014) realizou uma pesquisa em que os participantes foram treinados em quatro módulos: ensino teórico (com passos de tentativas discretas, conceitos de análise do comportamento), videomodelação (eram apresentados vídeos com tentativas discretas de emparelhamento de identidade), identificação de erros (vídeos com tentativas discretas de emparelhamento de identidade em que o instrutor cometia erros, como reforçar com atraso, instrução inadequada, falha na ajuda, demorar mais de 3 segundos na ajuda, fornecer ajuda antes de 3 segundos quando tinha que esperar, fornecer instrução antes do aluno olhar, apresentar o estímulo sem randomização) e observação de correção (o supervisor corrige o professor na aplicação de tentativas discretas nos erros mencionados). O estudo foi realizado ainda com pessoa sem formação universitária e que não tinha ligação com as áreas da saúde e educação. Os resultados mostraram que este treino é eficaz, independentemente da formação.

Foi observado que os cuidadores que participaram de treinamento de 32 horas através de "leitura dos programas, análise de vídeos com a aplicação, demonstrações dos programas entre monitores, *role playing* do cuidador com um monitor, demonstração do monitor com a criança e tentativa supervisionada do cuidador com a criança" aplicavam os procedimentos corretamente, com dificuldades em seguir o critério de mudança de passo (SMITH et al, apud BORBA, 2015); e que os cuidadores não apresentam a mesma precisão que um profissional na aplicação de procedimentos, o que não afeta o desempenho das crianças (BORBA, 2015).

A Gradual desenvolveu uma capacitação de pais com o objetivo principal de ensino da comunicação funcional e manejo de comportamento problema, com 12 encontros semanais de aula expositiva teórica, modelagem, modelação, exercício de registro, análise de registro, supervisão com análise dos vídeos dos pais e *role playing*. Nesse modelo de ensino, os pais realizaram tentativas de intervenção além da generalização, pois aprenderam a instalar repertórios de comunicação, sem aplicar o programa inteiro, o que exigiria maior investimento financeiro (BAGAIOLO, 2018). O treinamento parental produz mais resultados sobre o conhecimento do TEA e estratégias específicas sobre a redução de estresse parental (BEAUDOIN, 2014). Dependendo do perfil da família, algumas se beneficiam de intervenções baseadas em treino parental (BARROS, 2018). O treinamento parental se caracteriza por uma estratégia eficaz na intervenção ABA de indivíduos com TEA. A partir do perfil da família deve ser definida qual a melhor estratégia a ser utilizada, deste conteúdo, tipo de treino, carga horária e investimento financeiro.

**Referências**

ASSOCIAÇÃO DE PSIQUIATRIA AMERICANA. *Manual diagnóstico e estatístico de transtornos mentais: DSM-5*. Porto Alegre. Artmed, 2014.

BAGAIOLO, L. F. et al. Capacitação parental para comunicação funcional e manejo de comportamentos disruptivos em indivíduos com transtorno do espectro autista. 2018. *Cadernos de Pós-graduação em Distúrbios do Desenvolvimento*. São Paulo, v. 18, n. 2, p. 46-64.

BAGAIOLO, L. F.; PACIFICO, C. R. Orientação e treino de pais. In: *Análise do Comportamento Aplicada para pessoas com Transtorno do Espectro do Autismo*. Memmon Edições Científicas. São Paulo, 2018.

BARBOZA, A. A. et al. *Avaliando procedimentos para treino parental sobre intervenção analítico-comportamental ao TEA*. Tese de Doutorado. Universidade Federal do Pará, Belém, PA, 2019.

BARBOZA, A. A. et al. *Efeitos de videomodelação instrucional sobre o desempenho de cuidadores na aplicação de programas de ensino a crianças diagnosticadas com autismo*. Dissertação de Mestrado. Universidade Federal do Pará, Belém, PA, 2015.

BARROS, R. S. et al. Intervenção comportamental ao transtorno do espectro autista implementada via cuidadores. In: *Análise do comportamento aplicada ao transtorno do espectro autista*. Appris, Curitiba, 2018.

BEAUDOIN, A. J. et al. Parent Training Interventions for Toddlers with Autism Spectrum Disorder. *Autism Research and Treatment*. 2014.

BORBA, M. M. C. *Intervenção ao autismo via cuidadores*. Tese (Doutorado). Universidade Federal do Pará, Belém, PA, Brasil, 2014.

BORBA, M. M. C. et al. Efeito de intervenção via cuidadores sobre aquisição de tato com autoclítico em crianças com TEA. 2015. *Revista Brasileira de Análise do Comportamento*, v. 11, n. 1, p. 15-23.

DUARTE, C. P. et al. *Análise do Comportamento Aplicada para pessoas com Transtorno do Espectro do Autismo*. Memmon Edições Científicas. São Paulo, 2018.

FAGGIANI, R. B. *Análise de componentes de um tutorial computadorizado para ensinar a realização de tentativas discretas*. Tese de Doutorado. Universidade de São Paulo – USP, São Paulo, 2014.

FERREIRA, L. A. *Ensino conceitual em aba e treino de ensino por tentativas discretas para cuidadores de crianças com autismo*. Dissertação de Mestrado. Universidade Federal do Pará, Belém, PA, 2015.

FERREIRA, L. A. et al. Ensino de aplicação de tentativas discretas a cuidadores de crianças diagnosticadas com autismo. 2016. *Perspectivas em Análise do Comportamento*, v. 7, p. 101-103.

LOVAAS, O. I. Behavioral Treatment and Normal Educational and Intellectual Functioning in bung Autistic Children. 1987. *Journal of Consulting and Clinical Psychology*, v. 55, p. 3-9.

RUSSA, M. B. et al. Expanding Supports to Improve the Lives of Families of Children With Autism Spectrum Disorder. 2015. *Journal of Positive Behavior Interventions,* v. 17, n. 2, p. 95-104.

UBEID, G. C. *Treino parental por vídeo modelação: relato de pais de crianças com transtorno do espectro autista*. Dissertação de Mestrado – Universidade Presbiteriana Mackenzie, São Paulo, 2017.

# 10

## AUTOCUIDADO PARA OS PAIS DE CRIANÇAS COM ATRASOS NO DESENVOLVIMENTO

O autocuidado dos pais é uma das melhores formas de cuidar das crianças. Pais saudáveis terão muito mais condições de cuidar dos seus filhos, resultando em crianças e pais felizes. A saúde emocional é prioridade quando cuidamos de crianças, principalmente no caso de crianças com necessidades especiais e este capítulo abordará sobre esse tema.

**SUZANA KELLY SOARES LARA**

## Suzana Kelly Soares Lara

Psicóloga formada pela Universidade de Brasília, especialização em Terapia Cognitiva-Comportamental e Terapia ABA para Autismo e Deficiência Intelectual. Voluntária no projeto Sinfonia Diferente que utiliza musicoterapia para o desenvolvimento e socialização de crianças no espectro autista. Trabalha atualmente na clínica no atendimento presencial e *on-line* de adultos e atendimento domiciliar de crianças com autismo.

**Contatos**
www.psicologadf.com.br
suzanakelly@gmail.com
61 99126-7721

Graças ao avanço da ciência e o acesso à informação, muito tem se falado sobre o autismo nos dias atuais. Encontramos diversas informações na televisão e internet sobre tratamentos, terapias, medicamento etc. Esse acesso permitiu que muitas crianças fossem devidamente diagnosticadas e recebessem o tratamento adequado para a estimulação do seu desenvolvimento. Porém, ainda são pouco abordados os cuidados com os pais de crianças com autismo; o sofrimento que a família passa e as estratégias que podem ser utilizadas para amenizar essa aflição. Tendo essa problemática em vista, irei abordar neste capítulo a dor, superação e autocuidado para os pais de crianças no transtorno do espectro autista e também estratégias para lidar com os maiores medos que os pais de crianças especiais têm.

Iniciarei falando brevemente da minha história com o autismo, pois ela que fez eu começar a estudar e trabalhar nessa área. A minha família tem três casos de autismo, dois sobrinhos e meu pai, que faleceu aos 72 anos sem um diagnóstico, mas tudo indica que tinha um autismo leve. Tudo começou quando a minha irmã mais velha, a Deyse, teve o Giovanni, meu sobrinho, portador do TEA. A Deyse teve 5 filhos, somente 1 com autismo.

No começo não compreendíamos. O Giovanni tinha um atraso na fala, porém era uma criança muito amorosa, comunicativa ao modo dele. Como o Márcio, o pai, aprendeu a falar por volta dos 4 anos de idade, nós ficamos na expectativa de que ele aprendesse a falar tardiamente, porém isso não aconteceu. Foi quando após várias consultas em médicos e psicólogos chegou-se ao diagnóstico do autismo.

A primeira reação de toda a família foi a negação. Todos diziam que não era autismo, que era uma criança "normal", que iria aprender a falar mais tarde. Essa reação é natural devido à falta de informação. Naquela época o acesso à informação era limitado. Não havia Facebook nem os diversos canais que temos hoje no YouTube. As nossas crenças sobre o que era autismo eram distorcidas e a despeito de eu estar cursando psicologia na época, quase não era falado sobre autismo na graduação. Hoje o Giovanni tem 12 anos e a família tem que lidar com todas as questões do filho na adolescência.

Alguns anos depois, meu irmão mais novo, o Bruno, casou e teve um filho com espectro autista também, o Enzo. O Enzo apresentava atraso na fala, estereotipias, ecolalias, porém em um grau bem mais leve. A reação na família foi um pouco menos sofrida, já que estávamos respaldados de mais informações sobre o que era autismo, o diagnóstico, tratamentos, devido à experiência com o Giovanni. O Enzo tem dificuldade de interação social, principalmente com outras crianças. Porém, devido às diversas terapias desde novinho, hoje com 5 anos ele está muito bem, fala praticamente tudo.

Estudando o transtorno e compreendendo a relação genética, começamos a observar o comportamento do nosso pai e entender que havia grandes chances de ele ser autista. Ele era exageradamente rígido com rituais diários, fazia todos os dias as mesmas coisas. Não compreendia muito bem segundas intenções, sarcasmos e ironias. Muitas vezes não respondia quando era chamado. Não lidava muito bem com situações de estresse, que fugiam da rotina e manifestava reações desproporcionais diante dessas situações. Não tinha amigos, não gostava de eventos, locais com muitas pessoas e não suportava som alto. Ele também tinha um lado genial. Gostava muito de ler, tinha muito conhecimento, uma memória formidável, sabia todas as datas dos eventos históricos. Tinha hiperfoco e bastante conhecimento sobre os assuntos específicos de seu interesse.

Não obstante, sempre foi um pai muito amoroso, presente, expressava o amor em sua forma singular. Trabalhou a vida inteira para dar ótimas condições de vida para os filhos. Observando-o pela ótica do espectro autista, passamos a compreendê-lo e entender as situações desconfortáveis que passamos devido à condição especial dele.

**Luto, dor e negação**

O momento do diagnóstico é permeado por um conjunto de sensações e sentimentos. Frustração, culpa, luto e medo. O momento do nascimento de um filho representa a formulação de um novo ciclo de vida e diversas expectativas e ideais são criados, e o diagnóstico de qualquer doença crônica cria uma ruptura dessas expectativas. A família toda será afetada e passará por um período de luto, bem como necessitará de revisão na organização e rotina da família.

Soluções mágicas podem permear o pensamento de muitos pais e familiares, acreditando que de um dia para o outro a criança acordará curada. Porém, se a criança sofre de autismo, isso não irá acontecer. O quanto antes a família entender, buscar conhecimento e iniciar os tratamentos para a estimulação precoce da criança, mais ela irá se desenvolver.

Em um segundo momento, o diagnóstico também representa alívio para os pais que agora sabem que o atraso no desenvolvimento do filho não tem relação com a forma que a criança estava sendo criada e sim com uma condição neurológica dela. Principalmente quando se trata de autismo leve, todos falam que a criança é "normal", porém só os pais conhecem as dificuldades diárias para cuidar de uma criança no espectro autista, mesmo sendo leve.

O diagnóstico traz compreensão e um direcionamento para o tratamento da criança. Existem inúmeros canais de informação nos dias atuais para aprender a lidar e estimular a criança com autismo. Com relação às terapias, em resumo, temos as terapias psicológicas, como a terapia ABA, que irá desenvolver habilidades essenciais para o aprendizado da criança, terapia ocupacional para trabalhar o sistema sensorial da criança. Fonoaudiologia, que irá auxiliar na comunicação e também o nutricionista compõe a base essencial do tratamento, tendo em vista que antes de ser autista o filho é uma criança com todos os problemas normais de crianças. Às vezes não dorme por ter um refluxo ou uma alergia. Nem tudo é por conta do autismo.

**Medos e incertezas sobre o futuro**

Os pais relatam que um dos maiores medos é com relação ao futuro. Será que se tornarão independentes, funcionais, vão conseguir cuidar de si mesmos? Será que sofrerão *bullying* na escola? Como será quando os pais morrerem, vão conseguir seguir a vida sozinhos? Vão conseguir trabalhar, casar?

Esses medos são naturais e com as terapias esses medos vão sendo amenizados. Esses sentimentos fazem muitos pais acabarem adotando uma postura de superproteção com a criança. Tentam proteger o filho de qualquer sofrimento que possam sentir. Porém são os obstáculos, as dores e superações que trazem aprendizado. Quanto mais a criança aprender a lidar com uma situação difícil, mais preparada ela estará para enfrentar desafios mais complexos. Por isso a importância das terapias. É essencial que o quanto antes a criança aprenda a fazer atividades do dia a dia como amarrar os cadarços, tomar banho, se vestir etc. para se tornar funcional em diversos papéis na sociedade. O quanto antes a família entender que ajudar demais a criança, fazer as coisas por ela, vai torná-la cada vez mais dependente e incapaz de transitar no mundo.

**Autonomia**

A terapia ABA tem como objetivo aumentar o repertório comportamental e conteúdos pedagógicos da criança, de modo que ela melhore a interação e a comunicação social, aprendendo a pedir, explicitar o que quer e o que não quer, ler, escrever, ir ao banheiro etc. Também diminuir a frequência de comportamentos inadequados, como bater, morder, gritar, arremessar objetos e também auxilia a ter autonomia nas atividades de vida diárias.

Através do encadeamento das atividades, dividimos as tarefas em passo a passo. A criança aprende a fazer sozinha o passo final e à medida que ela já aprendeu essa etapa final, deixamo-la fazer sozinha a anterior e por aí vai, até conseguir fazer a atividade inteira sozinha. Podemos utilizar dicas visuais, como figuras, ajuda motora e dicas verbais. Por exemplo, para colocar uma meia no pé. O terapeuta pega a meia, enrola-a, coloca no pé até o calcanhar e estimula a criança a puxá-la até o tornozelo. Na próxima sessão, pega a meia, enrola e coloca no início do pé para ela puxar dos dedos até o tornozelo, na próxima sessão deixa ela enrolar a meia e colocar no pé, depois ela pega a meia e faz todo o processo sozinha.

Quando falamos de autismo severo é uma situação mais complicada, pois o grau de dependência é muito maior. Em alguns casos, o apoio familiar poderá ser para sempre. Quanto mais severo for o autismo, mais intensas as terapias precisam ser, dessa forma podendo migrar de uma situação severa para moderada e em alguns casos para um autismo leve.

***Bullying* e preconceito**

A situação de *bullying* na escola é uma realidade cruel, não só para as crianças com espectro autista. Qualquer característica diferente pode virar motivo para *bullying* e pode gerar quadros de ansiedade e depressão nas crianças. Todavia, o *bullying* com crianças autistas pode acarretar consequências de proporções muito maiores e mais graves devido às características especiais do transtorno. Indivíduos autistas têm dificuldade de interação e ingenuidade social. Dificuldade de identificar situações perigosas, más intenções de pessoas que podem levá-lo a uma situação constrangedora, violenta. Soma-se o fato de a criança autista ter mais dificuldade para lidar com traumas. Eles podem ficar para sempre com traumas do ambiente escolar, desenvolver pânico daquele ambiente, aumentar o quadro de crises e agressividade da criança.

Os pais devem sempre conversar com seus filhos, orientá-los sobre esse fenômeno, dessa forma preparar seus filhos para lidar com essa situação. Devem ficar atentos aos sinais de ansiedade que o filho demonstra para ir para a escola, pois algo de errado pode estar acontecendo. Estar sempre em contato com a escola, professores, orientadores para saber qual política da escola para enfrentar esse problema. Os professores precisam ter conhecimento e ter um olhar sempre atento para que não haja esse tipo de violência na escola.

O *bullying* e o preconceito são vencidos através da educação e informação. A escola precisa dar atenção e passar informações para os alunos sobre o autismo, o que é o transtorno, sintomas, sofrimentos e estar sempre atentos para evitar esse tipo de situação.

**Adolescência e sexualidade**

A sexualidade da pessoa com autismo é foco de muita angústia, dúvidas e incertezas para os pais. Ouvimos muitos relatos, por exemplo, de adolescentes com autismo se masturbando na frente das pessoas, na escola. O que fazer diante dessas situações? Muitos pais erram achando que a pessoa com autismo não terá sexualidade ou ela será deficitária.

O desenvolvimento sexual de uma pessoa neurotípica acontece de forma muito sutil geralmente. Ouve uns amiguinhos falando, vê algo sobre o assunto na tevê, na internet, muitas brincadeiras e formas indiretas de falar. Esse tipo de aprendizado não serve para as pessoas com autismo. Conversar com a pessoa autista de forma mais direta é fundamental, até mesmo para a pessoa poder se defender de possíveis abusos sexuais. Assim como utilizar materiais de educação sexual próprios para pessoas com autismo para que ela tenha um desenvolvimento sexual saudável e compreenda as regras sociais que envolvem esse assunto.

**Relacionamento do casal e autocuidado para os pais**

A fase do diagnóstico, busca por conhecimento, corrida atrás de terapias, escolas adequadas, a rotina do dia a dia, tudo isso causa exaustão e sobrecarga nos pais. Muitos deixam de cuidar de si mesmos e da relação. Muitos pais desenvolvem ansiedade, depressão por sentirem que não estão fazendo o suficiente por seu filho, mesmo fazendo tudo por ele.

É de extrema importância que os pais não deixem de cuidar de si mesmos e da relação. As crianças demandam tempo e ativam um senso de responsabilidade nos pais, que passam a enxergar que precisam fazer de tudo por aquela criança. Porém, a criança será muito mais beneficiada se os pais estiverem bem, com energia, felizes.

Um bom exemplo é quando estamos no avião e a aeromoça explica que, em caso de emergência, colocar primeiro a máscara em si mesmo e depois colocar a máscara na criança, pois se o adulto desmaiar não poderá mais ajudar nem a ele mesmo nem o seu filho.

Ter uma rede de apoio é fundamental para que os pais possam ter tempo para se cuidarem e da relação. Deixar a criança de vez em quando com avós, tios para o casal sair. Mas o mais importante é o casal se manter unido e cuidar da relação como nunca. A criança será muito mais beneficiada com os pais unidos e felizes. Fazer uma programação da semana incluindo cuidados com a saúde, corpo. Praticar atividades físicas, ter momentos de lazer e até mesmo fazer uma terapia se for necessário. Tudo isso irá ajudar a enxergar a situação de uma forma positiva e resgatar o amor e alegria de todos os membros da família.

AUTISMO – UM OLHAR POR INTEIRO

# 11

# AUTISMO E CANABIDIOL – UMA NOVA ESPERANÇA

Neste capítulo, os pais encontrarão uma explanação sobre as dificuldades encontradas no início do tratamento sobre a procura por ajuda especializada, orientações a respeito do tratamento com canabidiol, indicações de uso, como diferenciar o charlatanismo que vem crescendo e se instalando entre os grupos de pais com autismo – aproveitando-se do desespero e esperança dos pais e mães, já tão desgastados, até pela dificuldade em encontrar profissionais da saúde com quem estabeleçam uma bom entrosamento multidisciplinar, imprescindível para o desenvolvimento pleno do paciente portador do autismo/síndrome de Asperger.

## DÉBORA FUKUOCA

## Débora Fukuoca

Médica graduada pela Universidade Católica de Brasília (2007) com pós-graduação em Psiquiatria (2011). Já trabalhou em Programa de Saúde da Família nas cidades de Piracanjuba/GO e Taubaté/SP, o que ajuda hoje a prestar um atendimento e suporte à família de forma global e a entender a importância de um bom trabalho em equipe. Trabalhou no Ambulatório de Psiquiatria do Município de Tremembé/SP de 2012 a 2015 e para a Prefeitura do Município de Caçapava/SP no CAPS 11 e CAPS Infantil de 2014 a 2019. Atualmente atende em seu consultório na cidade de Taubaté/SP e também trabalha com mentoria, principalmente sobre Canabidiol.

**Contatos**
www.dradeborafukuoca.com.br
dra.debora.consultorio@gmail.com
Instagram: @dradeborafukuoca
12 3025-4691
12 98101-1156

Ao receber o diagnóstico de transtorno do espectro autista os pais já ficam perdidos. Isso quando o paciente é diagnosticado na primeira infância, o que seria o ideal, pois quanto antes se iniciar o acompanhamento, melhor será o prognóstico e desenvolvimento, e mais precocemente se fará uma previsão de quanto esse paciente conseguirá progredir. Infelizmente, o que venho observando nos anos de consultório é que, infelizmente, o diagnóstico tende a ser tardio.

O que acontece é que o problema se inicia no contexto familiar, desde a negação dos pais, a interferência dos familiares que sempre têm alguma história de alguém da família que também demorou "um tempo" para falar ou andar. Posteriormente, nos serviços de saúde, tanto no público quanto no privado, até hoje, mesmo entre os profissionais da saúde, vejo psicólogos, fonoaudiólogos, psicopedagogos e até outros médicos encaminhando esses pequenos pacientes ao neurologista infantil. Essa patologia já passou a ser acompanhada pelos psiquiatras há vários anos. Os estudos das doenças/especialidades são divididos e estudados segundo a categorização do CID (Código Internacional de Doenças) e o Autismo Infantil corresponde ao código F84.0. As doenças neurológicas são classificadas na letra G e as psiquiátricas na letra F. Qual a consequência disso? Tenho atendido vários pacientes com o diagnóstico errado há anos e o prejuízo para este paciente é inenarrável.

Em um dos casos, JBL, de 10 anos, estava com o diagnóstico dado por um neurologista infantil de retardo mental moderado. O menino compareceu ao meu consultório com queixa de ansiedade, medo/desespero ao ir para a escola, irritação/agressividade em casa e insônia. Na escola com este relatório não é feito nenhum tipo de estímulo, pois teoricamente não haverá nenhum progresso. Não tinha material adaptado, auxiliar em sala, absolutamente nada. Ao fazer passar em consulta, passar por avaliação, solicitei avaliação neuropsicológica para avaliar idade mental/emocional do paciente. Redigi um novo relatório a ser apresentado na escola, solicitando auxiliar em sala e material adaptado e introduzi ansiolítico. O paciente evoluiu com melhora do quadro geral de sono, aceitação no retorno às atividades escolares e iniciou alfabetização.

Tenho também o caso de um paciente de 15 anos, MCS. Ele, sem diagnóstico, veio para o consultório por encaminhamento da escola, por suspeita de psicopatia (pasmem). Não é o primeiro, nem o único e duvido que será o último caso. Por apresentar dificuldade de interação social, ficar isolado a maior parte do tempo e não mentir, em alguma discussão com colegas pode se expressar impulsivamente com expressões como "tenho vontade de te matar" ou "queria que você morresse". Em função disso, ele é encaminhado à direção e ela se encarrega de encaminhar o estudante ao psiquiatra. A saber, daquele momento em diante, além de tudo, o menino começa a ser estigmatizado como portador de um transtorno mental, que nem é exatamente o que ele possui. Esse paciente em questão demorou mais a ser feito o diagnóstico também por ser portador de Autismo de Alto Desempenho, também conhecido como AAF (Autismo de Alta Funcionalidade). Eles aparentemente podem passar como pessoas comuns, com algumas características diferentes, às vezes tidas até como extravagância. Possui características diferentes da síndrome de Asperger, e pode ser diagnosticado um pouco mais precocemente, se for avaliado por profissional qualificado. Está muito associado a TOC – transtorno obsessivo compulsivo, TDAH – transtorno déficit atenção e hiperatividade e síndrome de Tourette. O AAF não causa nem inclui deficiência intelectual, diferentemente do restante do espectro do autismo, em que cerca de 45-60% apresenta deficiência intelectual.

A ANVISA (Agência Nacional de Vigilância Sanitária) reclassificou o canabidiol como medicação de uso controlado após ressaltar não haver relatos de dependência após o uso da substância e vários indícios na literatura científica comprovando a eficácia no tratamento de enfermidades como epilepsia grave, fibromialgia, dores crônicas, autismo, ansiedade, entre outras. O CBD (canabidiol) e o THC (tetraidrocanabinol) são os dois canabinoides mais abundantes na Cannabis sativa, maconha. CBD compõe 40% da planta, é uma substância canabinoide – age nos receptores canabinoides do cérebro. Tem vários métodos de administração – spray, óleo, cápsula, creme, de várias concentrações que podem ou não conter THC associados. O CBD é tolerado mesmo em altas doses, porém o THC é a substância psicoativa e pode provocar efeitos colaterais. A decisão de qual é o mais indicado depende da patologia, idade do paciente e o objetivo do tratamento. O CBD e o THC interagem no corpo através do sistema endocanabinoide, que é responsável por regular várias funções como dor, apetite, humor, memória, sono, resposta imunológica etc. e por isso vem apresentando resposta tão boa a uma ampla gama de doenças.

O que descobri recentemente e que veio me fazer mudar completamente o tema a ser abordado neste livro foi uma denúncia feita por um colega a respeito de um grupo de charlatães que vem atuando nos grupos de pais/mães de autistas e em prefeituras inclusive, prometendo incluir as crianças em grupos de estudo com o CBD. Os golpistas alegam aos pacientes e à família que irão receber a substância, porém com a orientação de que ao receber a droga não devem comunicar ao médico assistente que está iniciando o uso. Pais e responsáveis, isso é ilegal! Nenhum protocolo de tratamento é feito dessa forma: nunca se introduz uma medicação escondida do seu médico, pois os efeitos colaterais podem ser letais! A intenção quando se vai introduzir o CBD é a redução das outras drogas. Aponto aqui alguns problemas que esse tipo de aplicação inconsequente da medicação pode ocasionar:

1. Qual seria a lógica da introdução sem a retirada progressiva das outras drogas?
2. A partir do momento que outra pessoa está introduzindo a medicação, é ela quem está assumindo o tratamento: do começo ao fim. Não existe tratamento associado de passar com dois médicos, exceto quando ambos sabem disso e concordem!
3. Quando se é dito para esconder que irá iniciar o uso de uma medicação do médico com quem você já tem vínculo e faz tratamento, quebra-se o Código de Ética e isso já mostra muito sobre o que está acontecendo.

4. O Canabidiol não é uma medicação tão fácil assim de se trabalhar. O ideal é procurar um médico que esteja muito familiarizado com a droga para que possa prescrever com segurança e fazer a introdução e desmame das outras medicações. Vale lembrar que, apesar de ser usada para várias doenças como epilepsia, enxaqueca, fibromialgia, dores crônicas, esquizofrenia, ansiedade, autismo, doença de Alzheimer, doença de Parkinson, entre outras, para cada doença existe uma dose a ser utilizada, assim como para cada idade uma indicação e para cada quadro se deve ser utilizada ou não a associação com THC.

É válido ressaltar que muitas pessoas já se frustraram com o uso do canabidiol comprado no famoso "mercado negro", alguns produzidos no Brasil. Eu mesma já vi fotos de frascos que, sinceramente, não sei como tiveram coragem de dar para seus filhos. Penso que é realmente um grito de desespero. O processo de produção e extração não é algo simples, como explico a alguns pacientes: não é algo que possa ser feito na cozinha de casa. Para se conseguir a concentração necessária com efeito medicamentoso, a quantidade a ser utilizada é bem considerável, fora a separação da substância psicoativa – que causa dependência e que eu duvido que possa ser feita em um laboratório de "fundo de quintal". É uma substância que irá mexer a nível neurológico. Não acho que valha a pena arriscar. Esse é um dos momentos que o "barato" pode sair muito caro!

Procure um profissional com quem sinta segurança e tire todas as suas dúvidas antes de iniciar um tratamento desses!

**Referências**

BISOGNO. T.; DI MARZO, V. *Cannabinoid Receptors and Endocannabinoids: Role in Neuroinflammatory and Neurodegenerative Disorders.* CNS Neurol Disord Drug Targets, 2010.

CRIPPA, J. A.; ZUARDI, A. W.; HALLAK, J. E. Therapeutical Use of the cannabinoids in psychiatry. 2010. *Revista Brasileira de Psiquiatria* 1: S56-66.

KLIN, Ami. Autismo e síndrome de Asperger: uma visão geral. 2006. *Revista Brasileira de Psiquiatria* edição 28. p. S3–11.

MAZEFSKY, Carla A.; OSWALD, Donald P. Emotion perception in Asperger's syndrome and high-functioning Autism: the importance of diagnostic criteria and cue intensity. 2006. *Journal of Autism and Developmental Disorders.* volume 37 (6). p. 1086–95.

PATTERSON, S. Y.; SMITH, V.; JELEN, M. Behavioural intervention practices for stereotypic and repetitive behaviour in infividuals with autism spectrum disorder: a systematic review. 2010. *Dev Med Child Neurol.* Volume, 52(4) p. 318-27.

# 12

# ESPECTRO NA ADOLESCÊNCIA

Neste capítulo iremos abordar a singularidade da adolescência vivenciada pelos jovens do espectro autista. Uma fase importante do desenvolvimento que chega cheia de surpresas e desafios para a equipe multidisciplinar e cuidadores. Para eles, uma etapa da vida repleta de questionamentos, dúvidas e entusiasmos para desvendar o universo adolescente.

## LÍDIA SILVEIRA

## Lídia Silveira

É graduada em Terapia Ocupacional pela Universidade de Brasília (2013). Pós-graduada em Saúde Mental, transtorno do espectro autista (TEA), Psicomotricidade, Neuropsicologia e Problemas de Aprendizagem e em Psicopedagogia Institucional e Clínica. Possui título de especialista em Saúde Mental pela Associação Brasileira dos Terapeutas Ocupacionais (2017). Mestre em Engenharia Biomédica – PPGEB/FGA/UnB (2020). Atualmente, possui vínculo funcional como Terapeuta Ocupacional na Secretaria de Saúde do Distrito Federal (SES/DF). Tem experiência na área de Saúde Mental infantojuvenil, com ênfase na promoção de saúde e assistência ao adolescente e sua família. Atua principalmente com TEA, TDAH, transtornos de aprendizagem e adolescentes com vício tecnológico. Suas produções técnico-científicas permeiam a utilização de Sistemas Inteligentes aplicados à Saúde como forma de instrumentalizar e otimizar a terapêutica assistencial e engajar o adolescente.

**Contatos**
www.dralidiasilveira.com.br
lidiaisabelbss@gmail.com
Instagram: instagram.com/lidia_silveira_to
61 98263-7179

> *As pessoas mais interessantes que você encontrará*
> *são aquelas que não se encaixam em suas caixas...*
> *Elas farão o que precisarem, elas farão suas próprias caixas.*
> Temple Grandin

O transtorno do espectro autista (TEA), pela última versão do *Manual diagnóstico e estatístico de transtornos mentais* (DSM-5) de 2014, é o termo utilizado para os transtornos do neurodesenvolvimento apresentados segundo a díade dos seguintes achados: *déficits* na comunicação e interações sociais e padrões repetitivos, restritos de comportamento, interesses ou atividades (JÚLIO-COSTA & ANTUNES, 2017, p. 94). A pessoa com TEA apresenta dificuldade em manter contato visual, dificuldade na comunicação verbal e desinteresse ou dificuldade em interagir com seus pares.

No caso do TEA leve observa-se um espectro de sinais e dificuldades tênues, o que pode atrasar ou dificultar o diagnóstico correto. Quando o diagnóstico é classificado como leve, o termo "leve" pode diminuir a sensação da real importância do cuidado. Fato esse que pode levar a negligenciar o impacto do espectro leve nas atividades cotidianas, acarretando grande sofrimento emocional anos mais tarde.

É importante salientar que o TEA leve é considerado aquele que apresenta pouca necessidade de apoio de terceiros para a sua participação nas atividades acadêmicas, é funcional nas suas atividades de vida diária e nas atividades instrumentais da vida diária (JÚLIO-COSTA & ANTUNES, 2017, p. 98-99).

Outra característica comum no TEA leve são as dificuldades relacionadas com a teoria da mente, que é a dificuldade com metáforas e expressões de duplo sentido. Dificuldade essa que pode impactar a qualidade de vida e a percepção de bem-estar biopsicossocial.

Esses adolescentes são ótimos candidatos para treino de habilidade social (THS). Nas terapias focadas no treino social, é realizado o ensino explícito de competências sociais. Essa abordagem pode ajudar o autista a melhorar o seu desempenho na interação social com seus pares e na sua forma de iniciar e manter relações interpessoais.

## O TEA na adolescência

A adolescência é a fase da vida que compreende a faixa etária dos 10 aos 19 anos, segundo a Organização Mundial de Saúde (OMS) (OLIVEIRA, SARAIVA & FONSECA, 2017, p. 247). É uma fase reconhecida pela transição entre a infância e o início da vida adulta. Com isso, além das mudanças hormonais e emocionais, há mudanças no desempenho do papel ocupacional na sociedade e na família. O adolescente passa a ter mais responsabilidades sobre seus atos e maior compromisso com as atividades escolares. Observa-se maior interesse por atividades sociais e o surgimento do envolvimento emocional com seus pares (OLIVEIRA, SARAIVA & FONSECA, 2017, p. 253; CORREIA, 2014, p. 475).

É importante salientar que é na adolescência que ocorre, ou deveria ocorrer, o planejamento para a transição para a vida adulta. Aqui, pensa-se na mudança da escola para o ingresso na faculdade, a escolha por uma carreira profissional, envolvimento afetivo mais intenso com os amigos e namoro.

A sexualidade se aflora e se apresenta de forma única para cada indivíduo. Uns podem não gostar do seu corpo, querer mudar e até mesmo perder a identidade pessoal por não aceitar as mudanças apresentadas em seu corpo. Aqui, pode surgir um desejo de continuar criança e, em alguns casos, um retrocesso no desenvolvimento, em que o adolescente volta a se comportar como uma criança.

Os fatores externos são extremamente importantes para que o adolescente viva com tranquilidade e segurança essa fase da vida. A presença e o apoio da família, bem como a compreensão e paciência com as mudanças físicas e ressignificação social pelas quais os adolescentes estão passando, são importantes. A inserção em grupos sociais com seus pares os ajudam a se sentirem acolhidos e amados (CORREIA, 2014, p. 467).

Socialmente, o adolescente por vezes é visto como um pequeno adulto. A sociedade cobra dele responsabilidades como se ele tivesse o amadurecimento de um adulto. O excesso de responsabilidade, bem como o excesso de atividades e tarefas escolares e extraescolares, podem ser fatores importantes de estresse. Mas também são características que permeiam a adolescência.

No entanto, ao se pensar em um adolescente com TEA, esses fatores precisam ser cuidadosamente analisados e considerados com um olhar diferenciado. Pois, se o adolescer para uma criança típica já pode ser doloroso, para uma criança com desenvolvimento atípico pode ser ainda mais sofrido.

Os TEAs considerados leves são os que apresentam maior potencial de melhora, podendo, na vida adulta, serem considerados pelos seus pares apenas como adultos esquisitos com manias peculiares e curados do autismo. É importante frisar que o TEA não tem cura, mas é possível melhorar as habilidades sociais e a comunicação, fazendo com que pessoas que estão de fora não percebam o transtorno e diminuam as barreiras de socialização devido às características apresentadas.

No entanto, chama-se atenção para o risco aumentado que o TEA leve possui para desenvolver quadros de depressão e ansiedade na adolescência (MOSNER et al., 2019, p. 3819). Isso se dá porque o adolescente com TEA leve percebe que é diferente dos seus pares e tenta se igualar aos seus amigos. Sua dificuldade de ajuste e inserção social traz sofrimento psíquico.

Infelizmente, essas crianças passam despercebidas nas escolas. Recebem menos suporte por apresentarem menos demanda e, reconhecidamente, o atendimento com um profissional de saúde nem sempre é viável, seja pela família ignorar e/ou não reconhecer a necessidade de apoio emocional para a criança, o que dificulta a entrada na adolescência. Outra situação comum é quando a família acessa o serviço público de saúde, mas faltam profissionais para lidar com casos leves, pois priorizam os mais graves. Não raramente chegam na adolescência para um primeiro atendimento terapêutico já com sofrimento psíquico instalado.

Aqui percebe-se que o tema do desenvolvimento das habilidades sociais do adolescente com TEA ainda é um campo pouco estudado e explorado.

## Treino de habilidade social

Em virtude das queixas frequentes em relação à adequação do comportamento dos adolescentes em situações sociais, há uma necessidade de antecipação de situações não cotidianas que, em geral, são causadoras de estresse.

Dessa forma, o THS é apresentado como uma possibilidade de ajudar os adolescentes com TEA a alcançarem seus objetivos. A competência social alcançada diante de um desempenho satisfatório pode produzir efeitos positivos e fortalecer os laços interpessoais e aumentar o sentimento de pertencimento.

Por outro lado, a inabilidade social do adolescente autista diante de uma demanda gera uma insatisfação pessoal em relação ao próprio desempenho social. Quando isso acontece, é comum o sentimento de que são inaptos à sociedade e suas necessidades não são satisfeitas.

Essa é uma dificuldade com extensões que podem transcender um traço da personalidade e acarretar danos persistentes e severos à saúde mental do sujeito e de seus familiares. Dessa forma, há uma vulnerabilidade emocional que pode predispor comorbidades como depressão e ansiedade.

## Pais de adolescentes

Para muitos pais a adolescência é conhecida como uma fase difícil, dadas todas as mudanças mencionadas anteriormente, mas para os responsáveis por um adolescente com TEA essa é uma fase da vida vivenciada, não raramente, com muita angústia.

Além das transformações típicas nessa etapa da vida, sua passagem por uma adolescência com desenvolvimento atípico pode trazer sofrimento, dúvidas e incertezas. As mudanças físicas e hormonais podem ser fatores estressores e potencializadores de mudanças comportamentais.

Os pais, por vezes, se sentem perdidos sem saber o que fazer para amenizar o sofrimento dos filhos. Ressalta-se assim que há também o sofrimento emocional dos responsáveis. Há uma grande tendência de os responsáveis minimizarem o próprio sofrimento e se fazerem fortes para cuidar e dar toda a assistência ao filho.

No entanto, é importante o cuidado com o cuidador. Ele precisa de uma escuta sem julgamento e sem cobrança. Por vezes, uma escuta qualificada pode ser necessária para amenizar o sofrimento e apontar caminhos para dirimir situações conflituosas.

É fundamental que os pais se apropriem do diagnóstico para que possam entender as dificuldades, mas também as potencialidades de seus filhos. Para isso, estratégias como grupo de apoio e manter contato com outras famílias que vivem a realidade da singularidade do espectro fortalecem os cuidadores.

Atitudes que possam empoderar e diminuir a ansiedade familiar são bem vistas. Seja qual for a estratégia escolhida, o principal é que traga conforto emocional e melhora qualitativa na autoestima dos pais, além de promover maior conscientização, tolerância às limitações e fé nas potencialidades.

**Referências**

JÚLIO-COSTA, Annelise; ANTUNES, Andressa Moreira. *transtorno do espectro autista: na prática clínica*. 1. ed. Editora Pearson Clinical Brasil, 2017.

MOSNER, Maya G. et al. *Rates of Co-occurring Psychiatric Disorders in Autism Spectrum Disorder Using the Mini International Neuropsychiatric Interview.* 2019. *Journal of Autism and Developmental Disorders*, v. 49, n. 9, p. 3819-3832.

OLIVEIRA, Guiomar; SARAIVA, Jorge; FONSECA, Paulo. Adolescência. In: *Lições de Pediatria Vol. I e II*. Imprensa da Universidade de Coimbra, 2017.

CORREIA, João et al. As relações entre pares de adolescentes socialmente retraídos. *Aná. Psicológica*, Lisboa, v. 32, n. 4, p. 467-479, dez. 2014.

# 13

# ESTIMULAÇÃO VISUAL: A IMPORTÂNCIA DO CONTATO VISUAL PARA A INTERAÇÃO SOCIAL DE CRIANÇAS COM TEA

Este capítulo trata a respeito do contato visual como um forte aliado na terapia de habilitação/reabilitação visual em crianças com TEA. Mostra-se como um possível condutor de resultados de socialização e aprendizado, pois é ele que nos permeia com a função do "ver", "enxergar" e "perceber os outros fazerem". Ensinar a criança "o olhar mantido" é oportunizar o desenvolvimento das habilidades sociais, competência social e especialmente da interação social.

## ESTER MELO

## Ester Melo

Possui graduação em Pedagogia pela Universidade Federal da Paraíba – UFPB (1985). Especialização em Neuropsicologia pelo Centro Universitário de João Pessoa – UNIPÊ (2010), Especialização em Psicopedagogia pela Faculdade de Patos – FIP (2007), Especialização em Neurociência Aplicada – UFPE (2017). Tem experiência na área de Educação, com ênfase em habilitação/reabilitação visual, estimulação visual, curso de baixa visão – IBC (2006), Workshop de capacitação de Recursos Humanos para formação de núcleos de atenção à pessoa com deficiência visual – FAV (2012), Curso de baixa visão – FUNAD (2015), Curso em reabilitação neuropsicológica – INAP (2016), Curso Conceitos básicos ABA – INAPEA (2019), Curso de Diagnóstico diferencial dos transtornos mentais na infância e adolescência – INAPEA (2019) e é Doutoranda na Área da Psicologia Social – Universidade Argentina John F. Kennedy (2017).

**Contatos**
www.estermelojp@hotmail.com
CV: www.lattes.cnpq.br/1870096978387760
Instagram: neuropsico.estermelo
Facebook: facebook.com/reabilitação com amor

Nas últimas décadas, tem se falado muito sobre autismo, suas causas, desvio do desenvolvimento humano normal e implicações sociais desde a primeira vez que foi utilizada a expressão "autismo" por Eugen Bleuler, em 1911. Leo Kanner e Hans também descreveram essa categoria em seus trabalhos entre 1943 e 1944 (SILVA, 2020, p. 96-108).

O diagnóstico do TEA é apoiado pela décima edição do Código Internacional de Doenças (CID-11) e pelo Manual Diagnóstico e Estatístico de Transtornos Mentais (DSM-5). O referido diagnóstico é concluído por meio de observação clínica e de dados fornecidos pelos pais ou responsáveis, por *anamnese* e com a utilização de instrumentos de rastreamento, visto que não existem marcadores biológicos que definam o quadro (MATTOS, 2019, p. 88). Com efeito, dificuldades no processamento sensorial e na interação social em indivíduos com TEA comprometem, em graus variados, o neurodesenvolvimento, desenvolvimento social e a aprendizagem.

**O TEA nos manuais**

A CID-10 trazia vários diagnósticos dentro dos Transtornos Globais do Desenvolvimento (TGD – código F84). Hoje, uma nova versão da classificação une todos esses diagnósticos no Transtorno do Espectro do Autismo (TEA – código 6A02) e suas subdivisões passaram a ser apenas relacionadas a prejuízos na linguagem funcional e deficiência intelectual. Segundo o Manual Diagnóstico e Estatístico de Transtornos Mentais (DSM-4), as implicações na interação social e de comunicação acarretam comprometimentos significativos nas habilidades sociais, levando a criança com TEA a múltiplos comportamentos não verbais. Corroborando, o DSM-5 informa que pessoas dentro do espectro podem apresentar déficit na comunicação social ou interação social, padrões restritos e repetitivos de comportamento como movimentos contínuos, interesses fixos e hipo ou hipersensibilidade a estímulos sensoriais. Além disso, o DSM-5 (2014) cita alguns exemplos que alteram o comportamento sensorial, trazendo prejuízos ao comportamento social tais como fascínio visual por luzes ou objetos que rodam; resposta adversa a sons ou texturas específicas, cheiro ou toque excessivos de objetos e aparente indiferença a dor, calor ou frio. Qualquer canal sensorial pode estar envolvido no sentido de responsividade reduzida a estímulos ou no sentido de responsividade excessiva a estímulos (POSAR; VISCONTI, 2018, p. 343).

**Alterações sensoriais e o desenvolvimento social**

De acordo com Posar e Visconti (2018), as alterações sensoriais são comuns e incapacitam as pessoas com o TEA, também são afetados por essas modificações os deficientes intelectuais. Para os autores (ibid), a disfunção sensorial está provavelmente relacionada a uma modulação prejudicada que acontece no sistema nervoso central, que regula as mensagens neurais com relação a estímulos sensoriais, ainda que para eles possa existir vários tipos de alterações sensoriais na mesma pessoa durante a vida ou até ao mesmo tempo. Visto que os sentidos são modalidades sensoriais que estão relacionados com a percepção do meio interno e externo, qualquer modificação relacionada aos comportamentos sensoriais causa prejuízo nas AVDs e na interação social.

Outro grupo que sofre com as alterações sensoriais e déficit na interação social é o deficiente visual e essas modificações se manifestam nas dificuldades para estabelecer e/ou manter o contato visual. Algumas crianças com esse tipo de deficiência podem apresentar comportamentos semelhantes ao TEA: comportamento social inadequado; prejuízo nas habilidades sociais pelas dificuldades de se inserir em atividades de grupo e a indiferença emocional permeia algumas crianças com DV, empatando de certa forma o desenvolvimento social, instabilizando as interações sociais com prejuízos nas participações em eventos sociais.

**Contato visual**

Nestes escritos, nos reportaremos ao contato visual como uma via essencial no desenvolvimento das crianças neurotípicas e neuroatípicas por desempenhar um papel essencial no processo de obtenção de informações sobre laços afetivos, emocionais e intelectuais das funções iniciais, conforme apontado em pesquisas.

Quando falamos em contato visual, não estamos falando do "olhe pra mim", contato ocular imposto, e sim do contato visual motivado por uma ação atrativa, ensinado e aprendido, no brincar, como forma de interação social. Crianças com o transtorno apresentam dificuldades na comunicação, na interação social e no comportamento – outro fator que pode estar relacionado a essas dificuldades é a questão do processamento visual. Dificuldades como estas precisam ser trabalhadas com alguns exercícios para estimular e implementar as habilidades visuais e sociais, executadas pelos profissionais da área de reabilitação visual. Com a oscilação ou ausência do contato ocular, as crianças com TEA e as com deficiência visual perdem muitas informações sobre o mundo social, sobre as expressões faciais e não entendem as subjetividades relevantes transmitidas olho no olho.

Profissionais dessa área devem usar algumas estratégias: colocar-se na mesma altura da criança, entregar ou mostrar objetos/figuras próximo ao olho do terapeuta, exagerar nas expressões corporais, faciais e nos adereços, criar ambientes com brincadeiras e materiais atrativos, incentivar que a criança olhe, se olhar, mesmo rápido, aproveitar o momento para elogiar o olho e o olhar etc.

## Autismo e deficiência visual

O que temos observado na nossa pratica laboral é que crianças com deficiência visual podem apresentar alguns comportamentos semelhantes ao do TEA, enfatizados nos comportamentos repetitivos, dificuldades na transmissão do conhecimento, ecolalias, dificuldades na compreensão do eu, autoestimulação etc. Todos esses comportamentos comprometem ou podem atravancar o desenvolvimento social, causando muitas vezes isolamento social e alterações no processo de desenvolvimento global.

De acordo com Bosa e Callia (2000), crianças com deficiência visual têm mais chances de apresentarem autismo devido a comportamentos semelhantes ao do TEA. Uma das razões apresentadas por Bosa para essa prática correlaciona-se com episódios de privação ou baixo nível de estimulação visual, que os levam a uma autoestimulação, utilizando outras vias sensoriais, semelhante ao observado em autistas. Verifica-se que no deficiente visual sem autismo, ao longo do tempo, esses comportamentos que foram trabalhados na reabilitação visual tendem a se reduzir ou não existir.

## Estimulação visual e seus desafios: no entendimento da reabilitação visual

O desenvolvimento visual se dá de zero aos sete anos e é um desenvolvimento rápido, pois ao final dos sete anos os olhos das crianças já estão bem evoluídos e são capazes de ver igual aos adultos. Segundo Lima et al. (2001), o desenvolvimento da visão segue algumas etapas que vão do estabelecer contato de olho, movimentar os olhos para buscar o estímulo visual, sorrir para as pessoas, reconhecimento dos pais e de objetos, respostas para expressões faciais, seguimento de objetos e pessoas, piscar para objetos que se aproximam do campo visual, imitação de brincadeiras, compreensão de gestos e apontar para objetos desejados.

Martin e Bueno (2013) trazem em seus relatos que, para desenvolver a visão ao máximo, é preciso aprender a enxergar e a qualidade dessa ação pode ser melhorada com treinamento durante o desenvolvimento visual em ambientes ricos em estímulos. Igualmente, De Masi (2002) expressa que a habilidade visual pode ser desenvolvida com um programa sequencial de exigências visuais, chamado de estimulação visual. Logo, a estimulação visual pode ser entendida como um conjunto de procedimentos sensibilizadores da capacidade perceptiva visual, objetivando o emprego adequado da visão, o que melhora o desenvolvimento global da aprendizagem e o desempenho da vida cotidiana (MARTIN; BUENO, 2003, p. 336).

Quando falamos em protocolo de estimulação visual, não estamos pensando apenas nos deficientes visuais, neurológicos, sindrômicos e sim na possibilidade de oferecer às crianças com TEA a estimulação visual e terapia baseadas em evidências científicas e eficaz para crianças com deficiência visual com atraso ou instabilidade no DNPM. Nesse sentido, o tratamento padrão ouro para todas essas crianças e as com TEA é a intervenção precoce, que deve ser iniciada logo que haja suspeita ou imediatamente após o diagnóstico realizado por uma equipe interdisciplinar.

## Relato de caso

Uma criança do sexo feminino com 5 meses foi encaminhada pela oftalmologista para o serviço de estimulação visual, com o diagnóstico de nistagmo congênito. Na *anamnese*, os pais relataram que a criança apresentava choros constantes e estranhava todas as pessoas, com exceção da mãe, e esquivava-se do contato visual, o que pode ser em decorrência do nistagmo. No decorrer do tratamento, observamos que o comportamento persistia e passamos a observá-la com mais veemência: tinha resistência para sentar, não atendia pelo nome e tinha poucos episódios de interação e contato visual com uma forte atração por luz e objetos que rodavam.

Aos 2 anos apresentava pobreza no vocabulário, mas conhecia e verbalizava todas as letras do alfabeto e todos os números. Fizemos encaminhamentos para um neurologista, terapeuta ocupacional, fonoaudiólogo e formamos a equipe multiprofissional. Com isso, avançamos no entendimento do caso de forma cautelosa, com exames auditivos, observações, relatórios médicos e terapêuticos, pois existia uma deficiência de base – a deficiência visual. Com as terapias, houve melhora no repertório e avanços na construção de frases e, aos 3 anos, foi diagnosticada com síndrome de Asperger unanimemente por toda a equipe.

Hoje, com 5 anos, inserida na escola regular e bem evoluída no desenvolvimento visual e social, participa de atividades em grupo com seus pares. Atualmente apresenta poucos episódios de esquiva no contato visual e segue nas terapias. Concluímos que a intervenção precoce fez muita diferença para o desenvolvimento da criança. Com a estimulação visual ela foi se empenhando nas atividades, utilizando-se do contato ocular e, aos poucos, fomos desenvolvendo as habilidades sociais, impactando o comportamento social: na família, em eventos sociais e escola. O desenvolvimento social tem um caráter relevante para despertar/impulsionar o autoconhecimento/autoimagem, pois socialização, autonomia e vínculos afetivos são algumas das possibilidades na reabilitação visual.

## Considerações finais

O presente capítulo aborda o contato visual como um forte aliado na terapia de habilitação/reabilitação visual em crianças com TEA. Mostra-se como um possível condutor de resultados de socialização e aprendizado, pois é ele que nos permeia com a função do "ver", "enxergar" e "perceber os outros fazerem". Ensinar a criança "o olhar mantido" é oportunizar o desenvolvimento das habilidades sociais, competência social e especialmente da interação social.

A estimulação visual faz parte de um projeto na área da reabilitação visual, em que pressupomos ser possível desenvolver ou estabelecer o contato visual no TEA. Sabemos, por experiências anteriores, com deficientes visuais, o que não deve ser diferente no TEA, que se essa habilidade não for estimulada, poderá diminuir ou desaparecer com o passar do tempo.

## Referências

BELINI, A. E.; FERNANDES, F. D. M. Olhar e contato ocular: desenvolvimento típico e comparação na Síndrome de Down. 2008. *Rev. soc. bras. fonoaudiol.*

v. 13 n. 1, p. 52-59. Disponível em: scielo.br/scielo.php?script=sci_arttext&pid=S1516803420080001000108&lng=en&nrm=iso. Acesso em: 12 ago. 2020.

BRASIL. *Diretrizes de Estimulação Precoce em Crianças de 0 a 3 anos com Atraso no Desenvolvimento Neuropsicomotor Decorrente de Microcefalia*. 2016. Ministério da Saúde. Disponível em: portalms.saude.gov.br. Acesso em: 12 ago. 2020.

CID-11: *Classificação Estatística Internacional de Doenças e Problemas Relacionados à Saúde*. São Paulo: Editora da Universidade de São Paulo, 2018.

DE MASI, I. *Deficiente visual: educação e reabilitação*. Brasília: Ministério da Educação/ Secretaria de Educação Especial, 2002.

DSM-4. *Manual diagnóstico e estatístico de transtornos mentais*. 4. ed. Porto Alegre: Artmed, 2002.

DSM-5. *Manual diagnóstico e estatístico de transtornos mentais*. 5. ed. Porto Alegre: Artmed, 2014.

GERBELLI, A. E. *Desenvolvimento do contato ocular em bebês de zero a quatro meses*. Dissertação mestrado. USP. São Paulo, 2006.

GRANDIN, T.; PANEK, R. *O cérebro autista*. Trad. de Cristina Cavalcanti. São Paulo: Record, 2015.

LAPLANE, A. L. F.; BATISTA C. G. Ver, não ver e aprender: a participação de crianças com baixa visão e cegueira na escola. 2008. *Cad CEDES*. v. 28, n. 75, p. 209-227. Disponível em: doi.org/10.1590/S0101-32622008000200005. Acesso em: 12 ago. 2020.

MARTIN M.; BUENO T. *Deficiência visual: aspectos psicoevolutivos e educativos*. Trad. Magali de Lourdes Pedro. São Paulo: Santos, 2013.

MATTOS, Jací Carnicelli. Alterações sensoriais no transtorno do espectro autista (TEA): implicações no desenvolvimento e na aprendizagem. 2019. *Revista de psicopedagogia*, v. 36, n. 109, p. 87-95. Disponível em: pepsic.&pid=S0103. Acesso em: 6 jan. 2020.

MELLO, A. M. S. R. *Autismo: Guia prático*. 3. ed. São Paulo: AMA, 2014.

MESSA, A. A.; NAKANAMI, C. R.; LOPES, M. C. B. Qualidade de vida de crianças com deficiência visual atendidas em ambulatório de estimulação visual precoce. 2012. *Arq. Bras. Oftalmol*. v. 75 n. 4, p. 239-242.

POSAR, A.; VISCONTI, P. Alterações sensoriais em crianças com transtorno do espectro do autismo. 2018. *Jornal de Pediatria*, v. 94, n. 4, p. 342-350. Disponível em: scielo.br/scielo.php?. Acesso em: 6 jan. 2020.

SILVA, A. L. Comportamento Estereotipado no transtorno do espectro autista: Alguns Comentários a partir da Prática Avaliativa. 2020. *Rev. Desafios*, v. 7, n. 1, p. 96-108. Disponível em: dx.doi.org/10.20873/uftv7-7764. Acesso em: 12 ago. 2020.

SILVA, B. B.; GAIATO, M.; REVELES, T. *Mundo Singular. Entenda o Autismo.* Fontanar, 2012.

SILVA, G.R.F. *Manual educativo: promovendo a saúde ocular da criança através da estimulação visual.* Monografia (graduação) UFCE, Fortaleza, 2003.

SILVA, M.A.; BATISTA, C. G. Indícios de desenvolvimento em crianças com deficiência visual e problemas neurológicos. 2011, *Rev. bras. educ. espec.* v. 17, n. 3, p. 395-412.

ZIMMERMANN, A. et al. Desenvolvimento visual infantil em crianças de 0 a 6 anos de idade. 2019. *Arq. Bras. Oftalmol,* v. 82, n. 3, p. 173-175. Disponível em: doi.org/10.5935/0004-2749.20190034. Acesso em: 12 ago. 2020.

# 14

# AUTISMO, EDUCAÇÃO E SEXUALIDADE: CONSTRUÇÃO E PREVENÇÃO DE EXPERIÊNCIAS AFETIVAS E SEXUAIS SAUDÁVEIS

Este capítulo pretende apresentar algumas questões entre sexualidade e transtorno do espectro autista. Será discutida a importância de trabalhar com programas de educação sexual para esta população, apresentado os obstáculos e os benefícios da educação sexual. Haverá também relatos sobre intervenções, programas de educação sexual, formas de manejo e técnicas que podem ser utilizadas.

## JOÃO MIGUEL MARQUES

## João Miguel Marques

Mestrado em Fisiopatologia Experimental em andamento pelo Hospital das Clínicas da Faculdade de Medicina da Universidade de São Paulo. Especialista em Sexologia pelo Instituto Paulista de Sexualidade. Graduado em Psicologia pela Universidade Presbiteriana Mackenzie. Formado em Terapias Comportamentais Contextuais e em Acompanhamento Terapêutico pelo Núcleo Paradigma de Análise do Comportamento. Facilitador do Programa de Qualidade na Interação Familiar (PQIF). Fez cursos de Cuidados infantis pela Yale University e Psicologia Clínica Infantil pela University of Edinburgh. Membro do Ambulatório de Desfechos Negativos da Sexualidade (AISEP-IPq-HCFMUSP). Psicólogo clínico que atende em São Paulo e no ABC paulista.

**Contatos**
joaomiguel@psicologiaeeducacao.com
Instagram: @joaomiguel_psi
11 98745-4972

Eu gostaria de iniciar esta discussão sobre educação sexual e transtorno do espectro autista (TEA) ao relatar que poucas graduações, cursos e instituições que atendem esta população abordam sobre sexualidade. É incomum esta temática na academia, mesmo quando se trata de desenvolvimento neurotípico. Vista como um tabu, atrapalhando o conhecimento de hábitos sexuais saudáveis.

Jovens neurotípicos e atípicos passam por essas dúvidas sobre sexualidade e pelos mesmos conflitos da adolescência. Muitos passam pela fase sem o apoio apropriado, já que educação sexual é um assunto que muitas escolas e familiares não mencionam.

A sexualidade é base de nós como comunidade e seres humanos, independentemente do desenvolvimento e condição funcional. Sexualidade trata questões como amor, relacionamentos, identidade, do ato sexual e suas diversas formas de expressão. Há necessidade científica de tratar sexualidade e desenvolvimento atípico para garantir os direitos destes de ter uma vida plena e inclusiva. Há uma carência de estudos que contemplem educação sexual, sendo mais comum ver intervenções para estereotipias genitais. O tema ajuda em promover saúde sexual, evitando maiores riscos e de complementar treinos de habilidades sociais. Muitos adolescentes com TEA apresentam interesse romântico, mas mostram fantasias discrepantes de sua idade e têm poucas vivências sexuais. Higiene sexual também é um repertório em que eles apresentam necessidade de intervenção, principalmente na menstruação.

Somente com o aparecimento da prevenção de infecções sexualmente transmissíveis (ISTs) e abusos sexuais que educar os alunos quanto a sexualidade foi mais aceito e planejado na sociedade. Há um desconforto quanto a esta temática em familiares e profissionais. A crença de que jovens com TEA não se interessam em relações íntimas nem são capazes de se engajar em atos sexuais muitas vezes aparece nas famílias. Quanto a profissionais, muitos têm pouco treino e qualificação.

As dificuldades de interação e comunicação social são existentes desde o início, prejudicando o físico, cognitivo e comportamental. Crianças e adolescentes com TEA têm uma maturação física semelhante a de seus pares, mas não acompanham a maturação neuronal. Isso gera confusão e estresse por apresentarem repertórios mais discrepantes. Torna-se crítica a necessidade de esses jovens aprenderem habilidades que interferem na sexualidade, como empatia, inibição social e reconhecimento emocional, principalmente na puberdade. Alguns apresentam preferências sensoriais e estereotipias que muitas vezes atrapalharão a se engajarem em comportamentos pró-sociais, trazendo consequências negativas pela inferência da comunidade ao redor (acharem estranhos, invasivos ou perigosos). Essas habilidades mostram-se necessárias, pois pessoas com TEA têm dificuldades de entender pistas sociais sutis, proximidade interpessoal, diferenciar comportamentos públicos/

privados. Essas dificuldades fazem que sofra e fique mais isolado. Abusos sexuais, contatos inapropriados ou exibicionismo são riscos da falta de educação sexual. Constroem-se mais estereótipos e isolamento, ficando cada vez mais frustrados, aumentando sua dificuldade, o que os leva a ter comportamentos agressivos, autolesivos ou uma regressão do repertório.

Gravidades contra os direitos de TEA também ocorrem. Como são uma população com prejuízos na linguagem e na comunicação, são alvos fáceis de agressão e abuso sexual, principalmente em instituições com internações. Estes locais limitam o acesso e uso de espaços. Caso haja pouco treinamento e ética profissional, é fácil submeter os pacientes em condições graves de cuidados básicos, como notificado pelo último relatório de inspeção nacional de hospitais psiquiátricos.

Por todo este panorama, protocolos como de Travers e Tincani (2010) descrevem um guia de tratamento de educação sexual do desenvolvimento atípico. Entre elas:

- **Prevenção de abuso sexual:** pessoas com TEA têm um risco aumentado de abuso sexual, com difícil relato. Um currículo de educação sexual deve oferecer treino de compreensão de situações perigosas, evitar perigos e denunciar.
- **Relacionamentos e parentalidade:** indivíduos com TEA relatam o desejo de casar e ter filhos, porém necessitam de avaliação do desempenho funcional antes de algum trabalho dessa proporção. Mesmo com alto funcionamento, muitos têm dificuldade de cuidar e de cuidados infantojuvenis. Caso os indivíduos tenham capacidade para consentir o sexo, é possível realizar um trabalho que ajude na vida como casal e de cuidados parentais. É desejável algum supervisor que possa oferecer assistência.

Outro detalhe importante são questões LGBT existentes nesta população e ainda menos estudadas. A garantia de direito de expressão da identidade sexual e preferências sexuais são de base biopsicossocial que deve ser abordada. A mesma maneira de ensinar alunos heteronormativos também vale para alunos LGBT.

- **Comportamentos desafiadores:** no currículo, o profissional deve pensar em estratégias de ensino e prevenção de comportamentos sexuais inadequados.
- **Promoção de saúde e higiene pessoal:** ensinar procedimentos adequados para higiene pessoal: fornece maior aproximação social, autoestima, bem-estar físico e evita dores físicas.
- **Autoconhecimento corporal:** educar sobre reconhecimento corporal e suas sensações ajuda a evitar problemas como disfunções sexuais. A consciência do corpo ajuda na regulação emocional. Educa sobre partes íntimas; quais partes são permitidas de tocar e quando não são. Ensina de formas de prevenção de ISTs e sintomas que indicam tratamento médico.
- **Desenvolvimento social:** compartilhar intimidade e interesse com outras pessoas; conceitos sobre amor e intimidade; maneiras apropriadas de expressar emoções e aliviar estresse; como lidar com rejeição de forma apropriada etc. são alguns temas que podem ser ensinados. Ensinar a interpretar pequenas pistas sociais e lidar com as emoções. Um programa apropriado mostra aos jovens como iniciar relações românticas; namorar; se aproximar fisicamente de forma

apropriada; observar pistas de interesse e rejeição; lidar com rejeição; habilidades para ouvir conversas e aprender sobre consentimento.
• **Masturbação e modificação corporal para corresponder a normas sociais:** masturbação deve ser considerada um comportamento normal. A partir da puberdade ela tende a aumentar, mesmo que já possa ser vista em idades menores (a depender da frequência e intensidade se deve ter cautela). Muitos indivíduos com TEA são desencorajados a praticarem, o que aumenta um estado de privação, levando a problemas de lesionar genitais.

Esse comportamento deve ser visto como um aliado no alívio de impulsos. Esclarecimentos sobre masturbação tornam-se necessários para diminuir os riscos de outros comportamentos socialmente inadequados. Ensina-se quando e onde é apropriado exercer tal comportamento. Deve-se complementar o autoconhecimento com discussões de comportamentos considerados apropriados e alternativas que se adequem melhor às normas sociais.

• **Direitos individuais e dos pais acerca de reprodução:** ensinar sobre o direito que os pais e jovens com TEA têm sobre contracepção quando um processo de gravidez não é desejado. Quais são os métodos contraceptivos para que as jovens possam escolher. Fornecer estratégias de prevenção contra doenças e atitudes abusivas.

Dentro do programa definem-se as seguintes premissas:
• Os indivíduos com TEA têm o direito de ter uma vida sexual saudável, de acordo com seus desejos e necessidades e a partir do que eles conseguem desempenhar; receber suporte e aconselhamento a suas questões sexuais.
• A aprendizagem de comportamentos pró-sociais que contemplem a sexualidade deve ocorrer de acordo com as normas sociais e com o ambiente do aluno com TEA.
• O treinamento e orientação deve ter como base qual demanda está relacionada à vida diária do indivíduo e seu ambiente. Avaliar se os comportamentos sexuais são definitivos, indefinidos ou ausentes.
• A sexualidade deve ser vista para aprimorar a consciência de mudanças físicas e emocionais em relação a necessidades e desejos sexuais.
• Caso um indivíduo com TEA tenha interesse em alguém, é importante avaliar e decidir até qual ponto pode-se oferecer suporte de tal contato social, pode ser um critério de desenvolvimento social e maior maturação cognitiva.

No programa, o aluno é incentivado a se engajar ativamente. Isso oferece maior empoderamento e o coloca mais responsável por si mesmo. Caso ele não tenha habilidade suficiente para distinguir questões importantes, é necessário avaliar a necessidade de educação sexual e de treinar habilidades sociais anteriores.

É desejada a participação e orientação aos pais por oferecerem informações do repertório do aluno, como a comunidade vê seu filho, o quanto ele é consciente de seu próprio comportamento. Famílias que os tratam como assexuais, infantilizam, crenças religiosas, moralistas ou diversos estilos parentais dão significativas informações para se manejar e intervir. Transformá-los em aliados garante que ofereçam modelo e padrões do repertório sexual-relacional, que valores e ensinamentos familiares sejam garantidos e fortalecerá um esforço colaborativo para a saúde sexual do aluno com TEA.

Discordâncias entre a equipe ou a família podem ocorrer, seja por não concordar ou recusarem educação sexual. Se a questão for com os pais, não é recomendável bater de frente. Na melhor situação, acolher e validar, mas apresentar a necessidade do tratamento, de forma a não interferir nos ensinamentos familiares. Em desentendimentos da equipe, a tentativa de construir um esforço colaborativo também é válida. Alinhar perspectivas de tratamento e explicar as necessidades da educação sexual mostra-se a melhor decisão. Nesse sentido, é importante o profissional reconhecer seu próprio repertório para reduzir viés; ser aberto e direto quanto a tópicos da sexualidade; estar disposto a aprender para ser preciso nas orientações; relacionar-se abertamente com os cuidadores e ter uma comunicação frequente; supervisão ou consultoria para ajudar, caso necessário; usar diversas ferramentas que garantam a variabilidade da aprendizagem.

Algumas técnicas usadas em intervenções terapêuticas e pedagógicas podem ser utilizadas. Todas elas se baseiam na abordagem da análise aplicada do comportamento.

Grande parte da literatura em sexualidade se beneficia do conhecimento científico comportamental, assim como os estudos em desenvolvimento atípico. Ela envolve avaliação e intervenção do histórico de aprendizagem e de interação ambiente-indivíduo. Sua maior base será a análise funcional, que descreve em quais ambientes cada resposta ocorre, como ocorre, qual função e qual é o efeito. A partir disso, avaliam-se quais objetivos seguir e intervenções mais efetivas. Entre essas estratégias, a modelagem é a mais utilizada por quebrar objetivos em pequenos passos atingíveis por diversas pistas ou instruções. Esquemas de reforçamento fortalecem determinado comportamento. Tanto reforçamento quanto modelagem são introduzidos e retirados gradualmente, em um processo chamado de *fading in/out*, até que determinado comportamento se mostre independente.

Outras técnicas mais específicas são:
- **Histórias sociais:** aprimoram o nível de cognição social e ajudam a descrever uma situação a partir da perspectiva da criança e de seu nível de compreensão. Elas auxiliam no aumento de comportamentos sociais e reduzem comportamentos-problema. Podem ser utilizadas para mudanças de puberdade e resolução de problemas.
- A estrutura segue seis sentenças básicas: descritivas; diretivas; perspectivas; afirmativas; controladoras; e cooperativas. A primeira descreve uma situação-alvo e uma regra social. A sentença diretiva explica comportamentos apropriados. A terceira relata sentimentos e respostas dos sujeitos envolvidos. As afirmativas expressam valores e opiniões da situação-alvo. As controladoras indicam como e quando utilizar determinada habilidade. Sentenças cooperativas descrevem o que outras pessoas farão em situações-alvo. Essa técnica trabalha na observação

e interpretação de situações e comportamentos que precisam ser antecipados, como o uso de absorvente e higiene pessoal.
• **Mapa de comportamento social:** esta técnica ajuda na autorregulação ao construir uma sequência de eventos. Realiza-se uma trajetória de sentimentos, pensamentos, reações do aluno, de terceiros e melhores alternativas. O aluno observa quais seriam as motivações de outras pessoas e externaliza seu raciocínio. Ela ajuda a reduzir comportamentos-problema, aumentar comportamentos mais efetivos e na compreensão. Auxilia em situações em que as pistas sociais são muito sutis, ou na dificuldade de inferir sobre regras sociais. Estimula a empatia por questionar expectativas de si e do outro; influências do comportamento no outro, como o público pode interpretar; como outras pessoas se sentem; quais consequências podem ser desencadeadas.

Ainda há muito conhecimento a se explorar dentro da sexualidade em desenvolvimento atípico. O trabalho de se estimular habilidades sociais e oferecer educação sexual é complementar para se garantir um desenvolvimento mais integral. Inserir programas de educação sexual mais sistemáticos ajudaria esses indivíduos e auxiliaria na desconstrução de mitos sociais. Trabalhos preventivos garantem que jovens dentro do espectro aprendam repertórios que os ajudem socialmente e a estimular seu desenvolvimento global.

**Referências**

BALLAN, Michelle S.; FREYER, Molly B. *Autism spectrum disorder, adolescence, and sexuality education: Suggested interventions for mental health professionals.* 2017. *Sexuality and Disability*, v. 35, n. 2, p. 261-273.

BRASIL. *Conselho federal de psicologia. Relatório de inspeções: 2018 / Conselho Federal de Psicologia, Conselhos regionais de Psicologia e Centro de Referência Técnica em Psicologia e Políticas Públicas.* Brasília: CFP, 2019.

DEWINTER, Jeroen; VERMEIREN, R.; VANWESENBEECK, I.; NIEUWENHUIZEN, C. Autism and normative sexual development: a narrative review. 2013. *Journal of Clinical Nursing*, v. 22, n. 23-24, p. 3467-3483.

TRAVERS, Jason.; TINCANI, Matt. *Sexuality education for individuals with autism spectrum disorders: Critical issues and decision making guidelines.* 2010. *Education and Training in Autism and Developmental Disabilities*, p. 284-293.

WORLD HEALTH ORGANIZATION. *Autism Spectrum Disorders.* Disponível em: who.int/en/news-room/fact-sheets/detail/autism-spectrum-disorders. Acesso em: 22 jan. 2021.

# 15

# DESENVOLVIMENTO DA LINGUAGEM NA CRIANÇA COM AUTISMO

Neste capítulo, falarei como mãe e como profissional sobre o desenvolvimento da linguagem na criança com autismo. Darei ênfase às habilidades precursoras para este desenvolvimento, que devem ser focadas na intervenção precoce, além de dicas de estimulação que podem ser executadas pelos próprios cuidadores para complementar as terapias já realizadas.

## LENICE SILVA MUNHOZ

## Lenice Silva Munhoz

Fonoaudióloga graduada pela USP. Mestre em Ciências (USP). Coordenadora em TEA e Linguagem Infantil na Open Mind Saúde. Especialista em Linguagem e Disfagia pelo Conselho Federal de Fonoaudiologia. Especializada em Síndromes e Alterações Sensório-Motoras (USP). Possui aprimoramento em Análise do Comportamento Aplicada (Grupo Gradual), aperfeiçoamento em Intervenções nos TEA (Instituto Saber Autismo), formação em Protocolo Vb-Mapp e em PECS, além de vasta experiência em linguagem infantil, amamentação e disfagia neonatal e infantil, com publicação de artigos científicos, capítulos de livros e diversos resumos em eventos científicos. Foi Coordenadora de Cursos de Especialização e Aprimoramento em Disfagia e Professora de Curso de Especialização em Linguagem (IEAA). Seu diferencial é ser mãe de criança com TEA, o que intensificou a sua atuação com essa população e sua paixão pelo desenvolvimento infantil e pelos Transtornos do Neurodesenvolvimento.

**Contatos**
www.lenicemunhoz.com.br
fga.lenicesilva@gmail.com
Instagram: lenicemunhozfonoaudiologia
Facebook: lenicemunhozfonoaudiologia

Ter um filho com transtorno do espectro autista (TEA) mudou completamente a minha vida, tanto pessoal quanto profissional. Além de todas as fases da aceitação do diagnóstico, precisei fazer muitas renúncias e mudar completamente o meu foco de atuação e de estudo. Eu precisava ajudar o meu filho com todas as minhas forças e lhe proporcionar todos os meios necessários para atingir o seu máximo potencial de desenvolvimento. Isso se tornou a minha missão de vida!

Claro que, no decorrer deste percurso, precisei fazer muitas mudanças, ajustes e recalcular a rota para chegar até aqui. Confesso que não foi fácil. Pelo contrário, foi árduo e doloroso. Tivemos acertos, mas também erros. O maior desafio foi aceitar os erros, aprender com eles e compreender a sua importância para chegarmos até aqui. Conseguir recapitular a nossa história e ver todo o progresso obtido, o resultado que alcançamos. Não somente para o meu filho, mas para mim. Sim, para ajudá-lo, além de aprender a ser mãe, pois ele foi o meu primogênito, eu precisei mudar, aprender coisas novas e, consequentemente, crescer. Tanto como pessoa quanto como profissional.

O conhecimento prévio que eu tinha era suficiente para lidar com muitos transtornos, não com TEA. Mas foi suficiente para eu estar bem atenta aos primeiros sinais de alteração que foram surgindo nos primeiros anos de vida do meu filho e perceber que algo não estava bem. Eu precisava de respostas e ele de intervenção precoce. Não hesitei em iniciar o quanto antes.

Sei como é angustiante o seu filho não falar. E, após o diagnóstico, se ele um dia será verbal ou se será não verbal. Contudo, precisamos lembrar que as dificuldades de comunicação social no TEA vão além de falar ou não. Existem habilidades de extrema importância que precedem a fala, inclusive ter intenção comunicativa, que geralmente estão alteradas nesta população.

Neste capítulo, focarei no desenvolvimento da linguagem, pois foi um grande desafio no nosso percurso. Descreverei quais foram os sinais observados e as principais atividades que auxiliaram no desenvolvimento das respectivas habilidades.

Cada criança é única, independentemente do diagnóstico. Cada família e cada história são únicas. Isso sempre deve ser considerado na avaliação e tratamento. Contudo, acredito que a nossa história e as estratégias que foram efetivas podem auxiliar um filho, aluno ou paciente com características similares.

Conseguir cumprir a carga horária de terapia indicada para o TEA é um grande desafio, pois não está ao alcance de muitas famílias. Assim, procurarei dar o máximo de dicas de atividades que podem ser feitas pelos cuidadores em casa para intensificar a estimulação da criança e complementar as terapias já realizadas. Iniciar intervenção precoce, independentemente de ter um diagnóstico fechado, é imprescindível.

**Habilidades pré-requisito para o desenvolvimento da linguagem**

*1. Contato visual*

O contato visual, além de ser de extrema importância para a interação social e a conexão com o outro, é pré-requisito para o desenvolvimento da imitação e, consequentemente, para o desenvolvimento da linguagem. Pouco contato visual ou sua ausência é um dos primeiros sinais observados no TEA.

Entretanto, meu filho sempre teve contato visual com as pessoas, o que inicialmente dificultou o diagnóstico. A dificuldade dele era com a atenção que ele dava com o olhar. Ele olhava, sorria, mas não prestava atenção ao que as pessoas estavam fazendo. Não despertava o seu interesse.

As crianças com TEA não têm atenção para o que é socialmente relevante. A percepção de movimentos biológicos é alterada desde o início do seu desenvolvimento, o que acarreta uma série de consequências na interação social. Em contrapartida, elas são altamente sensíveis para perceber estímulos físicos não sociais (KLIN, 2009).

As áreas cerebrais ativadas para a percepção de movimentos biológicos também estão relacionadas com a percepção de sinais sociais básicos como a expressão facial e a direção do olhar, que são precursores da capacidade de atribuir intenção aos outros (KLIN, 2009).

*Dicas para estimulação:*

- Coloque todos os objetos de interesse da criança na altura dos seus olhos. Só entregue quando ela olhar para os seus olhos e reforce isso.
- Se necessário, direcione o rosto da criança para ela olhar para você. Associe com o comando "olhe para mim" para ajudar na compreensão.
- Certifique-se sempre de que a criança está olhando para você quando falar com ela.

*2. Atenção compartilhada*

A atenção compartilhada é a habilidade de compartilhar a atenção entre um parceiro social e um objeto de interesse ao alternar o olhar entre ambos. Ela é um importante precursor da compreensão da intenção comunicativa dos outros e é composta por três comportamentos: seguir a direção do olhar e dos gestos de outras pessoas; usar a direção do olhar e gestos para direcionar a atenção do outro compartilhando o seu interesse; usar a direção do olhar e gestos para pedir algo ao outro (ZAQUEU, 2015).

Nas crianças com TEA as dificuldades com a atenção compartilhada, principalmente com o uso da direção do olhar e do apontar para chamar atenção, mostrar ou pedir um objeto, são sinais muito frequentes (ZAQUEU, 2015).

Esta foi uma habilidade que meu filho demorou muito para desenvolver. Ele até olhava para algo que fosse mostrado, mas não mantinha a atenção, não tinha iniciativa de mostrar algo para compartilhar e não usava o apontar.

*Dicas para estimulação:*

Fazer brincadeiras divertidas que estimulem a criança a alternar o olhar entre o adulto e o objeto de interesse:
- Brincar de "formiguinha" ou "dedo mindinho". A criança deverá alternar o contato visual e olhar para a mão do adulto fazendo os gestos da brincadeira.
- Cantar músicas infantis fazendo os respectivos gestos.
- Usar brinquedos compartilhados, como "Pula Pirata" e "Batata Maluca".

### 3. *Imitação*

A imitação é fundamental para o desenvolvimento de habilidades motoras, comunicativas e sociais. A criança aprende observando e imitando. Isso é essencial para o desenvolvimento da comunicação verbal e não verbal (GEREMIAS, 2017).

Crianças com TEA apresentam bastante dificuldade com essa habilidade, que pode estar relacionada a alterações nos neurônios-espelho (GEREMIAS, 2017).

No caso do meu filho, ele praticamente não realizava imitação. Somente após terapia que desenvolveu bem essa habilidade. Com muita estimulação, começou a observar os movimentos orais e imitá-los. Neste momento, começou a melhorar a compreensão da linguagem e desenvolver a fala.

*Dicas para estimulação:*

Nestas atividades, dê ajuda física necessária para a criança conseguir imitar o movimento e, com o tempo, vá diminuindo o grau de ajuda até ela conseguir imitar de forma independente.
- Inicialmente, estimule a imitação de movimentos motores como colocar a mão na cabeça, bater o pé, pular etc.
- Estimule a imitação de gestos sociais como dar tchau, bater palmas e mandar beijo com a palma da mão.
- Estimule a imitação dos gestos mencionados na atenção compartilhada: apontar, mostrar e dar.
- Estimule a imitação de gestos em músicas infantis.
- Estimule a imitação de movimentos orofaciais, como fazer bico para o beijo, sorrir, mostrar a língua, caretas etc. Faça movimentos amplos e exagerados para chamar a atenção.
- Usar onomatopeias é uma forma de começar a associar a imitação de movimentos orofaciais com vocalizações. Incentive a criança a imitar o som dos animais, entre outros. Faça sons prolongados. Inicie com os sons de itens que sejam do foco de interesse dela e, depois, insira outros.

#### 4. Jogo simbólico

O jogo simbólico, assim como a linguagem, faz parte da função simbólica, que é a capacidade de representar por meio de símbolos. Com ele, a criança representa a realidade por meio da imaginação atendendo às suas necessidades e desejos e adapta-se gradativamente ao meio em que vive (FREITAS, 2010).

Na criança com TEA, o jogo simbólico limita-se a atividade exploratória, repetições ritualísticas e manipulação de poucos objetos de forma isolada e disfuncional, além de não permitir a interferência e participação de outras crianças e/ou adultos nesse momento. As brincadeiras de faz de conta, que se utilizam da imaginação, são pouco observadas ou ausentes nessas crianças (CIPRIANO, 2016).

No meu caso, meu filho gostava muito de carrinhos, meios de transporte, objetos que giravam. Brincava apenas com esses objetos. Somente após as intervenções ele começou a representar situações cotidianas em suas brincadeiras.

#### Dicas para estimulação:

- Inicie com os objetos e brinquedos de interesse da criança. Mostre as possibilidades de uso desse brinquedo e dê o modelo para a criança imitar. Por exemplo: mostre a função do carrinho, faça as respectivas onomatopeias ("vrum", "bibi"), leve bonecos para passear, incentive a criança imitar as suas ações e use o nível de ajuda que for necessário.
- Insira objetos e brinquedos diferentes na brincadeira para ampliar o repertório da criança.
- Reproduza situações cotidianas nas brincadeiras: dormir, comer, ir à escola etc.

### Linguagem receptiva e expressiva

A linguagem receptiva refere-se à compreensão da linguagem. Ela é precursora da linguagem expressiva. Ou seja, antes de a criança falar ou expressar-se por meio de símbolos, ela precisa compreendê-los.

A linguagem expressiva refere-se à capacidade de se expressar por meio da fala ou de outras formas de comunicação, como a linguagem de sinais e a comunicação suplementar e/ou alternativa (CSA).

Crianças com TEA apresentam alterações na linguagem, tanto ao nível da compreensão – no processamento da informação verbal e não verbal –, quanto ao nível da expressão gestual e verbal. Muitas começam a falar tarde e, quando desenvolvem o discurso, é de forma muito lenta. Além disso, dificuldades com a pragmática, que é o uso da linguagem como ferramenta de comunicação social, são persistentes até a idade adulta (REIS, 2016).

No desenvolvimento do meu filho, a linguagem receptiva causou muita apreensão, pois ele não compreendia a fala sem apoio do contexto até iniciar terapia com 2 anos e meio. O trabalho com CSA ajudou muito a melhorar a compreensão dele.

Antes de focar na fala, precisamos ensinar a criança a se comunicar, fazer pedidos, expressar seus desejos e emoções. Fazê-la compreender os benefícios da comunicação. Isso foi crucial no desenvolvimento da linguagem do meu filho. E muito marcante também. Quando ele compreendeu tudo o que podia pedir e conseguir ao usar os símbolos, ele ficou extremamente feliz e passou a prestar muita atenção em todas as atividades que fazíamos com esses símbolos e a imitar os movimentos orais. Em pouco tempo de uso, começou a falar as primeiras palavras.

*Dicas para estimulação:*

- Todas as atividades que realizar com a criança associe com uma palavra ou instrução simples. Por exemplo, ao oferecer uma banana, diga "olha a banana", dando ênfase à palavra-alvo.
- Para facilitar a compreensão, quanto menores forem as frases que falar para a criança, melhor para ela fazer as associações entre a palavra falada e o objeto/evento designado.
- Não tenha receio de usar CSA. Inicie o quanto antes. Ensinar a criança a se comunicar é prioridade. Isso auxiliará a eliminar muitos comportamentos disruptivos também. Recomendo o Sistema de Comunicação por Troca de Figuras (PECS).
- Independentemente do sistema de CSA escolhido, sempre nomeie marcadamente o símbolo utilizado com a criança e a incentive a imitar.
- Inicie com palavras isoladas e gradativamente estimule a combinação de duas palavras e frases, baseando-se no desenvolvimento normal da linguagem.

**Considerações finais**

O desenvolvimento da linguagem é complexo e relacionado ao desenvolvimento cognitivo e socioemocional. As habilidades aqui descritas merecem um conhecimento aprofundado. As dicas mencionadas auxiliam muito nesse desenvolvimento, porém não excluem a importância de a criança ser acompanhada por um profissional especializado.

Para os pais e cuidadores, é imprescindível acreditar na capacidade da criança e, principalmente, na sua capacidade em ajudá-la. Tenham em mente que vocês fazem o melhor possível e o que está ao alcance. O TEA nos exige novos aprendizados constantemente. Não permitam que a culpa atrapalhe o percurso. Foquem em agir. Aos poucos, vocês verão os frutos do seu trabalho e verão que tudo valeu a pena.

**Referências**

CIPRIANO, M. S.; ALMEIDA, M. T. P. O brincar como intervenção no transtorno do espectro do autismo. 2016. *Extensão em Ação*, v. 2, n. 11, p. 78-91.

FREITAS, M. L. L. U. *A evolução do jogo simbólico na criança*. 2010. Cien Cogn, v.15, n. 3, p.145-63.

GEREMIAS, A. O.; ABREU, M. A. B.; ROMANO, L. H. Autismo e neurônio-espelho. 2017. *Saúde em Foco*, v. 9, p. 171-6.

KLIN, A.; LIN, D. J.; GORRIND, P.; RAMSAY, G.; JONES, W. Two-year-olds with autism orient to non-social contingencies rather than biological motion. 2009. *Nature*, v. 459, p. 257-61.

REIS, H.I.S.; PEREIRA, A.P.S.; ALMEIDA, L.S. Características e especificidades da comunicação social na perturbação do espectro do autismo. 2016. *Rev. Bras. Ed. Esp.*, v. 22, n. 3, p. 325-36.

ZAQUEU, L. C. C.; TEIXEIRA, M.C.T.; CARVALHO, F. A.; PAULA, C. S. Associações entre sinais precoces de autismo, atenção compartilhada e atrasos no desenvolvimento infantil. 2015. *Psic. Teor. Pesq.*, v. 31, n. 3, p. 293-302.

# 16

# A TERAPIA OCUPACIONAL, A SENSORIALIDADE E O PODER DE TRANSFORMAR HISTÓRIAS

Foi pensando em auxiliar na identificação de sinais de disfunção sensorial, e na imensa gama de possibilidades que a terapia ocupacional pode oferecer, que criamos este capítulo. Nele, ilustraremos estratégias capazes de transformar o cotidiano de famílias, auxiliando pessoas com transtorno de processamento sensorial a viverem de uma maneira bem-sucedida.

## ANA CAROLINA PORCARI

## Ana Carolina Porcari

Terapeuta Ocupacional formada pela PUC-Campinas, aprimoranda em Reabilitação Infantil. Pós-graduada em Transtorno do Espectro do Autismo, com certificação internacional no Programa USC Chan de Certificação e Educação Continuada, com ênfase em: Integração Sensorial, Desafios de Alimentação com Base Sensorial e Integração Sensorial para Indivíduos no TEA. Apaixonada pela TO e pela IS, possui experiência de atuação há onze anos. Trabalhou na APAE de Várzea Paulista/SP, onde participou dos espaços educacionais e terapêuticos voltados ao tratamento e cuidado aos familiares e pessoas com TEA. Atualmente em consultório, atua com diferentes diagnósticos, fazendo uso da técnica de integração sensorial. Participa do ambiente natural, realizando visitas domiciliares, acompanhamento escolar e trabalho de inclusão no mercado de trabalho. Realiza intervenção precoce em crianças com desenvolvimento atípico. Supervisiona terapeutas, professores e profissionais; oferece respaldo às famílias através de assessoria e consultoria à distância. Atua em escolas como parte da equipe de inclusão. Ministrante em Congressos, palestras e cursos.

**Contatos**
carol_porcari@hotmail.com
11 98287-6776

Lavar as mãos, cortar o cabelo, escolher uma fantasia, comer na casa dos amigos, estudar: essas tarefas parecem simples? Nem sempre são ações fáceis para a rotina de algumas crianças. A percepção que temos do mundo se dá através dos nossos sentidos e as sensações vindas do ambiente são parte de tudo que fazemos diariamente. O que não nos atentamos é que vivemos bombardeados por estímulos e informações, o tempo todo, em todos os lugares.

É interessante pararmos para pensar que cada escolha do nosso dia está relacionada à quantidade e aos tipos de sensações que gerenciamos. Cheiros, luzes, toque, movimento, sons, nos afetam o dia todo. Sabemos desde a infância que aprendemos sobre o mundo através dos cinco sentidos. Mas a verdade é que o aprendizado vem, também, de outros sentidos pouco conhecidos, que ao se conectarem são extremamente importantes para nossas respostas adequadas diante do ambiente. São esses sentidos "secretos" que nos ajudam a atingir o máximo potencial nas atividades diárias.

Cada pessoa tem uma maneira diferente de reagir às experiências sensoriais: para alguns, o ruído de uma lâmpada é imperceptível; para outros, é uma sensação de desconforto que parece ferir os ouvidos. O brigadeiro pode causar a impressão de pontadas na língua para pessoas com sensibilidade aumentada. Um abraço pode parecer machucar. Sabemos que nenhuma pessoa é igual à outra. Mas será que todas as sensações "estranhas" indicam um transtorno? Nem sempre. Qualquer pessoa pode apresentar padrões incomuns de comportamentos sensoriais. O que torna essas características disfuncionais é como essa resposta prejudica seu cotidiano.

**Como funcionam os sistemas sensoriais?**

Nossa vida é sensorial e nós a experimentamos através dos sentidos. São as experiências individuais, associadas às experiências sensoriais, que dão sentido às nossas escolhas. Assim, é importante nos atentarmos que toda aprendizagem está relacionada a demandas sensoriais; é como se o cérebro precisasse dessas informações para gerar aprendizado e desenvolver novas habilidades. Ilustramos os principais canais sensoriais e sua influência em nosso organismo:

**Tato:** Localizado na pele, em todo o corpo, nos gera informações importantes sobre tipo de toque. Características relacionadas a dor, temperatura e texturas são identificadas por esse canal

**Gustativo:** Encontra-se na boca e na língua e mantém o cérebro informado sobre o histórico das características de nossas experiências orais, permitindo a discriminação dos diferentes sabores

**Propriocepção:** Localizados nos músculos e tendões, geram informação a respeito de nossa postura, da localização das partes do corpo, da força aplicada durante atividades, da posição do nosso corpo no espaço e é o maior responsável pela consciência corporal

**Visual:** Buscam informações no ambiente que nos ajudam a compreender tamanho, formato, cor e outras características visuais dos objetos (reconhecimento e localização). À medida que os mapas visuais e corporais se desenvolvem, são geradas informações sobre movimento do corpo e perspectivas do espaço ao nosso redor

**Vestibular:** Mantém o cérebro informado sobre as sensações de movimento e de onde nosso corpo está no espaço; é responsável pelo equilíbrio, pelas sensações de movimento e velocidade, e pela posição de cabeça – controle postural

**Olfativo:** Sendo um sistema sensorial bastante primitivo, é possível identificar o cheiro das coisas, de pessoas, de objetos e de todo o mundo através do nosso nariz. Sendo assim, o cérebro é capaz de categorizar cheiros e construir uma memória olfativa que está muito relacionada às nossas lembranças e emoções

**Auditivo:** Podemos criar memórias dos sons relacionadas a objetos e vozes a partir das características vindas de nossas experiências, sendo possível mapear o espaço e a distância de elementos ao nosso redor. Junto a outros canais, é possível interpretar e diferenciar sons significativos, processar sensações de movimento e som

A seguir, falaremos sobre como essas informações estão correlacionadas e o quanto são dependentes. Cada informação sensorial isolada tem pouco significado, mas dão sentido à aprendizagem quando o cérebro as analisa em conjunto, emitindo respostas adequadas.

**Transtorno de processamento sensorial e autismo**

O processamento sensorial refere-se à nossa capacidade de captar informações vindas do ambiente através dos sentidos, organizar e interpretá-las a nível cerebral, gerando uma resposta adaptada, satisfatória e que tenha significado. De modo geral, a capacidade que a criança tem para participar de maneira eficiente em suas ocupações diárias depende da capacidade do seu cérebro em processar informação sensoriais.

Vamos pensar em uma experiência simples – como brincar com uma bola – e observar como ela pode servir de base para aprendizagens futuras. Ao entrar em contato com a bola, seu cérebro registra a sensação do toque (gelada); assim que encosta em suas mãos, a criança irá apertá-la (articulações e músculos indicam a força aplicada); depois, o cérebro recebe a informação de que ela é dura; a visão registra características de cor (fosca) e forma (redonda). Ao jogá-la para o alto, a criança percebe os sentidos de movimento e equilíbrio para manter-se em pé ao olhar para cima. Em segundos, seu cérebro é bombardeado por importantes informações.

Para a maioria das pessoas esse processo acontece de maneira natural. No entanto, precisamos ter em vista que a quantidade e o tipo de informação variam de pessoa para pessoa. Para quem apresenta transtorno de processamento sensorial, as respostas não acontecem de maneira organizada: a velocidade como o cérebro percebe o impulso sensorial está ligada às respostas de satisfação ou desconforto, ocasionando respostas incomuns nas atividades cotidianas.

O processamento sensorial é o termo usado para se referir a dificuldades no processamento e na utilização de informações sensoriais para regulação de respostas fisiológicas, motoras, afetivas e/ou de atenção que interferem na organização do comportamento e na participação em atividades da vida diária. Sua prevalência é estimada em 5 a 16% na população, aparentemente sem diagnóstico (do total de crianças com idade escolar da população mundial), e em 30 a 80% na população com diagnósticos específicos.

Comumente associamos o TPS ao autismo, mas indivíduos podem apresentar essa dificuldade sem condição clínica aparente. O que acontece é que na maior parte dos casos de TEA (acredita-se que 90 por cento), o TPS está presente e é responsável por grande parte das dificuldades diárias desses pacientes, visto que o comprometimento do processamento sensorial pode resultar em problemas funcionais diversos.

TPS é uma condição variada que inclui três subtipos clássicos: transtorno de modulação sensorial; transtorno de discriminação sensorial; e transtorno motor de base sensorial. Neste capítulo, falaremos sobre crianças que apresentam dificuldades na modulação das respostas, ou seja, referimo-nos à reatividade da criança a um determinado estímulo. Muitas pessoas vivem versões intensas ou quase nulas de experiências que, para nós, são parte comum da rotina. O TPS afeta o modo como seus cérebros interpretam as informações trazidas do ambiente, interferindo sobre respostas motoras, cognitivas e socioemocionais.

Em muitas crianças com autismo os processos sensoriais são ineficientes, por isso respondem de maneira diversificada aos estímulos ambientais. Muitos comportamentos parecem incomuns para a maior parte da população, e devem ser considerados por refletirem não apenas o momento atual em que vivem, mas por serem a base para sua compreensão do mundo.

Vamos falar, agora, sobre como ocorre o processamento sensorial no cérebro. O cérebro funciona de acordo com a maneira como percebe os estímulos sensoriais vindos do ambiente: assim, podemos ser mais ou menos sensíveis a eles. Crianças hipersensíveis manifestam reações exageradas aos estímulos, enquanto crianças hiposensíveis necessitam de grande quantidade de informação para ativar seus sistemas sensoriais. O fato é que, em uma mesma pessoa, esse limiar pode variar constantemente, interferindo em suas respostas diárias. Um exemplo é que uma criança pode ser sensível ao movimento e quase não responder à dor. Além disso, uma pessoa que geralmente apresenta um mesmo padrão de respostas pode responder de maneira atípica em situações em que há desafios sensoriais únicos.

As manifestações clínicas do TPS são bastante variadas e incluem mudanças importantes relacionadas a sua participação em atividades funcionais, como dificuldade em aceitar novos alimentos, desconforto em situações da rotina diária vistas a partir de choro excessivo, dificuldades no nível de alerta e atenção, habilidades motoras ineficientes e agitação psicomotora.

A partir dessas manifestações clínicas, sabemos que poderão surgir outras dificuldades em sua rotina funcional, que irão interferir diretamente em seu desempenho diário. Podemos citar falta de interesse em participar de atividades coletivas ou brincadeiras em grupo, experiências negativas em aulas extras, dificuldade na aprendizagem acadêmica e aquisição de habilidades sociais e de autonomia.

**Caracterizando**

Já falamos sobre características encontradas em pessoas com alterações sensoriais. Citaremos sinais que poderão servir de alerta a pais, professores e médicos. É importante ressaltar que entendemos como "patológico" uma situação que interfere negativamente em nossa rotina. Nesse caso, é importante a opinião de um profissional para auxiliar nessa decisão. Por exemplo: é comum que algumas pessoas sejam mais sensíveis que outras em relação à dor, mas isso tem impacto direto em seu desempenho diário?

Precisamos estar atentos, também, às características que estão presentes na nossa vida e que são comuns a todas as pessoas. Todos nós possuímos diferenças individuais e preferências por cheiros, sabores, músicas: são nossas características pessoais e são únicas. Cada um de nós é capaz de identificar quais estímulos nos acalmam ou nos incomodam.

Tamborilar os dedos, movimentar os pés, morder o lábio, são ações que servem como uma espécie de conforto para determinadas pessoas nos momentos de estresse, ansiedade ou em situações incômodas. Da mesma forma, algumas crianças necessitam movimentar-se, levantar-se da cadeira, movimentar as mãos, pular, andar rapidamente de um lado para o outro para se sentirem reguladas. Esse é um processo que chamamos de autorregulação sensorial; é quando nosso próprio corpo é capaz de possibilitar "alívio" para nossas necessidades.

Ao fazermos uso de algum instrumento que está em nosso ambiente, utilizamos estratégias de corregulação (ou seja, dependemos de um recurso externo para nos regularmos). Rodar o anel que estava no dedo, tomar um banho quente, ouvir sua música preferida, mascar chicletes etc. são exemplos de corregulação. Algumas crianças podem fazer uso de um equipamento de parque, de uma bola de Pilates para pular, de uma ponteira mordedora durante a aula: são recursos utilizados para se sentirem tranquilas e seguras.

Pessoas, em geral, necessitam de mais ou menos carga de estímulos sensoriais para encontrarem seu nível ideal de desempenho. Citaremos perfis fáceis de serem identificados, pois apresentam características de muita ou pouca resposta a estímulos ambientais:

| HIPOSSENSIBILIDADE ||
|---|---|
| São buscadores constantes de estímulos sensoriais. Pouco responsivos, possuem desejo insaciável de informações, necessitando de impulsos intensos para se regularem. | Apresentam dificuldade em controlar impulso e são exageradamente ativos. Pulam e se movem constantemente; procuram todo tipo de movimento e estão sempre em movimento |
| | São descoordenadas e desajeitadas no meio dos outros, esbarram com coisas e pessoas |
| | Não conseguem permanecer sentados por muito tempo, principalmente mantendo uma mesma posição |
| | Comportamentos podem ser invasivos ou não aceitos socialmente, como esbarrar contra os outros, mexer em tudo, pular repetidas vezes |
| | Podem apresentar problemas de atenção e concentração |
| | Participam de atividades intensas e precisam de entrada de alta intensidade para se envolver em atividades; escolhem brinquedos radicais e esportes de alta performance |
| | Gostam de velocidades rápidas, podem não parecer incomodados pela altura e colocam-se em perigo |
| | Gostam de abraços apertados, de esbarrar contra as coisas e pessoas, de se atirarem ao chão, de empurrar e puxar objetos com força |
| | Gostam de ser "apertados" e brincadeiras de luta as fazem sentir sensação de bem-estar |
| | Batem com os calcanhares no chão ao andar |
| | Gostam dos cintos bem apertados, colares e brincos pesados |
| | Permanecem manipulando objetos |
| | Tocam pessoas e objetos constantemente; necessitam de toque o tempo todo |
| | Gostam de se sujar de maneira exagerada, adoram atividades táteis como areia, espuma e argila. Exploram alimentos com as mãos, amassam a comida entre os dedos |
| | Gostam de andar descalços e de explorar vários tipos de locais e superfícies |
| | Não apresentam noção de quando estão saciadas e gostam de sabores intensos nos alimentos |

|  | Colocam tudo na boca para morder, mastigar e chupar, andam com as mãos e objetos na boca |
|---|---|
|  | Gostam de ouvir música alta, fazem barulhos com os objetos; fazem barulhos com a boca |
|  | Gostam de cheirar tudo: cheiram objetos, alimentos, usam perfumes fortes |
|  | Buscam olhar diretamente para a luz, aproximam lanterna ou objetos luminosos dos olhos |
|  | Necessitam olhar com frequência para objetos que giram ou que fazem movimentos diferentes |
|  | Adoram ambientes com muitos estímulos visuais, shows com muitas luzes, fogos de artifício... |

## X

## HIPERSENSIBILIDADE

| | |
|---|---|
| Algumas pessoas são muito responsivas e sentem as sensações mais rapidamente, intensamente ou durante mais tempo. Quando há uma sobrecarga sensorial, tendem a apresentar respostas inadequadas | Não gostam de atividades físicas, mostram rigidez ao movimentar-se |
| | Ficam enjoados com facilidade, como ao andar de carro |
| | Mostram medo excessivo de cair, não gostam de alturas ou de pisos desnivelados |
| | Evitam brincadeiras de parque tipicamente infantis |
| | Exploram pouco, limitando suas oportunidades para fugir de experiências |
| | Precisam ser encorajados, já que não apresentam iniciativa motora |
| | Crianças inseguras motoramente |
| | Evitam ser tocadas, evitam filas ou brincadeiras que envolvam toque físico |
| | São sensíveis quando são tocadas, principalmente pelo toque inesperado |
| | Podem andar na ponta dos pés |
| | Incomodam-se com etiquetas e não aceitam uso de complementos (óculos, chapéu, tiaras) |
| | Evitam brincadeiras que fazem parte da rotina das crianças, como massa de modelar e geleca. Não gostam de sujar-se. Reagem mal a texturas diferentes. |

|   |   |
|---|---|
|   | Apresentam desconforto em tarefas diárias comuns, como cortar o cabelo, cortar unhas, escovar os dentes, depilar-se, fazer a barba |
|   | Escolhem e selecionam roupas e não gostam de certas texturas, como jeans, couro |
|   | Costumam sempre fazer uso dos mesmos sapatos e quase não andam descalços |
|   | Apresentam alimentação em que a base é sempre a mesma; variam pouco e não provam novos alimentos |
|   | Quando pequenos, não exploravam objetos com a boca |
|   | São sensíveis a sons, notam sons imperceptíveis, podem assustar-se com sons inesperados ou altos, podendo cobrir os ouvidos com as mãos |
|   | Certos cheiros podem ser intensos; buscam afastar-se desses locais |
|   | Objetos ou luzes estáticas podem parecer se mover |
|   | Cores ou luzes podem ser muito brilhantes, evitando contato direto |
|   | Sentem-se incomodadas em espaços com muitos elementos e cores. Sensibilidade a contraste |

É interessante estarmos atentos quanto à possibilidade de reações diferentes de acordo com as situações que enfrentamos diariamente. Vamos pensar, por exemplo, nas refeições: a maneira como respondemos a essa tarefa depende do local, das pessoas e dos estímulos ambientais. Provavelmente nossas respostas de atenção e conforto serão diferentes se estivermos em uma praça de alimentação ou em casa.

Nossas memórias pessoais são desenvolvidas através de diferentes respostas que recebemos ao longo da vida. Já pararam para pensar que desde a escolha de um brinquedo até sua profissão tem influência em características sensoriais? Isso significa que as experiências sensoriais afetam nossas decisões o tempo todo, pois somos reflexos de nossas sensações. Dependendo da sensibilidade de uma criança aos estímulos auditivos, ela poderá optar por frequentar o cinema ou assistir a um filme em sua casa, com volume controlado de acordo com seu grau de conforto.

Parem para notar no poder que o estímulo sensorial tem em nossa vida e na nossa relação com o outro. Entender que as pessoas são como são a partir de suas experiências sensoriais individuais nos faz enriquecer essas relações se estivermos dispostos a aprender com as dificuldades e habilidades do próximo. Infelizmente, muitas respostas frente ao ambiente estarão bastante alteradas e muitas famílias não conseguirão identificar ações de seus filhos como sendo positivas ou habilidosas simplesmente porque em suas rotinas os prejuízos causados são tristes e catastróficos. Uma simples ida ao shopping pode ser inviável, pois a sobrecarga sensorial que existe nesses ambientes é tão grande que torna essa tarefa árdua demais.

## O que fazer diante disso?

A partir do momento em que suspeitamos do transtorno de processamento sensorial, o melhor a se fazer é procurar um terapeuta ocupacional especialista em questões sensoriais. Esses profissionais poderão auxiliá-los na identificação e tratamento desse transtorno.

A detecção do TPS baseia-se na observação do comportamento da criança, na análise de vídeos e estudos observacionais e/ou na aplicação de questionários para pais, através de testes sobre padrões sensoriais. Como auxílio no processo de investigação diagnóstica, podemos citar relatos de profissionais e professores. Embora ainda nem todas sejam validadas no Brasil, há ferramentas de avaliação para identificar o TPS.

Após a identificação do TPS, o terapeuta ocupacional irá definir o melhor plano de intervenção, encaminhando o paciente para uma equipe multidisciplinar caso haja necessidade. Os especialistas usam a terapia de integração sensorial como uma técnica que ajuda crianças a atingirem um nível ideal de regulação sensorial, influenciando comportamento e aprendizagem. A dra. Jean Ayres descreve a integração sensorial (IS) como "o processo neurológico que organiza as sensações do próprio corpo e do ambiente fazendo com que seja possível o uso do corpo efetivamente no ambiente" (AYRES, 1989).

A IS trata a desordem individualmente, de acordo com a dificuldade de cada paciente e o tratamento realizado geralmente é eficaz e promove excelentes resultados. Muitas necessidades são supridas, reorganizando padrões de hiper/hipossensibilidade. Dessa maneira, características sensoriais tornam-se possíveis de serem inseridas em uma rotina comum, mesmo que ainda com certa dificuldade. No entanto, em muitos casos, a intervenção não acontece da maneira ideal, ou infelizmente, nunca acontece. Assim, terapeutas e familiares criaram recursos facilitadores que aproximaram crianças com TPS da comunidade e permitiram que enfrentassem situações rotineiras de acordo com uma realidade possível.

Reitero, aqui, a importância de familiares e educadores que busquem compreender e oferecer suporte às necessidades das crianças. É imprescindível construir junto a elas ambientes que possam favorecer o desenvolvimento, regular o comportamento sensorial e a aprendizagem. Precisamos criar estratégias diárias para tornar a vida possível em uma rotina que, infelizmente, é dura e não se encaixa ao perfil de muitas famílias. Pessoas com características de hipersensibilidade, por exemplo, provavelmente manterão esse perfil, apesar de diminuírem consideravelmente suas respostas de incômodo diante de determinadas situações. Mesmo assim, podemos oferecer recursos para que vivam com mais autonomia e menos desconforto possível.

## Estratégias sensoriais diárias

Diante dessa necessidade, ao nos defrontarmos com um mundo pouco preparado e nada adaptado a pessoas com características sensoriais atípicas, construímos alguns materiais facilitadores:

- **Tiras de caracterização sensorial:** muitos não conhecem as características enfrentadas por crianças com TPS, e o impacto acarreta em situações de dúvidas e insegurança frente à criança. A partir do perfil sensorial, são criadas "histórias" sensoriais, que descrevem de maneira simples as características apresentadas, contendo dicas básicas de estratégias que irão facilitar a relação da criança portadora de TPS com a população de maneira geral.

**AUDIÇÃO**
- Costumo buscar sons e adoro intensidade; procuro sons a partir de diversas situações.
- Gosto de barulhos incomuns e procuro fazer sons por prazer.
- Procuro oportunidade de fazer barulho com os brinquedos e objetos.
- Gosto de cantar, assoviar, fazer sons diferentes com o corpo e boca.
- Quando há sons que me encantam, me distraio com facilidade.
- Caso algum som pareça me incomodar, me respeite (me antecipe em relação a ele, e me ajude a me acostumar com ele aos poucos).

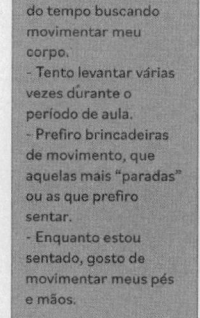

**MINHAS HABILIDADES SENSORIAIS**
Olá! Eu sou o Samuca...
Tenho uma disfunção sensorial e algumas vezes minhas respostas são muito exageradas pra algumas coisas (hiper); já pra outras, respondo muito pouco e sou um buscador de estímulos (hipo). Dessa maneira, posso apresentar uma resposta atípica em várias situações no meu cotidiano:

**VISÃO**
- Busco enxergar brinquedos e objetos de uma maneira um pouco diferente.
- Tenho mais interesse em objetos com movimento, cor.
- Às vezes, aproximo meus olhos de coisas para percebê-las de um jeito diferente.
- O recurso visual é importante para que eu aprenda.

**MOVIMENTO**
- Estou a maior parte do tempo buscando movimentar meu corpo.
- Tento levantar várias vezes durante o período de aula.
- Prefiro brincadeiras de movimento, que aquelas mais "paradas" ou as que prefiro sentar.
- Enquanto estou sentado, gosto de movimentar meus pés e mãos.

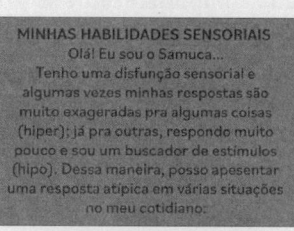

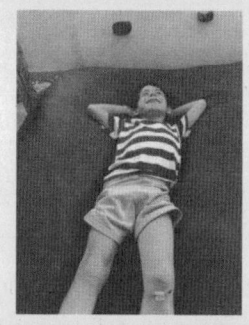

**TATO**
- Prefiro toque profundo; mais firme; ele me conforta. Os toques superficiais me causam uma sensação incômoda.
- Gosto que me toquem com mais força quando estou aprendendo uma habilidade motora nova.
- Se eu não me interessar por uma brincadeira de textura mais "pegajosa", me respeite; posso começar usando um objeto intermediador, e aos poucos conseguirei explorar.
- Sempre me dê dicas de quando as atividades táteis irão acabar (a contagem me ajuda bastante).
- Em alguns momentos, posso não aceitar fantasias, óculos, pintura de rosto.... é que minha sensibilidade é maior que a de algumas pessoas. Por favor, me pergunte antes.

**SENTIDO DO CORPO**
- Procuro intensidade na maneira como me movimento.
- Algumas vezes, me mexo bastante na carteira; posso mudar minha postura ao sentar.
- Bato os pés, caminho "marchando", e coloco mais força em algumas situações que não precisaria.
- Gosto de pular, correr
- Gosto de brincadeiras de trabalho pesado e força, como puxar, carregar e empurrar.
- O uso de objetos e recursos com peso me organiza.

- **Ambientes externos:** são elaborados recursos para que tarefas, como cabeleireiro e dentista, não sejam tão ameaçadoras. A partir de um questionário, é possível eliminar estímulos que geram incômodo maior e oferecer, gradativamente, apenas aqueles que a criança tolera melhor. Nesse sentido, é possível realizar

# Autismo - um olhar por inteiro

mudanças ambientais, fornecer material com sequências visuais e fazer uso de materiais sensoriais confortantes, tornando o ambiente mais seguro.

| MEU CORTE DE CABELO | O QUE VAMOS USAR? | O QUE VOU GANHAR? |
|---|---|---|

- **Atividades que acalmam:** é importante que seja montado para cada criança um material visual com seus principais recursos regulatórios:

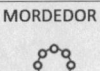

| O QUE ME ACALMA? | MORDEDOR | BALANÇAR | GOMA DE MASCAR | BANHO | TRABALHO PESADO | MÚSICA |
|---|---|---|---|---|---|---|

Algumas sugestões de dicas práticas:

| **HIPOSSENSIBILIDADE** |
|---|
| Utilizar cheiros diversificados, variando texturas no ambiente |
| Mudar os ambientes e os lugares de fazer compras, permitindo que ela seja estimulada com novas experiências sensoriais durante o dia |
| Usar sabonetes e esponjas de banho texturizados, para aumentar a sensação na pele e para fornecer maior impulso sensorial |
| Estimular a criança a brincar descalça em superfícies variadas |
| Colocar brinquedos preferidos em locais distantes uns dos outros e de difícil acesso, permitindo movimento e uma variedade maior de buscas motoras (escalar, rastejar, puxar) |
| Durante o dia, fornecer brincadeiras envolvendo sons, músicas e ritmos |
| Busque oferecer, numa mesma refeição, uma variação de alimentos (modifique sabores, temperaturas e texturas) |
| Oferecer fone de ouvido para que ela possa ouvir sons extras durante todo o dia |
| Tenha cuidado extra com crianças em relação à segurança física, já que muitas delas buscam movimento intenso sem se atentarem às noções de perigo |
| Faça algazarras com a criança para fornecer em si sensações corporais adicionais. Compre um trampolim, para que a criança continue a se movimentar em locais adequados |
| Montem um jardim ou uma horta para aumentar o contato da pele com variadas textutas |
| Busquem incentivar essas crianças a participarem e se engajarem em atividades físicas de alta performance |

| |
|---|
| Tentem criar uma rotina de atividades motoras todos os dias |
| Na escola, são necessários recursos como ponteiras e mordedores, para crianças que costuma levar objetos à boca com frequência. O uso de elástico nas cadeiras ou de almofadas proprioceptivas pode ser um recurso interessante, que permite certo movimento para crianças com busca de movimento intensa. |

## HIPERSENSIBILIDADE

| |
|---|
| Usar perfumes, sabonetes, hidratantes, amaciantes com cheiros mais neutros |
| Antecipar situações de muitos estímulos ou aquelas em que sabemos da possibilidade de que isso gere uma situação estressante (p. ex.: sinal da escola, latido de cachorro) |
| Convidar a criança a participar da compra de itens envolvendo cuidado pessoal (toalha, esponja), pois ela poderá escolher aquelas sensorialmente mais toleráveis |
| Fazer uso de instrumentos mediadores (como uma espátula). Não permita que uma criança com defensividade tátil deixe de participar de brincadeiras infantis |
| Criar um sinal, um código ou uma figura, onde a criança possa mostrar que precisa sair para se recompor e/ou se reorganizar sensorialmente |
| Ouvir músicas da preferência da criança em ambientes estressantes (para camuflar sons incômodos). O uso de fone e/ou abafadores de ruídos pode ser indicado |
| Usar técnicas de aproximação gradativa (pré-requisitos) de alimentação: colocar quantidade mínima de alimento novo por vez, permitindo que a criança se adapte, aos poucos, a esse novo estímulo visual em seu prato |
| Limitar a TV e o rádio, para que apenas um deles esteja ligado por vez |
| Aprender a reconhecer os sinais de sobrecarga sensorial e agir preventivamente, eliminando estímulos sensoriais desnecessários |
| Sempre solicitar a permissão antes de tocar |
| Fazer uso da técnica de contagem, que antecipa e controla o final de atividades sensorialmente aversivas |
| Limitar o tempo não estruturado em público, indicando começo, meio e fim de atividades |
| Oferecer alternativas e nunca obrigar uma criança a aceitá-las; convide-as a experimentar situações sensorialmente diferentes |
| Fazer uso de protocolos de dessensibilização tátil |

Sabemos, hoje, que a quantidade de crianças que apresentam transtorno de processamento sensorial é significativa, mesmo porque brincadeiras de grande importância sensorial e motora estão sendo substituídas por aquelas com ênfase em habilidades cognitivas – grande demanda no mundo atual. Sendo assim, a realidade nos faz pensar que cada vez mais aparecem crianças com déficits no processamento sensorial, baseado em um mundo com menos experiências relacionadas ao brincar, à exploração, ao movimento e à criatividade. Que sejamos capazes de aproveitar tantos estímulos presentes na nossa vida, e mais do que isso, que saibamos acolher demandas tão importantes e possibilitar a transformação de histórias.

**Referências**

AYRES, A. J. *Sensory Integration and Praxis Tests manual*. Los Angeles: Western Psychological Services, 1989.

DUNN, Winnie. *Vivendo Sensorialmente, entendendo seus sentidos*. São Paulo: Pearson Clinical Brasil, 2017.

INTEGRAÇÃO SENSORIAL BRASIL. *O que é a IS*. 2016. Disponível em: integracaosensorialbrasil.com.br/integracao-sensorial. Acesso em: jan. 2020.

KEULER M. M.; et al. *Sensory over-responsivity: prenatal risk factors and temperamental contributions*. J Dev Behav Pediatr. 2011; 32: 533-41.

MACHADO, A. C. C. P.; et al. *Processamento sensorial em crianças pré-termo*. Rev. Paul. Pediatria. P. 1-10, 2017. Disponível em: scielo.br/pdf/rpp/2017nahead/1984-0462-rpp-2017-35-1-00008.pdf. Acesso em: jan. 2020.

MILLER L. J.; et al. *Perspectives on sensory processing disorder: a call for translational research*. Front Integr Neurosci. 2009; 3: 1-12.

MILLER L. J.; NIELSEN D. M.; SCHOEN S. A. *Attention deficit hyperactivity disorder and sensory modulation disorder: a comparison of behavior and physiology*. Res Dev Disabil. 2012; 33: 804-18

MILLER L. J.; et al. *Concept evolution in sensory integration: a proposed nosology for diagnosis*. Am J Occup Ther. 2007; 61: 135-40.

ROBLES R. P.; BALLABRIGA C. J.; DIÉGUEZ E. D.; SILVA P. C. *Validating regulatory sensory processing disorders using the sensory profile and child behavior checklist (CBCL 11/2-5)*. J Child Fam Stud. 2012; 21: 906-16.

RUDY, L. J. *An Overview of Sensory Processing Disorder - over- or under-reacting to sights, sounds, and/or textures*. Verywell Health, 2020. Disponível em: verywellhealth.com/what-is-sensory-processing-disorder-260517. Acesso em: jan. 2020.

SERRANO, Paula. *A Integração Sensorial no desenvolvimento e aprendizagem da criança*. Lisboa: Papa-Letras, 2016.

STAR INSTITUTE. *Co-morbity*, 2020. Disponível em: spdstar.org/basic/co-morbidity. Acesso em: jan. 2020.

AUTISMO — UM OLHAR POR INTEIRO

# 17

## ENVOLVENDO FAMÍLIAS

Quando um terapeuta especializado recebe uma criança para que ela seja seu paciente, pois encontra-se com seu desenvolvimento em atraso, em vez de focarmos no plano terapêutico de intervenção sobre uma criança com necessidades especiais, devemos pensar sobre um tratamento para famílias com necessidades especiais. Neste capítulo falo sobre a importância do engajamento dos pais mediado pelo terapeuta na intervenção terapêutica do transtorno do espectro autista.

### CAROLINE LOEZER

## Caroline Loezer

Psicóloga graduada pela PUC-PR (2011), com pós-graduação em Psicopedagogia Clínica e Institucional pela UNISO, e em Neuropsicologia pela Faculdade de Ciências Médicas da Santa Casa de São Paulo. Com diversos cursos de extensão ao longo dos anos, atuo em consultório particular com atendimento e avaliação infantil, com foco em crianças que apresentam transtornos do neurodesenvolvimento para intervenção em estimulação precoce.

**Contatos**
carolneuropsicoinfantil@gmail.com
Instagram: @carolneuropsicoinfantil
Facebook: www.facebook.com/carolneuropsicoinfantil/
15 98177-0328

Ao longo desses anos realizando avaliações neuropsicológicas em crianças da primeira infância com suspeitas de transtorno do neurodesenvolvimento, pude conhecer diversas famílias e aprender muito mais com elas. Cada criança com seu próprio "jeitinho", com suas estereotipias, com seus atrasos, algumas surpreendentes com suas habilidades acima do esperado, outras exploradoras necessitando ir de um lado ao outro, mexendo em tudo, dificultando a aplicação das escalas, mas contribuindo muito para a observação clínica.

Conheci também muitos pais: alguns que entendiam tudo sobre autismo, outros que não sabiam por que estavam realizando aquela avaliação e estavam ali apenas por recomendação médica, e alguns que já tinham passado por vários outros especialistas, porém ainda permaneciam em negação. Tiveram pais que faziam questão em levar o filho até a porta da sala de atendimento e gostavam de dar uma olhada pra dentro pra ver o que seria feito naquele dia, outros aproveitavam o momento do atendimento para saírem da clínica e resolverem pendências pessoais na rua, e ainda havia aqueles que demonstravam extrema ansiedade por terem que esperar tantas sessões para saber qual hipótese diagnóstica sairia no laudo. Apesar de muitos acharem que quando se tem um diagnóstico tudo estará esclarecido, o plano terapêutico será mais claro e mais fácil para montar e o trabalho direcionado trará resultados mais rápidos na intervenção, é aqui que nos enganamos. Talvez, para os profissionais que atuarão com a criança, essa seja uma forma óbvia de se pensar; entretanto, cometemos um dos maiores erros em nossa atuação: só enxergarmos o autismo da criança e não ampliamos um olhar para o todo. Para a família com necessidades especiais.

Quando uma criança tem um desenvolvimento desigual, não é apenas o terapeuta que está diante de um desafio, mas sim toda a família. A falta de controle no desenvolvimento da criança que ocorrerá, em geral, de maneira atípica, o prognóstico do quadro, todas as possibilidades de terapias, como será a adaptação no ambiente escolar, as dúvidas das famílias são tantas que é impossível não perceber como é difícil para os pais assimilarem todas essas novas informações. Apesar de tantos estudos que temos atualmente e o quanto se tem falado no espectro autista, jamais podemos negar que cada ser humano é único; logo, cada autista é único também. Terá seu tempo de evolução, suas particularidades que levam as famílias ao desconhecido, e o desconhecido traz a angústia. Por isso, é fundamental que, independentemente do nível de aceitação ou negação do quadro que os pais apresentem, cabe ao terapeuta acolher os pais, vincular com a criança e engajar a família no plano terapêutico do paciente.

Um dos relatos mais frequentes que recebo dos pais dos meus pacientes é o desconforto que encontram nas abordagens dos demais terapeutas que insistem em fazer um atendimento isolado, solicitando apenas a entrada da criança na sala de atendimento, fazendo orientações espaçadas ou muito breves após cada atendimento.

Mas qual o problema nisso?

## *Na criança*

Sabemos que os critérios diagnósticos do transtorno de espectro autista estão na tríade de comprometimento na comunicação, comportamentos estereotipados e interação social. Algo que acomete muito o TEA, mas é pouco falado, é a dificuldade em se autorregular.

A autorregulação é a habilidade de poder monitorar e modular sentimentos, a cognição e o comportamento. No dia a dia é uma importante capacidade em se adaptar às condições ou ao ambiente de maneira adequada, atingindo objetivos específicos.

Compreendendo a importância da autorregulação, percebemos que a aquisição das habilidades emocionais, comportamentais ou cognitivas necessita da adaptação adequada para que a criança progrida.

Muitas crianças autistas se desregulam com muita facilidade, não realizando aquilo que lhe é solicitado e alguns apresentam choro ou gritos, sendo identificados por crises. Mesmo sendo terapeutas ou pais, não vamos conseguir impedir que a criança tenha algumas crises eventualmente. Entretanto, é essencial identificar quais estímulos geram essa desregulação na tentativa de controlar comportamentos inadequados e darmos suporte a essa criança. Pois, após uma crise, a criança pode necessitar de um tempo significativamente longo para que se regule, comprometendo as atividades planejadas pelo terapeuta que virão a seguir.

Pensando assim, vemos a importância de ditar as regras necessárias para que o plano terapêutico ocorra, buscando o equilíbrio para não desregular o paciente. Uma criança que chora e se desregula ao entrar na sala de terapia renderá pouco durante aquela sessão. Alguns ainda sugerem que os pais entrem e saiam de "fininho", assim que a criança se distraia: não é dessa forma que conseguiremos estabelecer o vínculo e merecer a confiança dela. Isso requer tempo e investimento afetivo do terapeuta para conquistar aquela criança. Não devemos gostar por obrigação de ninguém e essa não é a maneira mais adequada de exercermos nossa profissão.

## *Nos pais*

Quando pensamos em estimulação do espectro autista, sabemos que não existe um tempo exato para cada terapia, não conseguimos estabelecer um tempo para alta nem devemos prometer aos familiares que a criança será reabilitada dentro de uma data preestabelecida. O que de fato sabemos é que, quanto mais intensa for esta estimulação, maior a probabilidade de fortalecer o desenvolvimento saudável da criança.

Por isso, nosso olhar precisa ir além das intervenções realizadas em ambiente controlado, como o consultório. As propostas de reabilitação precisam alcançar o ambiente natural. Em outras palavras, ambientes que desafiam o desenvolvimento da criança de forma espontânea e natural, sendo esse ambiente sua casa, parques e locais que a criança frequenta no geral com as demais pessoas. Pensando assim, sabemos que para esses locais nem sempre a criança terá um acompanhante terapêutico (AT) ou um terapeuta para orientá-lo a agir de acordo com a demanda recebida ou para ajudá-lo a se regular caso algo o sensibilize. São nesses momentos que necessitamos do engajamento parental.

Atualmente, existem vários modelos de métodos de atuação para o autismo que permitem a formação dos pais.

Entretanto, ao me referir ao envolvimento dos pais, não quero restringir apenas ao treino específico das habilidades que precisam ser mantidas e generalizadas fora da terapia ou ao manejo comportamental no ambiente natural.

Penso nos ganhos que todos temos ao trazer os pais para dentro da sala de atendimento. Pois, ao deixar os pais para fora do *setting* terapêutico, é como se o terapeuta dissesse que ele é o único que possui conhecimento e a técnica para reabilitar aquela criança. Veja, realmente, nós terapeutas estudamos por longos anos, fazemos investimentos financeiros altos, adquirimos diversos recursos e possuímos a técnica de um modelo que acreditamos ser o melhor a ser aplicado à criança. Porém, nada impede que através das nossas orientações os pais também aprendam como lidar com o seu filho.

Não existe nada mais angustiante do que não saber lidar com seu próprio filho, independentemente se ele possui um desenvolvimento típico ou atípico. Nós, psicólogos, sabemos muito bem sobre isso, pois a cada dia temos o consultório cheio de crianças que, diferentemente dos adultos, nem sempre trazem uma demanda própria, mas sim sintomas dos seus pais. Já a criança que está dentro do espectro autista traz suas próprias características, mas com uma forma de lidarmos um pouco mais peculiar.

Se para os terapeutas esta criança será um desafio, provavelmente também será para seus pais.

O relato da sessão e orientação aos pais em 5 minutos após o atendimento não é o suficiente. Muitos pais não compreendem a forma de agir do filho, e para que consigam intervir da melhor forma possível, precisam ir além de explicações, precisam da vivência.

Percebo que ao entrarem juntos no atendimento, facilitam a resistência de muitas crianças que não se sentem à vontade de entrarem sozinhas. Choram, gritam, se jogam ao chão e a grande maioria dos terapeutas insistem, mesmo a força, pois acreditam que uma hora essa resistência irá passar. De fato, passa, a criança vai se familiarizando e se acostumando com aquela rotina; entretanto, o quanto isso impacta o vínculo dessa criança com o terapeuta não podemos prever.

Se aquela estimulação levará anos de tratamento, precisa ser algo prazeroso e não maçante, forçado. A criança também precisa ser respeitada: o choro é uma forma de ela expressar uma emoção desagradável. Possivelmente ainda não confia, não se sente segura para ir, precisa do apoio de alguém com quem ela já possui vínculo maior. Diferentemente de algumas abordagens que acreditam que esse é apenas um comportamento que não deve ser reforçado, acredito que essa extinção do comportamento pode ocorrer através do engajamento que o terapeuta conseguirá com a criança. De quebra, fazer uma bela limonada com esse limão que sempre está presente no início das terapias. Aproveitando do vínculo que existe entre pais e filhos e aperfeiçoando o engajamento da criança nas atividades, interação e atenção compartilhada.

Por que não usarmos os pais para benefício de todos? Mostrando aos pais como fazer uma estimulação ou lidar com um comportamento inadequado, deixar que eles façam a intervenção e você possa orientar através da vivência. Aquilo que será executado por eles poderá ser refinado e ampliado com a ajuda da equipe de intervenção. A criança estará mais confortável em permanecer em ambiente junto com alguém de sua confiança, o terapeuta poderá mostrar suas habilidades e conhecimento técnico, e ver seu trabalho se estendendo para fora do consultório em um tempo menor, pois os pais saberão como reproduzir a intervenção nos dias em que a criança não for às terapias, intensificando assim as estimulações.

O vínculo família-terapeuta-paciente será muito mais forte e apreciado. Os pais poderão entender o motivo de tantas terapias e o papel fundamental de cada profissional para o desenvolvimento saudável do seu filho.

### *Nos terapeutas*

Penso que para que haja o envolvimento dos pais é fundamental que eles entendam o porquê de o terapeuta estar propondo aquela atividade. Não podemos nos limitar a achar que conhecimento só pode ser passado de um profissional para o outro. Os pais são nossos parceiros, com um poder de promover estimulação constante muito maior que o terapeuta.

Faz-se necessário, também, acolher o discurso dos pais, na tentativa de compreender quais são os comportamentos da família diante das dificuldades e evoluções da criança, quais expectativas ou frustrações pairam sobre os pensamentos deles. Desta forma, uma relação transparente e de acolhimento vai cumprindo uma comunicação efetiva entre ambos.

Muitos acreditam que esse papel de acolher e de escuta é restrito ao psicólogo que faz parte da equipe multidisciplinar, porém me refiro a uma escuta direcionada a área de atuação de cada um. Por exemplo, como o psicólogo poderá responder questões sobre as dificuldades de linguagem com tanta precisão e conhecimento técnico quanto ao fonoaudiólogo? Se a criança irá desenvolver a linguagem expressiva, de que forma os pais podem compreender se ela está entendendo o que eles estão falando? São angústias pertinentes ao profissional da fala, mas que nem sempre são acolhidas.

Não podemos nos limitar em apenas reproduzir técnicas, o envolvimento dos pais e com os pais é essencial para o desenvolvimento saudável da criança.

Quando uma família recebe o diagnóstico do autismo, há um grande impacto e é comum os pais passarem por um momento de negação. Eles precisam vivenciar um luto devido à perda de uma criança que foi idealizada. Essa negação pode se prolongar, pois a angústia é desmedida e particular de cada pai, ao trazermos os pais para dentro da sala de atendimento, conseguimos ajudá-los nesse processo, mostrando além das dificuldades e ajudando a identificar as capacidades e potencialidades que a criança possui. Em outras palavras, começam a enxergar a criança realmente como ela é junto dos pequenos e diversos ganhos que ela tem a cada sessão.

Os pais carregam consigo grandes expectativas positivas, mas também negativas, quanto ao futuro e o desenvolvimento da criança. O que influencia esses medos ou expectativas é o entendimento e compreensão das informações e recursos oferecidos, não somente por leituras e palestras, mas também através do apoio e discurso dos terapeutas que acompanham esta família.

O apoio aos familiares é essencial por isso, eles precisam entrar em terapia junto com seu filho.

Não podendo esquecer da importância de se reestruturarem e manterem uma saúde mental adequada. Só assim eles conseguirão proporcionar um ambiente natural enriquecedor, com afeto e o menor número de estressores possível, podendo se engajar no processo terapêutico e contribuir para a evolução e para o desenvolvimento.

Desta forma, todos estarão juntos, atuando em prol do único objetivo que é a evolução da pessoa com autismo.

**Referências**

GREENSPAN, S. I.; WIEDER, Serena. *Engaging autism: using the floortime approach to help children relate, communicate, and think*. Da Capo Lifelong Books, 2009.

ROGERS, S. et al. *Autismo: compreender e agir em família*. Lidel, 2015.

WHITMAN, Thomas L. *O desenvolvimento do autismo*. M. Books, 2015.

# 18

# PSICOMOTRICIDADE E AUTISMO

Psicomotricidade é a ciência que estuda o homem como um todo, integrando seus pensamentos, sensações e movimentos. Neste capítulo, os pais e profissionais encontrarão dicas para observar os sinais de alerta nos atrasos motores em crianças e jovens com TEA, assim como benefícios, orientações sobre avaliação psicomotora e estimulação.

## OSMARINA MONTREZOL DE OLIVEIRA

## Osmarina Montrezol de Oliveira

Profissional de Educação Física graduada pela UFAC (2010), Mestranda em Ciências da Educação, pós-graduada em transtorno do espectro autista (UNINORTE), Psicomotricidade (Faculdade Futura). Aperfeiçoamento em Atividade Física para Pessoas com Deficiência (Universidade Federal de Juiz de Fora), Práticas Educacionais Inclusivas na Área da Deficiência Intelectual (UNESP), Atendimento Educacional Especializado (UEG), Treinamento Profissional Modelo Denver de Intervenção Precoce (Instituto Farol), entre outros. Atuou como Coordenadora de Esportes e Lazer da APAE, Professora de Natação para crianças e jovens com TEA pela Secretaria Estadual de Educação e Esporte, Psicomotricista na escola SIGMA e no Centro Integrado de Desenvolvimento Osmarina Montrezol.

**Contatos**
osmarinaeducacaofisica@outlook.com
Instagram: @aprendizagem_motora
Facebook: osmarinamontrezol

## Marcos motores

No desenvolvimento motor é possível acompanhar aspectos que caracterizam as fases de evolução da criança pelos marcos motores e avaliações como EDM, DENVER, BAYLEY, ESDM (voltados aos profissionais). A partir deles podem-se perceber alguns sinais sugestivos de atraso ou disfunções motoras.

Na observação diária realizada pelos cuidadores durante a prática de atividades da rotina e dos momentos lúdicos, sempre surgem as dúvidas e comparações quanto ao desenvolvimento de cada criança. Ao nascer, a criança possui uma motricidade espontânea. A partir dos três meses é possível observar movimentações simétricas, os gestos de busca e fuga ocorrem em direção à linha média e os membros superiores possuem maior amplitude de movimento em relação aos membros inferiores. Durante a palpação, a musculatura apresenta-se com consistência normal. No quarto mês, os bebês, ao serem colocados de barriga para baixo, já conseguem levantar os braços e as pernas, ficando apenas com a barriga na superfície de apoio. Ao serem colocados em pé, conseguem sustentar o peso de seu corpo. No quarto mês, devem levar pés e mãos à boca e, ao serem puxados para sentar, conseguem trazer a cabeça junto. Até o sexto mês, devem ser capazes de trazer a cabeça ao serem puxados para sentar e flexionar os membros superiores realizando uma tensão muscular: é a partir desse mês que a criança começa a rolar. Com oito meses, devem ser capazes de sentar sem apoio. Aos nove, já engatinham. E a partir dos dez meses em diante começam a adquirir a postura ereta para iniciar o movimento de andar.

Entre o primeiro e o terceiro ano de vida, a criança adquire muitas habilidades: caminhar, correr, chutar, saltar, subir e descer escadas. No que concerne ao desenvolvimento motor, é imprescindível a precocidade da intervenção, visto que é o momento em que a neuroplasticidade está mais ativa.

## Autismo e o desenvolvimento motor

O perfil motor é caracterizado como um processo inter-relacionado com a idade e comportamentos motores, e possui relação direta com condições ambientais e fatores biológicos (GALLAHUE; DONNELLY, 2008).

Em sua tese de mestrado, Moreira (2012) afirma que uma das deficiências motoras comuns em crianças com TEA é a hipotonia muscular, relatada em cerca de 51% dos casos, além da prevalência da marcha equina (andar na ponta dos pés), redução da mobilidade do tornozelo e atraso na coordenação motora grossa.

Soares e Cavalcante Neto (2015) enfatizam que pessoas com TEA apresentarão um déficit no processo de desenvolvimento que provavelmente desencadeará atrasos no desenvolvimento motor.

Pesquisas apontam que mais de 70% das pessoas com TEA possuem uma predisposição a terem alguma comorbidade associada ao longo da vida, entre as mais citadas constam distúrbios gastrointestinais (10%), quadros de epilepsia (30%), transtorno do déficit de atenção com hiperatividade (28 a 44%), deficiência intelectual (45%), distúrbios do sono (50 a 80%) e 70% podem apresentar problemas motores variados, como: baixo tônus muscular, problemas de motricidade global, fina ou orofacial.

Um estudo realizado na Austrália com 2.084 crianças dentro do espectro autista, com idades de zero a seis anos, constatou que 35% delas tinham habilidades motoras com pelo menos dois desvios em relação a crianças típicas, outros 44% tinham habilidades moderadamente baixas. Observou-se que as que apresentavam ecolalia ou estereotipias tinham um resultado motor mais baixo que as que não apresentavam (ZELIADT, 2019).

Em estudo de Gabis (2020) foram observadas 467 crianças com TEA com idade média de 3,4 anos, houve uma mudança em relação à aquisição da marcha em todo o grupo avaliado, onde 60% das meninas e 47% dos meninos apresentaram atraso motor e 49% das meninas e 36% dos meninos apresentaram atraso global do desenvolvimento.

Apesar de vários estudos já constatarem os atrasos motores em crianças com TEA, alguns pais e profissionais desconhecem os prejuízos causados por déficits motores e procuram ou indicam diversas terapias em busca da melhora de habilidades que dependem de melhorias motoras para serem alcançadas. Leigamente classificam as crianças em dois grupos: os inquietos ou os desinteressados. Crianças com baixo tônus muscular gastam mais energia na realização de atividades simples do que as com o tônus normal, o que gera uma diminuição no repertório de jogos, desinteresse nas brincadeiras e comunicação, interferindo nas habilidades escolares quando o ideal é uma intervenção que mantenha esse tônus ativado para maior atenção e aumento em seus repertórios de interação. Os inquietos desconhecem suas habilidades corporais e a funcionalidade de cada membro, movimentando-se constantemente, ainda que de forma desordenada e disfuncional.

**Avaliação psicomotora**

A psicomotricidade atua no desenvolvimento motor de forma ampla, buscando desenvolver não apenas áreas motoras, mas aspectos cognitivos e emocionais a fim de proporcionar domínio sobre o corpo, equilibrando suas ações e as executando com o menor gasto energético possível. A terapia psicomotora visa proporcionar uma aprendizagem significativa, facilitando a fixação dos domínios ensinados, possibilitando a generalização das aprendizagens fora do contexto terapêutico.

Quando falamos de autismo não podemos esquecer que estamos tratando de um espectro que se apresenta de forma única em cada indivíduo. A terapia psicomotora vem para potencializar o desenvolvimento de forma global, não apenas no quesito motor, mas em aspectos comportamentais, de socialização e comunicação. Através de uma avaliação criteriosa, o profissional irá estabelecer as áreas que necessitam de estimulação e aperfeiçoamento, utilizando de observações sistematizadas do indivíduo, anamnese com os pais, bem como de protocolos específicos para avaliação, EDM, Escala Motora Infantil de Alberta, TGMD, Denver, ESDM e outras.

Durante a avaliação de pessoas com TEA, o psicomotricista vai avaliar não apenas os marcos motores do desenvolvimento, mas a forma como este indivíduo lida com seu corpo, sentimentos e emoções, além de analisar as dificuldades perante as demandas propostas, as potencialidades e habilidades durante a execução: a forma como cada membro se comporta para cumprir o objetivo; a maneira como o indivíduo recebe a informação e a executa; a velocidade em que essa atividade é realizada; o meio de comunicação necessário para que a informação seja recebida, compreendida e executada; a frequência do contato visual durante as demandas; o nível de ansiedade; se os estímulos externos estão ou não interferindo na avaliação. Para tanto, o profissional que trabalha com esse público não pode se deter apenas aos conhecimentos motores, mas necessita conhecer as áreas comprometidas no TEA, as formas de intervenção, bem como ter noção sobre as abordagens existentes e os efeitos das medicações utilizadas nas comorbidades.

**Psicomotricidade e autismo**

Vários estudos já comprovaram as melhorias geradas pela intervenção psicomotora em pessoas com autismo.

Segundo Cordeiro e da Silva (2018), a psicomotricidade contribui com a melhora da coordenação motora, com a criatividade, comunicação e interação social.

Estudo de Gonzaga et al. (2015) demonstra que a psicomotricidade promove melhoras no perfil motor de crianças com TEA. Em seu estudo, Gonzaga observa que 100% de seus avaliados alcançaram melhora em seu quociente motor global (QMG) após seis meses de intervenção, além de uma melhora de 33,33% na linguagem, 50% na motricidade global e organização espacial, 66,66% na motricidade fina e 83,33% no esquema corporal.

Pesquisa publicada em 2018 avaliou o perfil psicomotor de 14 crianças com TEA com idades entre dois e onze anos. Entre elas 2 meninas e 12 meninos. Constatou-se que dez das crianças avaliadas tinham atraso motor muito inferior à sua idade cronológica, duas um atraso motor inferior e duas com atraso normal baixo para sua idade (BUSTO, 2018).

Em estudo realizado com quatro crianças com TEA, Diniz et al. (2020) constatou que após oito semanas de intervenção psicomotora, com sessões semanais com duração de 30 a 40 min, todas as crianças obtiveram alterações em seu quociente motor geral, duas tendo aumentado seu QMG após a intervenção psicomotora e duas obtiveram diminuição sem seu índice de massa corporal (IMC).

Como as demais terapias prescritas para pessoas com TEA, a psicomotricidade tem maior eficácia quando iniciada precocemente: quanto mais cedo iniciarmos a intervenção, maiores e mais rápidos serão os resultados. Jovens, adultos e idosos também têm um prognóstico positivo com a utilização da terapia psicomotora, porém os resultados são alcançados com mais tempo de intervenção.

Todos os seres humanos nascem motoramente imaturos e vão alcançando maturidade ao longo da vida através da exposição do seu corpo a vivências motoras. Quando essas experiências são prazerosas deixam um registro positivo no cérebro, facilitando sua reutilização em contextos idênticos ou parecidos aos já vividos. Por vários fatores as crianças com TEA são menos expostas a essas vivências, seja por superproteção ou por falta de interesse em dividir experiências com seus pares, por conta de problemas com a socialização ou ainda por terem prejuízos na área da imitação, meio pelo qual aprendemos muitas habilidades. Déficits nessas áreas geram nos autistas dificuldades presentes ao longo da vida.

Citaremos alguns fatores comprometidos nas pessoas com Autismo e uma possível forma de trabalhá-los.

O tônus muscular é a tensão constante realizada pelos músculos em repouso, podendo ser fásico ou postural. A hipotonia é a diminuição dessa tensão e é caracterizada como um distúrbio neurológico presente em muitas crianças com TEA. Sem a existência da ativação muscular, qualquer tentativa de aprendizagem torna-se mais difícil, seja ela simples ou complexa, simbólica ou não, devido à dificuldade para se regular a tonicidade necessária para o estado de atenção.

A psicomotricidade atua na hipotonia com exercícios resistidos, de propriocepção e de brincadeiras que proporcionam aos participantes a aquisição de força muscular, buscando a ativação constante da musculatura. Essas atividades resultam em um estado de atenção pela ativação muscular realizada no músculo durante a execução dos movimentos e devem ser executadas com repetições para que a criança ou adulto permaneça nesse estado por um maior período de tempo. Tais exercícios ajudam as crianças a realizarem suas atividades diárias com maior independência, inclusive as atividades escolares; já que precisamos de força para segurar o lápis e fazer rabiscos visíveis, precisamos manter a postura para enxergar o que está a nossa frente no quadro e necessitamos de atenção para absorver informações vindas de professores e mediadores. Trabalhar essa hipotonia é um fator preponderante para ampliação de repertório das pessoas com TEA, seja ele social, motor ou comunicativo, necessitando da ativação muscular para serem adquiridos.

Na equilibração, a psicomotricidade vai atuar sobre conhecimentos do corpo, nomeação, movimentos, necessidades, ensinando como utilizar nosso corpo de forma eficiente e consciente em qualquer meio, expondo-o a vivências diferenciadas com variedade de estímulos.

Já na lateralização a terapia irá trabalhar ambos os lados do corpo, para que possamos desenvolver habilidades bilaterais atuando em equilíbrio na realização das atividades. Precisamos do equilíbrio lateral em diversas ações da vida diária: utilizamos ambas as mãos para abrir uma pasta de dentes, para fechar um zíper ou abotoar uma camisa, nos alimentarmos, necessitamos ainda de equilíbrio lateral para nos virarmos de um lado para o outro etc. Apesar de o domínio lateral ser geneticamente determinado, a lateralização deve ser trabalhada dos dois lados, dominante ou não. No ambiente escolar, podemos identificar a importância da lateralidade no momento da escrita, quando somos ensinados a escrever e a ler iniciando da esquerda para a direita.

A estruturação espaço temporal, tão necessária como as demais áreas, permite-nos localizar nosso corpo no espaço e no tempo. É por meio da estruturação espaço temporal que caminhamos sem esbarrar em tudo que encontramos pelo caminho e através dela que identificamos se uma roupa nos cabe ou não apenas olhando, se um objeto vai se encaixar em tal espaço. Para termos ritmo em ações coordenadas, ao andar ou acompanhar as palmas em uma canção de parabéns. Ela é desenvolvida na psicomotricidade para que a criança evolua também em seu processo de aprendizagem escolar. Com ela a criança irá identificar o tamanho da letra que irá se encaixar entre as linhas do caderno, nas brincadeiras de roda ou em atividades da educação física.

A coordenação motora global é uma das áreas mais facilmente observadas: andar, correr, saltar, subir. São habilidades básicas para sobrevivência dos seres humanos, caracterizadas pela utilização de grandes grupos musculares e por movimentos amplos, necessita de todas as outras áreas motoras para ocorrer em harmonia. Durante o movimento de andar, precisamos que os membros superiores e inferiores trabalhem em sincronia; para saltarmos com os dois pés, necessitamos que haja equilíbrio entre os membros e que a lateralidade tenha sido trabalhada dos dois lados, ou então, saltaremos com um pé após o outro.

A coordenação motora fina, a vilã das famílias, aparece na hora do processo escolar: a criança *não realiza o movimento de pinça, não consegue segurar o lápis, manipular objetos pequenos, realizar* recortes. Ela é responsável por pequenos e precisos movimentos que se utilizam de pequenos músculos das mãos. Trabalhada na psicomotricidade por meio de atividades específicas para dissociação e movimentação dos dedos, além de exercícios que promovam o fortalecimento das musculaturas necessárias para a realização dessas demandas.

O planejamento motor, responsável pela capacidade de realizar ações novas de forma satisfatória, pode ser trabalhado por meio de circuitos que desenvolvam habilidades simples ou complexas, pequenas ou grandes, específicas ou gerais.

Ao notar algum atraso motor em crianças, procure um profissional especializado para realização de uma avaliação, quanto antes a intervenção se iniciar, melhor será o prognóstico.

**Referências**

BUSTO, L. M. A.; BRACCIALLI, P. M. L. Perfil psicomotor de crianças com transtorno do espectro autista. *Revista diálogos e perspectivas em educação especial*, V 5, n. 2, p. 59 – 70, jul. dez, 2018.

CORDEIRO, L. C.; DA SILVA D. *A contribuição da psicomotricidade relacional no desenvolvimento das crianças com transtorno do espectro autista*. Faculdade Sant'Ana em Revista, v. 2, n. 1, 2018.

DIAS, M. J.; DELARAZI, M. S.; PEREIRA, T. E.; DINIZ, E. F. F. S. Perfil motor de crianças com o transtorno do espectro autista após oito semanas de estimulação psicomotora. *Rev. Assoc. Bras. Ativ. Mot. Adapt.*, Marília, v. 21 n. 1. Jan./Jun. 2020.

GABIS, V. L.; ATTIA, L. O.; et al. *Motor delay – na early and more common "red flag" in girl rather than boys with autism spectrum disorder*. Disponível em: elsavier.com/locate/redevdis. Acesso em: ago. 2020.

GALLAHUE, D. L.; DONNELLY, F. C. *Educação física desenvolvimentista para todas as crianças*. 4.ed. São Paulo: Phorte, 2008.

GONZAGA, C. N. et al. *Detecção e intervenção psicomotora em crianças com transtorno do espectro autista*. Colloquium Vitae, v. 7, n. 3, p. 71-79, 2015.

MOREIRA, P. D. *Estudos de comorbidades e dos aspectos genéticos de pacientes com transtorno do espectro autista*. USP, São Paulo, 2012. Disponível em: teses.usp.br/teses/disponiveis/41/41131/tde-15102012-101307/publico/DaniellePaula_Moreira.pdf. Acesso em: ago. 2020.

SOARES, A. M; CAVALCANTE NETO J. L. Avaliação do comportamento motor em crianças com o transtorno do espectro do autismo: uma revisão sistemática. *Revista Brasileira Educação Especial*, Marília, v. 21, n. 3, p. 445-458, 2015.

ZELIADT, N. Motor problems in autistic people may be grossly underestimated. *Spectrum, Autism research news*. 4 de novembro 2019. Disponível em: spectrumnews.org. Acesso em: ago. 2020.

# 19

# MODELO JASPER PARA O TRATAMENTO DE CRIANÇAS COM TRANSTORNO DO ESPECTRO AUTISTA

Este capítulo abordará a aplicação do método JASPER (Joint Attention, Symbolic Play, Engagement and Regulation) em crianças e adolescentes diagnosticados, ou ainda naqueles que apresentam sinais precoces de transtorno do espectro autista.

**ANDREA LORENA STRAVOGIANNIS E HANNAH IAMUT SAID**

## Andrea Lorena Stravogiannis

Doutora e Mestre pela Faculdade de Medicina da USP. Neuropsicóloga pelo CEPSIC-HC-USP; Neuropsicóloga no Hospital Sírio-Libanês; Supervisora e professora no curso de pós-graduação em Neuropsicologia no Hospital Albert Einstein. Coordenadora dos setores de pesquisa e tratamento do Amor Patológico e Ciúme Excessivo do Ambulatório Integrado dos Transtornos do Impulso (PRO-AMITI) do Instituto de Psiquiatria do Hospital das Clínicas da Faculdade de Medicina da USP (IPq-HC-FMUSP). Especialista em Terapia Cognitivo-Comportamental pelo Ambulatório de Ansiedade no IPq-HC-FMUSP. Especialista em Dependência Química pela Universidade Federal de São Paulo (UNIFESP).

**Contato**
alorena.costa@gmail.com

## Hannah Iamut Said

Psicóloga Clínica e Escolar especialista em Desenvolvimento Infantil e Neuroeducação, Psicologia Junguiana e Psicologia da Saúde com experiência de trabalho como pesquisadora na Fundação Oswaldo Cruz (Fiocruz-Rio), em contexto escolar como Psicóloga Educacional e em contexto Clínico atuando com crianças dentro do transtorno do espectro autista, entre 1 e 8 anos de idade. Certificada para atuar com o modelo JASPER (Joint Attention, Symbolic Play, Engangement and Regulation) de intervenção precoce, treinamento avançado no modelo ESDM (Early Start Denver Model), modelo SocialThink e Lego Therapy para estimular habilidades sociais de crianças com TEA.

**Contato**
hannaH_said@msn.com

## A importância de uma intervenção precoce para crianças com ou em risco para o transtorno do espectro autista

De acordo com o DSM-V, *Manual diagnóstico e estatístico de transtornos mentais* (2014), o transtorno do espectro autista (TEA) é um distúrbio do neurodesenvolvimento que afeta predominantemente o desenvolvimento das habilidades iniciais infantis, proporcionando déficits nas seguintes áreas: interação social, comunicação social, presença de padrões restritos e repetitivos de comportamento, interesses ou atividades que podem persistir ao longo dos anos. O início dos sintomas pode surgir no primeiro ano de ano de vida ou mais tardiamente.

Nos últimos anos temos observado um aumento na prevalência no número de diagnósticos. O último estudo epidemiológico publicado em 2018 pelo Centro de Controle e Prevenção de Doenças do governo dos Estados Unidos (CDC, sigla em inglês para *Centers for Disease Control and Prevention*) estimou uma cifra de prevalência de TEA em 1 a cada 59 crianças (BAIO et al., 2018).

No Brasil ainda não podemos contar com dados epidemiológicos regionais e, portanto, não é possível conhecer ao certo a amplitude do problema. Entretanto, cada vez mais profissionais da área da saúde, educacional e familiares estão apontando para um aumento significativo no número de crianças com condições que estão dentro das características para o TEA.

Na última década temos observado uma necessidade urgente de aprimorar a prestação dos serviços de saúde para o tratamento de crianças com TEA a fim de diminuir os impactos que as condições impostas pelo transtorno ocasionam no desenvolvimento. Para tanto, buscar prover intervenções específicas para reduzir os efeitos dos sintomas tem sido um fator crucial; além da busca por ferramentas de avaliação e diagnóstico que possam identificar os sinais precocemente, uma vez que estes sinais podem estar presentes ao longo dos primeiros meses de vida. Assim, as crianças e seus familiares podem receber os apoios que necessitam e ter acesso a uma intervenção cada vez mais precoce, fator essencial para o melhor prognóstico e qualidade de vida.

Os primeiros anos de vida são fundamentais para o desenvolvimento infantil. Segundo Zwaigenbaum et al. (2015), o segundo ano de vida é um período particularmente crítico para crianças com TEA por vários motivos. Em primeiro lugar, o segundo ano é um período com acelerado crescimento cerebral em que o aumento no volume do cérebro e na conectividade atípica associada ao TEA surgem pela primeira vez, além de ser um período de intensa neuroplasticidade, favorecendo uma maior capacidade para alterar o curso de desenvolvimento.

Em segundo lugar, uma proporção de crianças com TEA supostamente regridem em suas habilidades de desenvolvimento durante o segundo ano de vida, demonstrando um gradual retrocesso no comportamento social e comunicativo. Porém, as intervenções durante esse período podem combater o declínio do desenvolvimento progressivo dos sintomas e prevenir deficiências relacionadas ao TEA antes de se manifestarem totalmente (ZWAIGENBAUM et al., 2015).

Atualmente, há diversos programas de intervenção precoce que apresentam eficácia científica para atuar com crianças diagnosticadas com TEA ou que apresentam sinais precoces de autismo. Tais programas demonstraram melhorar os sintomas e alterar o curso do desenvolvimento do transtorno. As intervenções mais conhecidas são análise aplicada do comportamento (ABA), TEACCH (*Treatment and Education of Autistic and Communication Handicapped Children*), *Floortime*, ESDM (*Early Start Denver Model*) e JASPER (*Joint Attention, Symbolic Play, Engagement and Regulation*), sendo o último o método discriminado neste capítulo.

## O que é o modelo JASPER?

O JASPER é uma abordagem de tratamento suportado empiricamente e manualizado para crianças entre 1 e 8 anos de idade diagnosticadas com TEA ou que apresentam sinais. Foi desenvolvido pela Dra. Connie Kasari e colaboradores na Universidade da Califórnia, Los Angeles (UCLA). É um modelo baseado em evidência científica que utiliza uma combinação dos princípios da análise do comportamento aplicada (ABA) e da ciência do desenvolvimento (KASARI et al., 2015).

O Jasper pode ser implementado tanto em contextos de terapia, na escola e no ambiente domiciliar. Um dos objetivos é que possamos munir pessoas que fazem parte da vida diária da criança com estratégias úteis e aplicáveis em diversos momentos de ensino e aprendizagem para o desenvolvimento das habilidades necessárias no cotidiano (CHANG et al., 2016; GOODS et al., 2013; KASARI et al., 2015).

É um modelo de tratamento que tem como foco o desenvolvimento da comunicação social e suas áreas-alvo (atenção compartilhada, imitação e jogo), empregando estratégias naturalistas para aumentar essas habilidades (SCHREIBMAN et al., 2015; KASARI et al., 2015).

Cada sigla que compõe o nome representa os objetivos da intervenção (KASARI et al., 2006, 2015; GUSLSRUD et al., 2019):

• **JA** (*Joint Attention* – **Atenção Compartilhada**): aumentar a coordenação espontânea da atenção da criança entre objetos e pessoas com o propósito de compartilhamento, através de linguagem, gestos (apontar, mostrar e dar) e contato visual.

• **SP** (*Symbolic Play* – **Brincadeira Simbólica**): facilitar a atenção conjunta nas rotinas de brincadeiras, modelar o jogo apropriado e encorajar uma maior diversidade de nível de jogo (nível simples, combinado, pré-simbólico e simbólico), contribuindo para ajudar as crianças a aumentar a flexibilidade e expansão da diversidade de jogo.

- E (*Engagement* – Engajamento): quando uma criança está interagindo com outras pessoas aumentamos a oportunidades de ela desenvolver comunicação social e aprender, pois ela poderá prestar mais atenção ao que estamos realizando e falando. Dessa forma, um dos objetivos é ajudar as crianças com TEA atingirem estados mais elevados de engajamento conjunto com as pessoas.
- R (*Regulation* – Regulação): estratégias para desenvolver a habilidade de regulação emocional e do comportamento, melhorando a falta de engajamento social, comportamentos autoestimulantes.

## A eficácia científica do JASPER

O JASPER foi testado em uma série de ensaios clínicos randomizados com crianças com TEA ao longo os últimos 15 anos. Os resultados desses ensaios evidenciaram descobertas robustas e consistentes, demonstrando melhorias no envolvimento conjunto/participação social, na comunicação social, no aumento de habilidades de jogo e regulação das emoções e do comportamento. As crianças que participaram das pesquisas começaram a se engajar mais em interações sociais, aumentaram a iniciação em atenção compartilhada, uso de linguagem e passaram a demonstrar diferentes tipos de jogo (CHANG et al., 2016, 2018; GUSLSRUD et al., 2019; KASARI et al., 2006, 2008, 2015).

Além disso, há estudos randômicos que foram testados por pais, profissionais de educação em diferentes contextos (escola, casa, centros comunitários) e os resultados também demonstram que o JASPER apresenta efetividade quando os pais e professores são treinados por profissionais aptos a aplicar o modelo e com supervisão adequada, comprovando ganhos significativos para o desenvolvimento das crianças com TEA (CHANG et al., 2016, 2018; GUSLSRUD et al., 2019; KASARI et al., 2015; SHIRE et al., 2016).

## Como funciona a intervenção

Na nossa experiência clínica costumamos aplicar o método com o mínimo de três sessões semanais. Geralmente, os encontros têm duração de uma hora, embora os estudos randômicos comprovem eficácia do modelo com o mínimo de duas sessões semanais. A necessidade de frequência deve ser avaliada caso a caso, uma vez que existem diferentes comprometimentos no TEA.

No primeiro momento, aplicamos a avaliação inicial SPACE (*Short Play and Communication Evaluation*) para identificar os níveis de jogo, atenção conjunta e gestos de solicitação (dar, mostrar, apontar e pedir), sinalizando os que estão dominados e os emergentes.

Após a identificação do desenvolvimento da brincadeira e uso de gestos de comunicação social, as sessões são planificadas através de uma rotina de brincadeiras com foco principal na manutenção de períodos de engajamento conjunto, aumento de gestos de comunicação social e linguagem e habilidades lúdicas.

O terapeuta utiliza durante as sessões três aspectos essenciais, como estruturação do ambiente, construção de uma rotina de jogo e linguagem. O ambiente inclui a seleção de brinquedos que estão de acordo com nível de jogo dominado e emergente da criança e a organização da estrutura física do ambiente de jogo (espaço com pouca informação visual etc.). A construção da rotina de jogo compreende troca de turno e imitação das ações lúdicas da criança e linguagem, que inclui a modelagem de palavras apropriada ao desenvolvimento (uma palavra, duas palavras, três ou mais palavras) e expansão da linguagem infantil (GULSRUD et al., 2019). Assim, através de uma rotina de brincadeiras, buscamos facilitar e aumentar o envolvimento conjunto (interação recíproca entre o terapeuta e a criança em torno da atividade), para eliciar a habilidade de comunicação e expandir os atos lúdicos de jogo dentro das rotinas (GOODS et al., 2013).

Os pais devem ser ensinados a utilizar as estratégias do JASPER para aumentar as oportunidades de aprendizagem no ambiente natural da criança e durante as rotinas diárias da criança (refeição, hora do banho, brincadeiras, entre outros) (KASARI et al., 2015). Essa parceria com as famílias proporciona um aumento significativo no desenvolvimento das crianças.

**Considerações finais**

O JASPER é um modelo com comprovação científica para o tratamento de crianças com TEA, possibilitando oferecer uma assistência adequada tanto para as crianças com TEA quanto para a família. O método proporciona melhorias significativas nos déficits centrais do TEA, as crianças passam a demonstrar mais engajamento em interações sociais, aumento da iniciação em atenção compartilhada, nas habilidade lúdicas, no uso da linguagem e em direcionar a comunicação para outras pessoas (comunicação social).

Portanto, o modelo ajuda a reduzir os sintomas que interferem no desenvolvimento e aprendizado de crianças com TEA, melhorando as habilidades de comunicação, imitação, lúdicas, sociais, de vida diária e regulação emocional e comportamental. O tratamento baseado nessa prática ajuda a criança a adquirir habilidades importantes que lhes permitirão participar de atividades em diferentes contextos sociais e contribuir para uma melhor qualidade de vida e inserção desses indivíduos na sociedade.

**Referências**

ASSOCIAÇÃO AMERICANA DE PSIQUIATRIA. *Manual diagnóstico e estatístico de transtornos mentais*. 5. ed. Porto Alegre: Artmed, 2014.

BAIO, J. et al. Prevalence of autism spectrum disorder among children aged 8 years. *Autism and Developmental Disabilities Monitoring Network*, United States, 2014. MMWR Surveill Summ 2018; 67.

CHANG, Y. C.; SHIH, W.; LANDA, R.; KAISER, A.; KASARI, C. Symbolic Play in School-Aged Minimally Verbal Children with Autism Spectrum Disorder. *J Autism Dev Disord*. 2018, May; 48(5): 1436-1445.

CHANG, Y. C.; SHIRE, S. Y.; SHIH, W.; GELFAND, C.; KASARI, C. Preschool Deployment of Evidence-Based Social Communication Intervention: JASPER in the Classroom. *J Autism Dev Disord*. 2016 Jun; 46(6): 2211-2223.

FRANCO, Vitor. *Introdução à Intervenção Precoce no desenvolvimento da criança.* Edições Aloedro. Évora, Portugal, 2015.

GULSRUD, A.; CARR, T.; WILLIAMS, J.; PANGANIBAN, J.; JONES, F.; KIMROUGH, J.; SHIH, W.; KASARI, C. *Developmental screening and early intervention in a childcare setting for young children at risk for autism and other developmental delays: A feasibility trial. Autism Res.* 2019, Sep; 12(9): 1423-1433.

KASARI, C.; GULSRUD, A.; PAPARELLA, T.; HELLEMANN, G.; BERRY, K. Randomized comparative efficacy study of parent-mediated interventions for toddlers with autism. *J Consult Clin Psychol.* 2015 Jun; 83(3): 554-63.

KASARI, C.; KAISER, A.; GOODS, K.; NIETFELD, J.; MATHY, P.; LANDA, R.; MURPHY, S.; ALMIRALL, D. Communication interventions for minimally verbal children with autism: A sequential multiple assignment randomized trial. *Journal of the American Academy of Child & Adolescent Psychiatry,* 2014, 53(6), 635–646.

KASARI, C.; PAPARELA, T.; FREEMAN, S. N.; JAHROMI, L. Language outcome in autism: Randomized comparison of joint attention and play interventions. *Journal of Consulting and Clinical Psychology.* 2008, 76, 125-137.

SCHREIBMAN, Laura; DAWSON, Geraldine; STAHMER, Aubyn C.; LANDA, Rebecca; ROGERS, Sally J.; McGEE, Gail G.; KASARI, Connie; INGERSOLL, Brooke; KAISER, Ann P.; BRUINSMA, Yvonne; McNERNEY, Erin; WETHERBY, Amy; HALLADAY, Alycia. Naturalistic Developmental Behavioral Interventions: Empirically Validated Treatments for Autism Spectrum Disorder. *Journal of Autism and Developmental Disorders,* 2015; 45(8): 2411–2428.

SHIRE, S. Y.; CHANG, Y. C.; SHIH, W.; BRACAGLIA, S.; KODJOE, M.; KASARI, C. Hybrid implementation model of community-partnered early intervention for toddlers with autism: a randomized trial. *J Child Psychol Psychiatry.* 2017 May; 58(5): 612-622.

ZWAIGENBAUM, L.; BAUMAN, M. L.; STONE, W.; et al. Early identification of autism spectrum disorder: Recommendations for practice and research. *Pediatrics.* 2015; 60-81.

AUTISMO – UM OLHAR POR INTEIRO

# 20
## PLANEJAMENTO EDUCACIONAL INDIVIDUALIZADO PARA ALUNOS COM AUTISMO

Neste capítulo se apresentam as possibilidades didáticas do planejamento individualizado em alunos com autismo. O Planejamento Educacional Individualizado (PEI) é visto como uma ferramenta inclusiva para alunos que têm necessidades educacionais especiais. O PEI é um método que tem uma natureza colaborativa e todos devem ter o mesmo objetivo.

**CÉLIA DE FÁTIMA MACAGNAN**

## Célia de Fátima Macagnan

Pedagoga graduada pela Universidade Castelo Branco, com Pós-Graduação em Educação Especial pela Universidade Cândido Mendes. Pós-graduada em Psicopedagogia pela Universidade Candido Mendes. Mestre em Educação pela Universidad Europea del Atlantico – UNEATLANTICO. Mestre em Formação de Professores pela Universidad Internacional Iberoamericana – UNINI. Doutoranda em Educação pela Universidad Internacional Iberoamericana – UNINI. Proprietária da Clínica Movimento Pedagógico Estimulação & Aprendizagem em Curitiba/PR.

**Contatos**
celiamacagnan@hotmail.com
Facebook: Celia Macagnan
Instagram: @celiamacagnan
41 99953-9873

Tendo como foco da pesquisa o educando autista em um contexto de ensino e aprendizagem regular, percebe-se que quando os métodos didáticos do professor são tomados para si como desafio profissional e, se aplicados com maestria, podem provocar mudanças significativas no professor, na sua motivação e, consequentemente, podem incentivar e provocar nos demais educandos uma transformação e humanização.

Atualmente, percebe-se que houve crescimento e variação das novas mídias e de métodos recentes de ensino e aprendizagem. Nesse contexto, o professor vê-se obrigado a se atualizar e adaptar esses recursos ao contexto escolar, aumentando a possibilidade de aprendizagem do educando. Entretanto, em um contexto de inclusão de educandos autistas no ensino regular surge sempre a questão de quais adaptações precisam ser realizadas nos recursos e conteúdos pedagógicos como forma de atender às necessidades do educando autista.

**Aspectos importantes do autismo e alternativas educacionais**

Neste tópico discorre-se sobre conceitos, características e possibilidades de tratamento e acompanhamento de pessoas com autismo.

Antes de analisar o Planejamento Educacional Individualizado (PEI) é importante caracterizar o tema, elencando-se conceitos históricos e os estudos sobre esse transtorno, partindo do princípio de que o autismo é "uma condição caracterizada pelo desenvolvimento atípico e prejudicado das interações sociais, nas modalidades de comunicação e no comportamento".

Sabe-se que essas características são bastante variáveis e que existem pessoas com autismo que apresentam graus de manifestação e severidade bastante diversos. Alguns autores relacionam esse transtorno com a síndrome de Asperger, afirmando que o autismo e a síndrome de Asperger são os mais conhecidos entre os transtornos invasivos do desenvolvimento (TID), enquanto outros atualmente posicionam as crianças com Asperger como autismo grau um, formando assim uma família de condições marcadas pelo início precoce de atrasos e desvios no desenvolvimento das habilidades sociais, comunicativas e demais habilidades.

O processo de tratamento do autismo é complexo e passa pela avaliação dos sintomas demonstrados pelo autista. No que se refere às práticas educacionais, nota-se que elas possuem enfoques na parte comportamental. Entretanto, considera-se que a partir de um enfoque histórico-cultural a educação se torna um processo de aprendizagem que impulsiona o desenvolvimento humano.

Compreendendo-se os principais aspectos do autismo e tendo as práticas pedagógicas com enfoques comportamentais, pode-se dizer que a educação, de modo geral, possui um importante papel de repasse de conhecimentos em diversas áreas, especialmente conhecimento cultural de forma sistemática. Inclusive, ela é capaz de fazer uso de comunicação aumentativa e alternativa com autistas graus dois e três, possibilitando que o educando com deficiência se aproprie do saber escolar, se desenvolva e se humanize.

Vislumbra-se que as práticas pedagógicas que têm apresentado melhores resultados em relação à pessoa com autismo são aquelas fundadas em situações dialógicas, visando a uma inclusão deste aluno em um contexto educacional que humaniza e valoriza sua individualidade. Nesse contexto, o PEI pode ser uma abordagem adequada para este público-alvo.

## O planejamento educacional individualizado

O Planejamento Educacional Individualizado (PEI) é apontado como uma ferramenta importante que é utilizada em larga escala em muitos países da Europa e América do Norte. De acordo com alguns autores, essa é uma proposta em que se compartilha ações de docentes, pedagogos, terapeutas, pais e gestores. Esses são atores do processo de ensino e aprendizagem em que se avalia e acompanha a aplicação das práticas pedagógicas em relação ao aluno.

O PEI é considerado uma proposta de organização curricular que norteia a mediação pedagógica do professor, assim como desenvolve os potenciais ainda não consolidados do aluno. Nesse contexto, é importante o mapeamento do que já foi alcançado pelo aluno com autismo no processo e o que ele ainda precisa desenvolver para que se atinjam os objetivos traçados pela equipe de apoio. Ao professor, cabe criar condições para que os alunos superem a situação atual vivenciada pela realidade social e também pelas condições orgânicas e/ou intelectuais ou transtornos provocados por deficiências de ordem sensorial, intelectual, motora, comportamental ou física.

Verifica-se que o contexto de sala de aula possui diversas problemáticas no que concerne a práticas pedagógicas. Algumas dessas práticas devem guardar uma relação de proximidade com a necessidade e perfil dos educandos. Desse modo, as práticas usadas que melhor se encaixarem nessas duas características tendem a ser mais efetivas no processo de ensino-aprendizagem. O PEI poderia ser um instrumento importante na prática pedagógica, porque a formação de conceitos acontece nas relações estabelecidas com o outro e a cultura, dependendo do desenvolvimento das funções psicológicas superiores (FPS), como o desenvolvimento da atenção, memória, abstração, raciocínio lógico, capacidade de comparar e diferenciar, entre outros.

Em um contexto de inserção de educandos autistas no ensino regular, sabe-se que as práticas pedagógicas devem ser adaptadas para que atendam à linguagem desses educandos, pois eles possuem necessidades específicas que devem ser supridas para que se sintam partícipes do processo, tendo também direito ao profissional de apoio escolar (PAE). A presença cada vez mais numerosa de estudantes com deficiências nas escolas regulares tem instaurado atendimentos mais específicos que possibilitem e favoreçam o desenvolvimento pedagógico desses sujeitos como o atendimento educacional especializado (AEE), instituído como o serviço da Educação Especial, e o PEI, instituído como instrumento investigador do currículo desenvolvido para os discentes.

**Aplicações do PEI em alunos com autismo**

Apesar de entender que existem graus de autismo, sabe-se pelos teóricos e pelas práticas que a maioria das crianças autistas tende a ter melhores resultados de aprendizagem com a utilização de métodos visuais, em que a criança é partícipe dos mecanismos de aprendizagem.

O PEI para alunos com autismo apresenta pelo menos quatro etapas a serem cumpridas, sendo elas: conhecer o aluno, estabelecer metas, elaborar cronograma e avaliar.

Na primeira fase, é necessário documentar o perfil do aluno e conhecer suas habilidades e deficiências. Elencam-se os gostos do aluno, suas habilidades, os conhecimentos adquiridos por ele e o que ele necessita aprender.

Na segunda fase, é o momento do estabelecimento de metas; o docente pode propor metas de longo, médio e curto prazo. Esses objetivos são importantes para que se avalie o aluno no avanço de cada etapa, a partir de seu perfil de autismo.

A terceira fase é a construção de um cronograma que se encontra ligado com as metas estabelecidas na fase anterior. É necessário definir quando, com qual método, com qual material e de que maneira as metas serão executadas.

A última fase é a avaliação em que se aferem os resultados dos métodos e práticas utilizadas, avaliando-se se foram úteis, quais conhecimentos conseguiu reter e de que maneira o aluno com autismo respondeu a elas.

Alguns estudos utilizando as fases acima nos alunos com autismo demonstraram resultados relevantes, especialmente no desenvolvimento educacional e na sociabilidade do aluno. No estudo elaborado por Pereira e Nunes:

> Os resultados do estudo revelam a eficácia do programa interventivo proposto, tanto no processo de escolarização do aluno quanto na prática das docentes. Em termos acadêmicos, foram observadas melhorias na qualidade e tempo de permanência do aluno nas atividades de escrita após implantação do PEI. (PEREIRA; NUNES, 2018, p. 958)

Com a utilização do PEI para alunos com autismo verificou-se que houve avanços relevantes na forma de comunicação do aluno que passou interagir de maneira mais frequente com os colegas e também a utilizar o sistema pictográfico de CAA[1] para pedir alimentos ou algo de sua necessidade (PEREIRA; NUNES, 2018).

Na utilização do PEI o docente poderá analisar as "falhas de desempenho". Estas dizem respeito à distância entre os conhecimentos e habilidades que o aluno possui e àquelas que são almejadas para ele. É preciso um método para avaliar as habilidades atuais do aluno. Lear (2004) sugere algumas etapas: avaliação profissional; avaliação dos pais e o ABLLS (*The Assessment of Basic Language and Learning Skills*) ou "avaliação de habilidades básicas de linguagem e aprendizagem".

No que concerne à avaliação profissional, esta deve ser feita por um psicólogo ou especialista da área comportamental. Já a avaliação dos pais deve colher infor-

---

[1] Espécie de cartões coloridos avulsos que o aluno pode apontar e solicitar alimentos ou algo de sua necessidade.

mações sobre o desenvolvimento do aluno em casa. No que diz respeito à ABLLS, este é um recurso para avaliar a aquisição de pelo menos 25 habilidades abrangentes que vão desde habilidades básicas às acadêmicas, de autoajuda e motoras.

O PEI, ao utilizar a metodologia acima exposta, acaba auxiliando o aluno com espectro de autismo a aprender. Conforme se verifica, a utilização do PEI não influencia apenas no desenvolvimento do aluno, mas também nas práticas pedagógicas do docente que deve estar em constante adaptação para que atenda da melhor maneira os alunos com autismo, de acordo com suas necessidades, sendo indispensável o interesse por parte dos professores em aprender e adaptar os recursos para a inclusão do educando autista.

Sabe-se ainda que para a aplicação do PEI em alunos com autismo é necessário que se observem as etapas citadas anteriormente e que devem ser levadas em conta.

Nessas etapas se analisa o desempenho atual do aluno, as habilidades sociais e educacionais que ele possui, fazendo-se um inventário e traçando os caminhos e as metas para o educando, de acordo com seu estado, nível e diagnóstico de autismo. A rotina escolar também deve ser levada em conta, porque os professores e demais colaboradores da instituição de ensino, além dos pais, também são atores relevantes na aplicação do PEI.

Evidentemente, existem diversos modelos de PEI no contexto educacional, mas o docente deve verificar aquele que melhor se adequa à realidade de sua instituição e ter em mente que o modelo é apenas para fornecer um norte para os docentes. Isso é importante ser dito porque cada aluno com autismo também tem habilidades e necessidades específicas e a partir delas é que o Plano Educacional Individualizado deve ser construído individualmente, garantindo maior desenvolvimento e sucesso educacional para o educando com autismo.

**Referências**

BOSA, C. Autismo: atuais interpretações para antigas observações. In: BAPTISTA, C. R. e BOSA, C. (Orgs.). *Autismo e educação: reflexões e propostas de intervenção.* Porto Alegre: Artmed, 2002.

GUEDES, Nelzira Prestes da Silva; TADA, Iracema Neno Cecílio. *A produção científica brasileira sobre autismo na psicologia e na educação. Psicologia: Teoria e Pesquisa,* Jul-Set 2015, Vol. 31 n. 3, pp. 303-309.

KLIN, Ami. Autismo e síndrome de Asperger: uma visão geral. *Revista Brasileira de Psiquiatria.* 2006; 28 (Suplemento I): S3-11.

LEAR, Kathy. *(Help us learn) Um Programa de Treinamento em ABA (Análise do Comportamento Aplicada) em ritmo auto-estabelecido.* 2. ed. Ontario – Canada: ABA, 2004.

PEREIRA, Debora Mara; NUNES, Débora Regina de Paula. Diretrizes para a elaboração do PEI como instrumento de avaliação para educando com autismo: um estudo interventivo. *Revista Educação Especial,* v. 31, n. 63, p. 939-960, out./dez. 2018, Santa Maria.

AUTISMO — UM OLHAR POR INTEIRO

# 21
# TERAPIAS MULTIDISCIPLINARES NO TRATAMENTO DE CRIANÇAS DIAGNOSTICADAS COM TRANSTORNO DO ESPECTRO AUTISTA

Apresento uma breve explanação sobre a importância das terapias multidisciplinares para um tratamento eficaz de crianças autistas. Ressalto ainda a necessidade de um diagnóstico precoce, que é viabilizado pelo olhar atento dos pais e sua iniciativa de prontamente conduzir a criança à avaliação profissional.

## CILENE MARIA CAVALCANTI

## Cilene Maria Cavalcanti

Graduada em Pedagogia (Bacharelado e Licenciatura Plena) pela Universidade do Estado do Rio de Janeiro (2006). Psicanalista Clínica Mestre em Teorias Psicanalíticas pela Escola de Psicanálise do Rio de Janeiro (2015). Atua como orientadora educacional no município de Queimados/RJ. Apresentou a Oficina *O uso do gibi na formação de leitores* no Fórum de Queimados, em 2006. Possui dois projetos publicados no Portal do MEC (Edições 86 e 96, de 2013). Foi palestrante na Feira Literária da Baixada, em 2017. Lançou o livro *Lygia Bojunga e suas histórias: um caminho para o autoconhecimento e desenvolvimento cognitivo*, nas XVIII e XIX Bienais Internacionais do Livro do Rio de Janeiro, em 2017 e 2019. Atualmente participa dos projetos dos livros *Coletânea Bienal: memórias, histórias e estratégias capazes de revolucionar vidas* e *Autismo: um olhar por inteiro*, ambos pela editora Literare Books, 2020. É membro da Academia de Artes e Letras Internacional da Baixada Fluminense, ligada à Editora Litere-se, em Queimados/RJ, com dois projetos em andamento.

**Contatos**
cilenefenix@gmail.com
Facebook:
www.facebook.com/cilene.cavalcanti.18
www.facebook.com/LygiaBojungaeSuasHistorias/
Instagram: @psicanalistacicavalcanti

As terapias multidisciplinares demonstram que uma criança diagnosticada com transtorno do espectro autista (TEA) não tem absolutamente limitado o largo leque de habilidades que pode desenvolver. Contudo, é muito importante um diagnóstico ainda na primeira infância para que se viabilize o desenvolvimento das habilidades trabalhadas nas diferentes terapias.

No período compreendido entre o primeiro e terceiro ano de vida da criança, já é possível aos pais observar determinados traços do espectro autista. Nessa fase, por exemplo, ocorre o desmame, momento em que é comum a criança sem TEA sofrer com a separação da mãe, chorando muito. Para a criança com TEA, por outro lado, este período de separação não desencadeia sofrimento tão intenso, porque a criança autista tem dificuldade em se perceber como um ser dependente da mãe. Outro aspecto a se observar é a indiferença da criança autista ao ser chamada pelo nome, o que também é consequência da não percepção da criança de si mesma como indivíduo.

Além dos pontos já citados, existem outros comportamentos característicos das crianças autistas, como: movimentos corporais repetitivos; dificuldades na fala; conduzir alguém até um objeto ou lugar desejado em vez de pedir verbalmente, entre outros. Tendo os pais observado em seu filho características que levantem suspeita de a criança apresentar TEA, deve-se procurar ajuda profissional.

Nesse ponto, revela-se a importância de se falar em terapias multidisciplinares, pois tanto para se chegar a um diagnóstico preciso e conclusivo quanto para se desenvolver um tratamento eficaz, é necessário um trabalho conjunto de profissionais de diferentes áreas da saúde. Para exemplificar, podemos mencionar os neuropediatras, fonoaudiólogos, neuropsicólogos, professores de educação física, pedagogos, psicólogos, terapeutas ocupacionais, musicoterapeutas, fisioterapeutas e nutricionistas.

Do ponto de vista pedagógico, as terapias multidisciplinares auxiliam a criança autista a desenvolver comportamentos e habilidades que contribuem para o processo de ensino-aprendizagem em sala aula, aprimorando a linguagem, a interação social, as habilidades específicas e o desenvolvimento físico-motor.

Para trazer exemplos reais de como as terapias multidisciplinares contribuem para o crescimento saudável de crianças diagnosticadas com TEA, apresentarei a seguir três depoimentos de mães de crianças autistas.

### Depoimento da mãe do André Lucas

*Até os 2 aninhos, nem eu, nem o pai nem os pediatras do André Lucas percebemos nada de diferente no seu comportamento. Entretanto, o meu filho começou a retroceder* na fala. Quando queria alguma coisa, nos puxava e nos levava ao objeto. Começou a ter também estereotipias, balançando o corpo e as mãos e emissão de som nasal. Não brincava normalmente como as outras crianças. Parecia que estava em um mundo particular.

Nesse período, ele começou a desenhar. Parecia estar se comunicando por meio de seus desenhos, por meio da linguagem não verbal. Então, o pediatra sugeriu que o levássemos a uma neuropediatra. A doutora nos falou que o perfil dele se encaixava dentro do espectro autista e, por isso, nos disse que ele precisava de uma fonoaudióloga para o desenvolvimento da linguagem. Orientou-nos ainda a envolvê-lo em ambientes onde houvesse muitas crianças e o encaminhou para um núcleo de ginástica olímpica, a fim de que ele voltasse a interagir, a falar e a se desenvolver. Ao iniciar a ginástica olímpica, percebi um interesse imediato do meu filho pela fala.

Embora eu estivesse muito feliz com a evolução dele, ao saber que o seu diagnóstico final era, de fato, o autismo, por um período de tempo entrei em depressão. Procurei ajuda médica e, sob orientação da neurologista, tive de procurar ajuda na psicologia para aprender a lidar com essa frustração, com toda essa mistura de sentimentos e emoções.

Concluo que, sem as poderosas mãos de Deus, e sem a ajuda de todos os profissionais envolvidos, o desenvolvimento pleno do meu filho não seria o mesmo.

*André Lucas e seu robô.*

## Depoimento da mãe do Levi

O Levi teve um desenvolvimento normal até aproximadamente 1 ano e 7 meses, quando notei que ele começou a deixar de identificar e falar as palavras que balbuciava. Um dia, com 1 ano e 9 meses, Levi me ignorava muito quando lhe pedia atenção. Então, resolvemos levá-lo a um neuropediatra.

O primeiro neuropediatra que levamos nos disse que o Levi era uma criança saudável e normal. Saímos do consultório aliviados e ao mesmo tempo intrigados, pensando se era tudo coisa da nossa cabeça. Na escola, Levi teve seu primeiro contato com tinta e ele não gostava de se sujar, começou um conflito para realizar as atividades. A psicopedagoga da escola nos falou sobre os momentos em que ele era chamado e parecia não ouvir, e levantou a hipótese de que ele tinha algumas características enquadradas no espectro autista.

Após avaliações do segundo neuropediatra, veio a confirmação, com 2 anos e 6 meses: o Levi foi diagnosticado com TEA. Marcamos novamente uma reunião na escola para levar o diagnóstico. A psicopedagoga nos parabenizou por não fecharmos os olhos.

Conseguimos para o Levi uma clínica pediátrica de reabilitação com terapeuta ocupacional, fonoaudióloga, psicóloga e musicoterapeuta. Com 2 anos e 6 meses ele montou sozinho o alfabeto, começou o tratamento e, poucos meses depois, já vimos muita melhora. Superou rápido a rejeição à tinta. Identifica as cores em inglês e português (fala algumas, às vezes). Brinca com maior variedade de brinquedos e já escreve seu nome sozinho. Tudo isso, antes dos 3 anos de idade.

A sociedade precisa quebrar o tabu de que terapia é algo ruim, pois faz a total diferença na vida do ser humano, não só para aqueles que estão dentro do espectro autista.

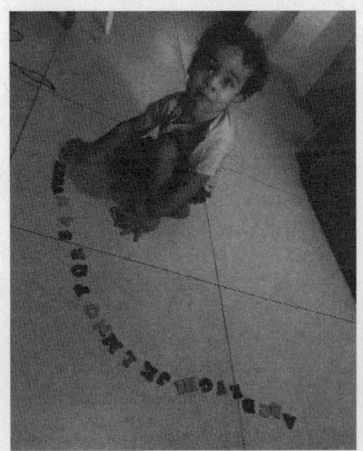

*Levi montando o alfabeto.*　　　　　*Levi com seus pais.*

### Depoimento da mãe do João Vitor

João Victor tem 14 anos e foi diagnosticado com autismo e retardo mental. Por conta disso, ele apresenta algumas estereotipias típicas do TEA, como balançar as mãos e o seu corpo para trás e para a frente (flapping), balbuciar alguns sons repetidamente, pular em frente de objetos que ele gosta como a televisão, entre outros. Ele não fala e precisa de ajuda para realizar atividades corriqueiras como ir ao banheiro ou trocar de roupa.

Ele também tem dificuldade para dormir e, frequentemente, apresenta algumas dores abdominais, gases, diarreia ou constipação, o que acaba causando crises de choro e agressividade que o conduzem a se autoagredir quando sente algum desconforto ou dor. Mas, em seu dia a dia ele é tranquilo e costuma brincar no quintal de casa perto das árvores, precisando de supervisão constante de algum adulto, pois não tem noção de perigo.

João começou a fazer terapia com 3 anos de idade, mas nunca gostou. Apesar de já ter passado por diversos profissionais, tanto no sistema público de saúde quanto particular, a única melhora aparente que ele apresentou foi olhar para as pessoas quando era chamado.

Em sua convivência com a família, João criou modos próprios de comunicação com os familiares, como apontar ou pegar objetos que ele queria e entregar para a pessoa que *pudesse auxiliá-lo. João continua apresentando dificuldades em seu desenvolvimento cognitivo, em sua maior parte, devido ao retardo mental.*

*João Victor com sua mãe.*

Corroborando o depoimento da mãe de João Victor, ele, por não falar, criou um método próprio de comunicação, o que significou para a família uma conquista.

Finalizo este artigo com uma foto do meu sobrinho Rafael Victor Estevam Cavalcanti, diagnosticado com síndrome de Asperger (transtorno do desenvolvimento que afeta a capacidade de se comunicar e socializar – é um estado do espectro autista). Ele construiu o seu próprio robô. É um menino superesperto e criativo, pois devido ao comprometimento dos pais e às terapias multidisciplinares continua desenvolvendo bem a fala e acompanha o nível de escolaridade de acordo com a sua idade, de maneira totalmente satisfatória.

*Rafael Victor e seu robô.*

**Referências**

CUNHA, Eugênio. *Autismo e Inclusão: psicopedagogia e práticas educativas na escola e na família*. 4 ed. Rio de Janeiro: Wak Editora, 2012.

FIDALGO, Marta Sofia Vieira. *O papel da equipa multidisciplinar no acompanhamento de uma criança autista,* 2016. Disponível em: hdl.handle.net/10400.26/20625. Acesso em: 2 mar. 2020.

GRANDIN, Temple. PANEK, Richard. *O cérebro autista*. Tradução de Cristina Cavalcanti. Rio de Janeiro: Record, 2015.

AUTISMO – UM OLHAR POR INTEIRO

# 22

## ALÉM DO CONSULTÓRIO – UMA CONVERSA SOBRE O COTIDIANO DA FAMÍLIA ATÍPICA E COMO A ABA PODE AJUDAR

A realidade do consultório é fácil se comparada com a rotina desgastante enfrentada pelas famílias, mas aplicar ABA no cotidiano é possível se você buscar conhecimento e tiver suporte de um profissional experiente. Em três casos contados, vamos identificar algumas lições importantes para a aplicação dos princípios da ciência no dia a dia e facilitar sua vida.

**VIRNA VALADARES**

**Virna Valadares**

Mãe de Vanessa e Bruno, Psicóloga formada no Centro Universitário CESMAC, na cidade de Maceió/AL, especialista em Transtorno do Espectro Autista pelo IEPSIS, pós-graduanda em Análise do Comportamento Aplicada pelo CBI of Miami e preparando-se para a certificação internacional QASP-S, pelo QABA Board, dos Estados Unidos. Já era Psicóloga quando decidiu tomar uma decisão difícil: largou o consultório sob muitas críticas e foi cuidar de autistas nos Estados Unidos. A experiência melhorou seu desempenho e ampliou seu olhar para a família: é frequente a necessidade de pais, avós e tios serem os cuidadores e eles precisam assumir também o papel de assistente de terapia, e essa função requer orientação quanto ao que fazer e como agir. Trazer autonomia para o autista e ajudar sua família a ter uma vida com qualidade é sua missão!

**Contatos**
virna.valadares@gmail.com
Facebook: vickymtavares
Instagram:@virnavaladares
79 99981-1234

## Show inesperado

J. tinha 11 anos e vivia sempre isolado em seu quarto, mesmo enquanto a família se divertia. Certa vez perguntei a seu pai o motivo de não o trazerem para baixo e ele disse: "Ele está bem lá, autistas não gostam de barulho e preferem ficar sozinhos". A partir daquele dia, tracei uma missão: vou fazer umas experiências e mudar a vida desse menino!

A partir daí, todos os dias eu aproveitava a casa vazia, trazia-o para a sala e colocava o show da Ivete Sangalo no Maracanã. Ele pulou e fez estereotipias, mas não correu ou tapou os ouvidos. Em poucos dias, bastava eu colocar o DVD para ele vir. Pensei: ele veio buscar o estímulo sem medo das luzes ou do barulho. Ele está feliz e eu no caminho certo! Passei a dançar com ele, movimento este que foi aprendido e iniciado em poucos dias. Eu sempre o acolhia com sorriso e incentivo, como "Você veio!" "Que coisa boa ter você aqui!" Concluí que ele não era aquele autista que todo mundo fala, que parece ser tudo igual, que não quer participar. J. só precisava de uma oportunidade! Ele gostou tanto de estar lá em baixo interagindo comigo que começou também a descer em outros horários. Enquanto a família estava lá, ele não se intimidou com barulho de seus irmãos ou televisão: ele desceu e ficou junto deles ali, mesmo sem olhar. Ficava fazendo *flapping* e outras estereotipias, mas não saía nem desorganizava. Seu pai chegou a comentar: "Que estranho, J. está descendo... ele nunca desce, nunca quis ficar com a gente!"

## Lição 1 – O tal do espectro

Veja o TEA de uma forma matemática, como se existisse diversas combinações de intensidade e características, incluindo as comorbidades, personalidade, e todas essas combinações infinitas fazem com que cada autista seja único. Por exemplo: um pode ter mais interesse social, mas ter uma dificuldade na fala, outro muito interesse social e falar sem parar, outros ainda terão interesse em socializar, mas não vão conseguir porque não sabem se movimentar dentro do ambiente ou como iniciar uma interação etc. Você até pode conhecer muita gente parecida com tais características, mas o que torna alguém autista é a díade: rigidez de pensamento e dificuldades de interação/comunicação. Com tanta variação a cada momento torna-se difícil identificar os motivos dos comportamentos e está aí a importância da Análise do Comportamento Aplicada (ABA). A função principal do Analista é: realizar análise da função de cada ação e a partir daí decidir a melhor estratégia para ensinar habilidades e coibir o que não é adequado, lembrando que as lacunas no desenvolvimento podem existir e devem ser sanadas a partir de uma boa avaliação e o estabelecimento de um Plano Individual de Tratamento.

### Lição 2 – Mitos e verdades

O fato de tantos preferirem o isolamento não significa que não gostem de pessoas: muitos desejam estar juntos, todavia não sabem como se aproximar, outros se aproximam de maneira inadequada etc. Cabe à família e toda a equipe mostrar-lhe como pode se comportar para obter a atenção e companhia para brincar etc. Entender como o seu autista pode aprender é um desafio possível.

### Lição 3 – Determinismo e eficácia

Tudo o que acontece no universo tem uma razão, não existe algo que venha "do nada". Com calma e conhecimento, você conseguirá achar a causa do comportamento inadequado ou a maneira melhor de ensinar uma habilidade nova. Através da medição do comportamento, com a leitura das anotações, o plano de ensino pode mudar até que se encontre uma solução eficaz.

### Dois irmãos

W. e A. eram irmãos não verbais, filhos de pais ricos; tive a oportunidade de observar as intervenções comportamentais em domicílio e de receber instruções sobre a ABA no cotidiano. Eu era treinada para ser capaz de continuar os ensinamentos de terapeutas de uma universidade no Texas.

Enfim, A. às vezes soltava umas palavras e frequentemente me tocava e dizia: "YouTube" e "Kung Fu Panda". Foi o pai quem explicou que isso era uma forma de solicitação e que ele queria assistir àquele filme que entrara há pouco em cartaz e o trailer estava disponível no YouTube. A mãe resmungou que o problema era levar o menino ao cinema porque ele não ficava sentado por muito tempo e podia perturbar as pessoas, tornando a situação complexa para qualquer um. De fato, era difícil sair, pois tínhamos de segurá-los enquanto bruscamente eles tentavam avançar na comida dos outros; no entanto, querendo colocar em prática algumas técnicas, levei-o ao cinema.

No local, A. olhava tudo, sorria, parava para dar pulinhos e escrevia no ar com o dedo indicador. Esperamos a abertura da sala por 40 minutos e ficamos passeando, comendo pipoca e vendo os cartazes. Eu fazia tudo para que ele ficasse quietinho. Pela primeira vez estava tão centrado que nem tentou pegar nada de ninguém.

Chegamos na sala de exibição com todas as guloseimas que ele poderia se interessar: pipoca, água, refrigerante e ursinhos de goma. Comportou-se durante os vinte primeiros minutos até que as emoções começaram: levantou-se, então fomos ao banheiro, o palpite estava certo após tanto consumo de refrigerante. Voltamos para nossos lugares e, depois de mais cinco minutos sentado, ele ficou novamente em pé e eu lá preocupada com a reação das pessoas atrás da gente. Ele começou a correr, enquanto eu loucamente largava bolsa e tudo que eu tinha comprado na cadeira, com receio de ser furtada. Ele escalou o palco abaixo da tela e ficou pulando, fazendo sombra no filme; desesperadamente eu subi e saí com ele nos braços.

Lembro de ter ficado na dúvida se esperaria ele sair sozinho, mas tive receio que ele pulasse lá de cima, pois era acostumado a trepar-se no corrimão da casa. Ao descer, eu só pensava no que as pessoas poderiam estar nos xingando: "menino mal-educado"," você não dá limites"! Vi-me pedindo desculpas, culpando o autismo.

Eu sou brasileira e venho de um ambiente em que muito se julga sem conhecimento. Logicamente sei que isso acontece em outros lugares, mas quando se vive em uma cultura diferente, você começa a ver os motivos que o fazem pensar em certas coisas: eu só imaginava que iriam me desqualificar, mas fui surpreendida. Na verdade, as pessoas estavam calmas e acostumadas a presenciar tais situações e me diziam: "Tudo bem, sabemos que ele tem autismo", outro dizia "Meu primo tem autismo, eu sei como é!" O autismo é assunto comum nos Estados Unidos e o uso da empatia se torna mais fácil.

O que aprendemos neste segundo caso?

**Lição 1 – As pessoas criticam mesmo!**

Focar no julgamento alheio nos cega diante do que devemos fazer; é inevitável não se machucar, mas manter a atenção no que você deve fazer é o melhor.

**Lição 2 – Sentimento de solidão**

Ficar com raiva porque as pessoas não te compreendem não vai mudar a situação. Quando você enfrentar dificuldades por causa da ignorância alheia, assuma o papel de instruí-las! Os norte-americanos não nasceram conhecendo o autismo, eles aprenderam a lidar com isso porque o assunto tornou-se comum após muitos pais vivenciarem experiências que você enfrenta e terem tomado uma atitude otimista.

**Lição 3 – Estude!**

Planeje a saída e se instrua sobre o TEA e ABA. Crie hipóteses do que pode acontecer e avalie o comportamento do seu autista. No caso de A. a espera longa fez com que eu o mantivesse ocupado utilizando comestíveis que poderiam ser utilizados como estímulos reforçadores e, segundo B. F. Skinner, para funcionar é necessário que exista privação.

**Lição 4 – Boicote ao tratamento**

Eu via que o pai dos meninos fazia absolutamente tudo ao contrário das orientações profissionais. Imagine a confusão na cabeça das crianças! Ele alegava que gostava de ver os filhos sendo espontâneos e tinha receio de torná-los robôs. Autistas apresentam dificuldades de entender através dos modelos que assistem. É necessário que os estímulos sejam direcionados "de fora para dentro", pois espontaneamente, apenas através do interesse social para se adequar ao meio, dificilmente teríamos progresso. Por exemplo: imagine que você é servido em um restaurante exótico e te trazem um prato complexo de comer, com um talher nunca visto e difícil de manusear, das três uma: ou você desiste, imita outra pessoa ou segue instruções, pois quando se tem uma maneira típica de pensar, naturalmente existe um incômodo social que o leva a buscar uma adequação ao ambiente, o que o estimula a obter soluções.

ABA é ciência. Tem princípios e técnicas que se fazem necessárias e boicotar o tratamento, infelizmente algo comum só prejudica. Melhor confiar na ciência, nos terapeutas e fazer o que lhe é orientado! Sabe-se que, quando a família não segue as instruções, a criança piora.

**Lição 5 – Inconsistência de regras**

Pessoas com autismo podem ter dificuldade para compreender o que é socialmente relevante, noção de perigo e sensibilidade a dor. Assim, evite permitir ato perigoso em casa para que isso não seja repetido fora de um ambiente controlado.

**Lição 6 – Generalização**

Busque instruções com os terapeutas de dicas e técnicas que irão ajudar você a realizar uma intervenção estruturada e natural, afinal, a criança precisa funcionar dentro e fora do consultório!

## O irlandês

Meu novo protegido era um adolescente de dezesseis anos e nas minhas atribuições estava incluso: deixar tudo pronto para que ele pudesse seguir sua rotina com a maior autonomia possível, levá-lo para caminhar no parque, realizar dever de casa e cuidar de sua dieta, pois ele tinha compulsão por comida. Quando cheguei na casa recebi instruções do que fazer, mas a lista do que não deixar S. fazer era ainda maior! Ficava confuso quando era possível fazer algo diferente, pois às vezes exceções eram necessárias.

O rapaz tinha um autismo intermediário: capaz de falar o que queria, mas era muito rígido, conseguia expressar como se sentia de forma limitada. Quando não estava ocupado, via na televisão campeonatos de dança e apresentação do Chris Brown, seu cantor favorito.

Nas tarefas de casa, a narrativa era presente, acompanhada de questões para que ele criasse frases. Lembro-me de ajudá-lo a utilizar os verbos ser e estar utilizando algum tema que ele gostasse para poder estimulá-lo. Peguei algumas imagens na internet do tal Chris Brown e textos pequenos para poder contar e fazer com que ele pudesse identificar palavras chaves e responder algumas questões. A partir de suas respostas eu incentivava a criar pequenas conclusões e assim a retirar pequenas sentenças de sua mente, por exemplo: observávamos o que o cantor vestia, o ambiente e saía: "Chris está usando jaqueta porque está frio", "Ele é o melhor cantor do mundo!" Ele ficou tão feliz, saía dizendo "Eu consegui!" Infelizmente seu pai nunca fazia colocações positivas: "Ele fez sentença sozinho? Como é possível para um idiota?" O menino entendeu e começou a chorar. Tirei-o dali, repeti exaustivamente o quanto ele era maravilhoso e fomos tomar sorvete no parque (nosso segredo, pois não estava na rotina).

O que podemos aprender com o terceiro caso?

**Lição 1 – Autistas não são insensíveis**

O aspecto emocional tende a ser imaturo e eles precisam de ajuda para lidar com sentimentos, emoções e percepções. Sentirem-se compreendidos e valorizados é algo humano. A maioria necessita que alguém os entenda até o ponto de nomear o que sentem, fazendo-os perceber que não estão longe de como as outras pessoas são. "Necessidades terrestres", como diria um paciente meu que sempre se percebeu como um alienígena até descobrir seu autismo.

**Lição 2 – Rotina flexível**

Uma rotina organizada e estruturada é importante, mas deve existir flexibilidade, pois mudanças podem acontecer fora do nosso controle e as crianças precisam entender que as coisas podem sair de um jeito diferente, mas não é o fim do mundo!

**Lição 3 – Apoio psicológico para família**

A falta de aceitação das particularidades fez com que o pai de S. fosse um homem insensível às vitórias do garoto. Amar é aceitar e torcer pela felicidade do outro, ter prazer no sorriso alheio. Nenhum filho deve sofrer por não alcançar suas expectativas, elas eram suas! Prevenção em saúde mental para familiares é uma necessidade!

**Conclusão**

Reflita: enquanto seu filho grita e esperneia no supermercado, onde está a sua atenção? Nos olhares dos outros ou no comportamento da criança? Você realmente compreende o que está acontecendo? O que levou a tal comportamento? O que pode ser feito agora? Enquanto não conseguires ter essas respostas, não esperes que os outros as tenham. Portanto, mantenha o foco no amor a seu autista, pois a vida com aceitação e conhecimento fica mais fácil e sem espaço para constrangimento ou culpa. A mudança que buscas nos outros, primeiro deve vir de dentro de você!

# 23

# UM OLHAR SOBRE O CÉREBRO AUTISTA

Você já se perguntou como funciona o cérebro de pessoas com autismo? Neste capítulo, vamos conhecer um pouco sobre o funcionamento cerebral e o desenvolvimento das principais funções cognitivas em pessoas com TEA.

## TALITA NANGLE

## Talita Nangle

Psicóloga graduada pela Universidade Católica de Pernambuco (UNICAP) com Formação em Terapia Cognitivo-Comportamental com Crianças a Adolescentes. Especialista em Neuropsicologia pelo Instituto de Neuropsicologia Aplicada de Pernambuco (INAP)

**Contatos**
talitananglepsi@gmail.com
Instagram: @talitananglepsi
Facebook: facebook.com/talitananglepsi
YouTube: Talita Nangle Psi

Entender como o cérebro funciona já não é tarefa fácil. sempre temos algo novo a aprender. Quando se trata do TEA, logo percebemos uma série de particularidades, a começar pelo fato de se tratar de um espectro, ou seja, uma enorme variedade dentro de uma mesma condição.

Todos nós sentimos, percebemos o mundo a nossa volta e reagimos as situações que presenciamos, e isso nos caracteriza como seres humanos. Pessoas com TEA também, claro! Porém, elas têm uma forma peculiar de vivenciar essas mesmas experiências. Isso as diferencia das demais pessoas. Mas, como explicamos isso?

Sensações, percepções, aprendizado de comportamentos, todas essas experiências tem sua origem em mecanismos cerebrais. São as funções cerebrais que vamos ver mais à frente. Em pessoas com TEA, essas funções estão geralmente alteradas, pois conforme já veremos, o cérebro autista se comporta de forma diferente. Aqui é importante esclarecer que, por causa dessa diferenciação, atualmente são utilizados os termos "neurotípicos" para se referir a pessoas não autistas e "neurodiversos" para se referir a pessoas no espectro.

Embora o diagnóstico do autismo seja predominantemente clínico, já que não existem exames laboratoriais ou de imagem específicos, os neurocientistas têm estudado bastante o cérebro autista na tentativa de encontrar alterações cerebrais que expliquem as principais características do transtorno, principalmente as comportamentais.

Quando nos referimos a alterações cerebrais, precisamos lembrar que estas se dividem em neuroanatômicas e funcionais. As primeiras são aquelas ligadas a estrutura do cérebro: são alterações perceptíveis em exames de imagem. Já as alterações funcionais dizem respeito a um funcionamento cerebral diverso, mesmo quando não existem alterações anatômicas perceptíveis. Essas últimas podem ser percebidas por meio de testes, por exemplo, em avaliações neuropsicológicas.

**Autismo e neuroimagem**

No que se refere a estrutura cerebral, os cientistas vêm descobrindo coisas bem interessantes sobre o autismo. Pesquisadores do Reino Unido e Japão, por exemplo, concluíram em estudo de 2019 que, em pessoas neurodiversas, as áreas do cérebro ligadas ao aprendizado e ao controle de impulsos motores processam informações de forma mais lenta em comparação com pessoas neurotípicas. Isso acontece porque, em pessoas com autismo, essas áreas apresentam um número maior de neurônios (células do sistema nervoso), o que influencia no surgimento dos comportamentos repetitivos e nas dificuldades de comunicação e interação.

Um ponto que merece destaque na compreensão do cérebro autista são as dificuldades para desenvolver uma cognição social. Estudos aplicando ressonância magnética destacam três áreas principais no cérebro envolvidas nesse processo: o córtex pré-frontal medial, polo temporal e junção parieto-temporal e amígdalas.

Nesse ponto, as amígdalas recebem uma atenção especial, pois estão inseridas no reconhecimento das intenções, emoções e na identificação dos rostos humanos. Trata-se da teoria da amígdala, postulada por Baron-Cohen e seus colaboradores. Tal teoria pressupõe que a amígdala tem participação crucial nos déficits de cognição social no autismo, já que nessa população exames de imagem revelam importantes falhas estruturais nessa região.

Outra grande descoberta que ganhou os holofotes há alguns anos, foi a a relação entre a atividade dos neurônios-espelho e comportamentos autistas. Pessoas com Transtornos do Espectro Autista apresentam grandes dificuldades quando se trata de interagir com outras pessoas ou demonstrar empatia. Uma provável explicação para isso seria uma redução da atividade dos neurônios-espelho, que dificulta o desenvolvimento de capacidades como imitar ações, prever comportamentos, colocar-se no lugar de outra pessoa ou ainda reconhecer e expressar emoções.

Mas, o que são neurônios-espelho? Trata-se de um conjunto de células nervosas que existem dentro do nosso cérebro. Elas receberam esse nome, pois sua atividade está associada ao desenvolvimento de aptidões como empatia e percepção de intenções alheias.

Os cientistas acreditam que os neurônios-espelho nos permitem determinar as intenções de outras pessoas por meio de simulações mentais de suas ações, nos levando a interpretação de ações complexas. É mais ou menos assim: quando desempenhamos uma ação, como um movimento, por exemplo, neurônios-espelhos são ativados no nosso cérebro. Ao observar alguém executando um movimento, esses mesmos neurônios são ativados no cérebro do observador, permitindo que ele possa imitar a ação que acabou de observar. isso nos faz pensar que existe uma relação entre neurônios-espelho e desenvolvimento de habilidades sociais.

No cérebro autista há uma disfunção ou diminuição dos neurônios-espelho, que resulta em dificuldade para imitar comportamentos, reconhecer e expressar emoções e estabelecer reciprocidade nas interações. Essas dificuldades, entretanto, podem ser compensadas a partir de intervenções comportamentais como treino de habilidades sociais, ou seja, pela aprendizagem de repertório comportamental em situações de interação que permitam a aquisição de respostas adaptativas. É importante lembrar, no entanto, que quanto mais cedo essa estimulação começar, melhor!

**Funções cerebrais**

Imaginemos o cérebro como um grande centro de comando. É ele que recebe todas as informações do ambiente e cabe a ele interpretá-las e direcionar nossas ações. O cérebro está subdividido em várias áreas e cada uma se especializa no que os neurocientistas chamam de "função cerebral". Tudo acontece simultaneamente, mas, aqui, vamos abordar as principais funções separadamente para que possamos entender melhor como elas ocorrem no autismo.

**Funções executivas**

As funções executivas são fundamentais para que haja uma plena organização no comportamento de uma pessoa. De fato, trata-se de tudo o que diz respeito ao gerenciamento e planejamento de ações comandadas pelo lobo frontal, parte anterior do cérebro.

As funções executivas envolvem habilidades como:
- Regulação da atenção voluntária;
- Inibir um comportamento e direcioná-lo ao objetivo proposto;
- Alteração no planejamento de ação;
- Prontidão para iniciar a tarefa (iniciativa);
- Flexibilidade cognitiva;
- Habilidade de visuo-construção.

Pessoas com autismo têm dificuldade em desenvolver essas habilidades. Alterações nas funções executivas estão relacionadas à rigidez comportamental evidenciada nas estereotipias, rotinas, respostas inadequadas a situações sociais, falhas em aprendizado por experiência, inadaptabilidade e falta de iniciativa.

**Atenção**

A atenção atua diretamente nos processos de interação do indivíduo com o ambiente, além de auxiliar na organização dos processos mentais. Através da atenção podemos selecionar um estímulo em detrimento de outro e decidir qual será analisado em detalhes em dado momento. A atenção pode ser dividida em:
- **Seletiva:** corresponde à capacidade de escolha de um estímulo entre outros em um contexto;
- **Dividida:** corresponde à habilidade de manter o foco de atenção entre, pelo menos, dois estímulos simultaneamente;
- **Sustentada:** consiste em manter a atenção em um único estímulo por um determinado período de tempo.

Estudos que avaliam os processos atencionais envolvendo crianças com TEA apontam para a importância de relacioná-los às dificuldades na interação social observadas clinicamente nessa população. Por isso, a maioria os estudos relativos a atenção no autismo abordam principalmente a questão da atenção compartilhada.

A atenção compartilhada pode ser identificada por meio de comportamentos emitidos pela criança em uma situação de interação. Tais comportamentos podem ser de iniciativa da própria criança ou de resposta a ação do adulto, sendo este o mais frequente no caso do autismo.

Apesar de pessoas com TEA apresentarem déficits em processos que envolvem atenção, elas têm a possibilidade de desenvolver e ampliar comportamentos de atenção compartilhada mediante intervenções adequadas. Por isso a intervenção precoce é tão importante.

## Memória

A memória pode ser entendida como um sistema formado pelas experiências que representam o ambiente. Trata-se de um processo que envolve a capacidade de receber, reter ou armazenar e recuperar informações sobre si e o ambiente. A memória desempenha importante papel no processo de aprendizagem uma vez que, atuando de forma integrada com a linguagem, permite que o indivíduo emita respostas físicas, motoras e comunicativas a estímulos ambientais novos e antigos.

A memória está dividida em vários grupos:

- Quanto ao tempo de duração a memória pode ser de curto prazo (memória de trabalho) e de longo prazo;
- Quanto a função, merecem destaque a memória declarativa, que se divide em semântica e episódica e a memória implícita operacional;
- Quanto ao conteúdo, temos as memórias visuais, auditivas e sinestésicas.

Cientistas sugerem que crianças com autismo apresentam um processamento adequado dos sistemas de memória procedural, semântica e do sistema de representação perceptiva, havendo, entretanto, dificuldades específicas quanto a memória de trabalho (em tarefas que explicam demandas cognitivas complexas) e do sistema de memória episódica, ou seja, aquela que se refere a acontecimentos da vida diária bem como eventos ocorridos no ambiente.

Quanto a memória visual e auditiva, estudos indicam que crianças com TEA apresentam melhor desempenho em tarefas de memória visual em detrimento de tarefas que envolvem memória auditiva. Isso ocorre pois, no autismo, estímulos visuais parecem ser processados de forma mais concretas.

## Linguagem

A linguagem é um elemento de suma importância para o desenvolvimento cognitivo da criança. É por meio da linguagem que se estabelecem as primeiras relações com o mundo uma vez que ao se utilizar da linguagem a criança passa a agir sobre o meio.

No autismo, de modo geral, existe um atraso na aquisição da linguagem, sendo este um dos primeiros fatores que levam os pais a perceber que algo não está bem com seu filho. A princípio confunde-se o autismo com a surdez, já que a criança, desde cedo, não esboça reações ao chamado dos pais e das demais pessoas a sua volta.

A fala no autismo é marcada por características peculiares, entre elas destacam-se a fala estereotipada, isto é, ecolalia, que consiste na repetição de falas de outras pessoas como eco; a inversão pronominal, e uso de neologismo acompanhado de um uso inadequado da fala egocêntrica.

Existem ainda dificuldades em iniciar ou manter uma conversa; não costumam expressar seus sentimentos verbalmente e de forma espontânea, preferindo, por exemplo, levar as pessoas até os objetos que desejam. Isso demonstra a dificuldade em utilizar a linguagem com intenção comunicativa, muito embora, como aponta Uta Frith (2004), muitos, do ponto de vista gramatical e semântico, fazem uso correto da linguagem. Outro aspecto marcante na comunicação é a compreensão literal dos enunciados, o que pode ser associado às dificuldades que essas apresentam no aprendizado de conceitos abstratos.

**O cérebro social**

Pessoas com TEA interagem com o mundo de forma peculiar: são pensadores lógicos, atentam mais para detalhes em vez do todo, têm dificuldade em expressar e identificar sentimentos e emoções em si e nas outras pessoas. Uta Frith destaca que apresentam déficits no desenvolvimento de uma Teoria da Mente, ou seja, pensar pela perspectiva do outro. Isso traz dificuldades em estabelecer empatia nas relações sociais. Como vimos até aqui, cada habilidade que desenvolvemos como atenção, memória e linguagem de alguma forma interfere em nosso desempenho social. É como se nosso cérebro fosse um quebra-cabeça em que o objetivo final seria ter capacidade para interagir socialmente.

**Referências**

FRITH, U. Autismo: *Hacia uma explicación del enigma*. 2. ed. Madrid: Alianza Ensayo, 2009.

GRANDIN, T. PANEK, R. *O cérebro autista: pensando através do espectro*. Tradução de Cristina Cavalcanti. Record, 2015.

MUSZKAT, M. MELLO, C. B. de. *Neuropsicologia do desenvolvimento e suas interfaces*. São Paulo: All Print Editora, 2008.

TAKAMITSU, W. REES, G. MASUDA, N. *Atypical intrinsic neural timescale in autism*. Elife, 2019.

# 24

## MEU FILHO TEM AUTISMO, E AGORA?

O presente capítulo disserta a respeito da sintomatologia do TEA, sobre o que acontece após o diagnóstico precoce, sobre a importância de algumas mudanças na nutrição do autista, explica a diferença entre crise (sequestro emocional) e birra (comportamento manipulador) e, por fim, enfatiza a importância da afetividade juntamente à abordagem multidisciplinar para o bom desenvolvimento do tratamento.

**SIMONI HOFFMANN E
YURI RIERA NICOLAU**

## Simoni Hoffmann

## Yuri Riera Nicolau

Psicóloga especialista em autismo e transtornos globais do desenvolvimento, também com especialização em Psicanálise Clínica, sócia fundadora da empresa Psicocentro+ (clínica de ponta e referência em tratamento de autismo no Litoral Norte Gaúcho).

**Contatos**
simonihoffmann@hotmail.com
51 98327-4095

Psicólogo Positivo, sócio fundador da empresa Psicocentro+ (clínica de ponta e referência em tratamento de autismo no Litoral Norte Gaúcho), pós-graduado com MBA em Comportamento Organizacional pela UNISINOS e bacharel em psicologia pela UFSCar.

**Contato**
yurinicolau@gmail.com

O diagnóstico de uma criança ocasiona uma realidade nova para a família, especialmente entre os pais, que no início podem encará-lo como deficiência ou sentença para toda a vida, gerando estresse e abalando a estrutura familiar. É a partir de um diagnóstico inesperado que a família passa a sofrer contínuas mudanças e adaptações a fim de suprir as necessidades da criança.

O autismo pode se manifestar desde os primeiros dias de vida, mas é comum pais relatarem que a criança passou por um período de normalidade anterior à manifestação dos sintomas. Muitas vezes, o impacto inicial é tão intenso que compromete a aceitação da criança entre os demais familiares, podendo afetar até mesmo a relação conjugal dos pais, que podem precisar de um longo período para reencontrar equilíbrio e iniciarem uma nova dinâmica familiar que contemple as necessidades da criança com TEA.

O TEA apresenta uma enorme variabilidade em termos de comportamento, cognição e mecanismos biológicos, construindo-se a ideia de que o TEA é um grupo heterogêneo e com etiologias distintas. Os pacientes se beneficiam de avaliação individualizada para propor a melhor composição de acompanhamento para o caso. Uma vez identificados sinais de autismo ou mesmo estabelecido o diagnóstico (precoce), a intervenção é fundamental para a aquisição dos repertórios de comunicação, socialização, motricidade e autonomia, fundamentais para o desenvolvimento da criança.

Uma vez que o diagnóstico de autismo tenha sido confirmado, visando à intervenção precoce, o profissional precisa determinar quais acompanhamentos em conjunto serão necessários para estimular o desenvolvimento da criança. Psicologia infantil? Terapia ocupacional? Psicopedagogia? Fonoaudiologia? Neuropediatria? O profissional precisa se perguntar, já que cada criança terá uma singularidade de sinais e sintomas.

O autismo é uma condição que afeta o desenvolvimento humano nos seguintes aspectos: interação social, comunicação/linguagem e por meio da ocorrência de comportamentos repetitivos e estereotipados. É muito comum também a ecolalia e dificuldades/atraso no desenvolvimento psicomotor.

Apesar de muitas pesquisas na área e de as estimativas globais de incidência de autismo na população estarem aumentando exponencialmente, até o presente momento não há testes laboratoriais específicos para a detecção do transtorno; o diagnóstico de TEA é realizado basicamente através da avaliação clínica da sintomatologia.

Uma das principais formas para avaliação clínica na infância é a observação sistemática do brincar. Ao observar como a criança brinca, podemos descobrir muito sobre sua vida e relacionamentos, bem como seu próprio estágio de desenvolvimento. Quando o brincar foge da ludicidade colorida típica da infância, carecendo de criatividade e espontaneidade, quando o brincar circula sempre dentro do mesmo interesse, apresentando um hiperfoco, quando a brincadeira se trata de um padrão repetitivo de comportamento e o brincar se torna um organizar, enfileirar, encarreirar, selecionar, revela um ritual obsessivo. Todos esses são sinais que apontam para o TEA.

Também são frequentes respostas sensoriais e perceptuais peculiares nos autistas, incluindo: hipo ou hipersensibilidade a estímulos sonoros, visuais, táteis, olfativos e/ou gustativos; alto limiar para a dor física e um medo exagerado de estímulos considerados inofensivos. Essa desorganização sensorial pode afetar muitas áreas da vida da criança, gerando fobias e até seletividade alimentar.

A seletividade alimentar é outro problema bastante presente em portadores do quadro; a intensidade sensorial experimentada pela criança pode levá-la a rejeitar alimentos por suas texturas, gostos, cheiros e até temperatura, culminando em uma má alimentação pela recusa sistemática de certos alimentos. Comportamentos restritivos, seletivos e rituais obsessivos passam a afetar seus hábitos alimentares, resultando em desinteresse pela alimentação e em alguns casos na recusa a se alimentar.

Há casos de autistas que consomem apenas alimentos de uma determinada cor ou textura ou sem tempero. A criança se recusa a experimentar alguns alimentos e fica com uma alimentação mais restrita. Em alguns casos, não come se os alimentos estiverem misturados no prato, noutros se recusam a comer fora de casa.

A criança não deve ser obrigada a se alimentar, mas os pais podem oferecer diversos alimentos para que ela conheça a variedade deles. É aconselhável que sejam colocados alimentos diferentes no prato da criança, mesmo que ela não coma, para que se familiarize com as cores, cheiros e texturas diferentes. Entretanto, o processo de dessensibilização, isto é, fazer com que o estímulo que a criança está hipersensível deixe de incomodá-la, é complexo e gradual, tendendo a só ser alcançado pela atuação conjunta de profissionais e da família no tratamento.

Outra questão que frequentemente está associada ao quadro são problemas gastrointestinais: dor abdominal, diarreia crônica, flatulência, vômitos, regurgitação, perda de peso, intolerância aos alimentos, irritabilidade, disenteria, entre outros (GONZALÉZ et al., 2006, p.19), além de refluxo, alergias ou intolerâncias alimentares (NEWSOM & HOVANITZ, 2006).

Devido a essas ocorrências, é pertinente evitar a ingestão de glúten presente no trigo, aveia, centeio e cevada, pois podem causar dano consequente das vilosidades da membrana intestinal, resultando em uma má absorção de todos os nutrientes (MAHAN e STUMP, 2002). Estes sintomas podem estar associados à doença celíaca, causada pela intolerância ao glúten.

Retornando aos aspectos comportamentais dos autistas, é imprescindível diferenciarmos episódios de crise das frequentes "birras" da criança. Em um primeiro olhar, ambas podem parecer o mesmo fenômeno; contudo, enquanto a "birra" é um comportamento comum na vida de toda criança, a crise não é, tendo consequências não só externas, mas principalmente para o organismo da criança. Por isso, compreender essas situações é um importante passo para saber como conduzir a criança e, assim, fazer o manejo mais adequado em resposta a cada uma delas.

A birra é um recurso que toda criança utiliza para quebrar regras, romper limites, chamar a atenção ou para conseguir alguma coisa que deseja de seus pais ou cuidadores. Costuma ocorrer quando algo é negado a ela. Portanto, trata-se de uma espécie de estratégia para que uma situação se reverta a favor dela. Chorar, se debater no chão e gritar são alguns desses mecanismos característicos da birra. Outro aspecto comum da birra é que geralmente ela persistirá se a criança ganhar atenção pelo seu comportamento, mas diminuirá quando ignorado. Uma vez que consiga o que quer através desse comportamento, ela tornará a repeti-lo.

Já a crise no TEA costuma ocorrer quando a criança sofre uma sobrecarga sensorial, quando tem uma quebra na rotina e quando não consegue se comunicar/expressar. A crise é uma tentativa desencadeada pelo organismo da criança com o objetivo de restabelecer o equilíbrio, estabilizando as emoções:

> Nosso cérebro foi projetado como uma ferramenta de sobrevivência. Na planta do cérebro a amígdala detém uma posição privilegiada. Se ela detecta uma ameaça, num instante consegue dominar o resto do cérebro – particularmente o córtex pré-frontal – e temos o que é chamado de sequestro da amígdala. (GOLEMAN, 2012, p. 39)

Em um momento de crise, a amígdala, juntamente com áreas relacionadas, provoca uma série de alterações meticulosamente coordenadas para assumirem o comando do cérebro. Quando isso acontece, o sequestro emocional entrou em cena: os sentidos físicos se aguçam e se direcionam à ameaça (que no caso do autista pode ser simplesmente um estímulo estressor), os batimentos cardíacos aumentam, os músculos se retesam e ficam de prontidão para reagir. Cada percepção (processamento subcortical) ou pensamento (processamento neocortical) pode servir como calmante para a amígdala ao não retornarem sinais sinápticos a ela, ou tornar-se um minigatilho de surtos amigdalíticos de corticropina (CRH) e uma cascata de outros hormônios, cada um alimentando-se do impulso hormonal anterior. Assim, como ondas, um segundo sentimento vem depois que passou o primeiro, então um terceiro e assim por diante, como que fabricados em série, elevando rapidamente o nível de estimulação fisiológica do corpo.

Esse fenômeno é o mecanismo fisiológico da crise, que cria a sensação do desespero, da angústia do sequestro emocional, criando as condições para os ataques de raiva e para o alívio orgânico pela intensificação dos movimentos repetitivos. Apesar de esse fenômeno cerebral ser uma possibilidade de todos nós (pois se trata da resposta orgânica de estresse no corpo), no caso dos autistas esse padrão excitatório do sistema nervoso pode ser mais facilmente atingido, devido à desorganização sensorial que geralmente vem acompanhada de alguma hipersensibilidade a determinados tipos de estímulos exteriores (como texturas específicas ou sons, por exemplo), fazendo-o reagir intensamente a eles; que é quando surgem as estereotipias, tiques e movimentos repetitivos, por exemplo, na tentativa de gerar alívio.

Essa é a razão da importância de os cuidadores saberem distinguir quando a criança está de fato em crise e quando está apenas fazendo birra. Inclusive, a crise/sequestro emocional é algo tão impactante para o organismo da criança que chega a afetar o neurodesenvolvimento dela, podendo também estar relacionada ao perigoso quadro das microconvulsões (comum em 30 a 35% dos autistas), que podem danificar áreas no cérebro da criança e levando a ainda mais atrasos no desenvolvimento.

Como vimos, o autismo corresponde a um quadro de extrema complexidade que exige abordagem multidisciplinar para um tratamento realmente efetivo, isto é, objetivando não somente a questão comportamental e educacional, mas principalmente o desenvolvimento afetivo/emocional e social da criança, que devido à intensidade dos sintomas tende a ficar seriamente prejudicado. Concluímos assim que, para o bom andamento do tratamento, é preciso mais do que identificar sintomas, mais do que constatar estereotipias, mais do que medicamentos, é preciso um olhar rumo à totalidade do desenvolvimento da criança, é preciso um olhar por inteiro.

**Referências**

BOSA, C. A. Autismo: Atuais interpretações para antigas observações. In: *Autismo e educação: reflexões e propostas de intervenção*. Porto Alegre, Brasil: Artmed, 2002.

CANLI, Turhan et al. Amygdala response to happy faces as a function of extraversion. 2002. *Science*, v. 296, n. 5576, p. 2191-2191. Disponível em: science.sciencemag.org/content/296/5576/2191. Acesso em: 20 ago. 2020.

EBERT, M.; LORENZINI, E.; SILVA, E. F. Trajetórias percorridas por mães de crianças com transtorno autístico. 2013. *Biblioteca Lascasas*, v. 9, n. 3, p. 1-21.

GOLEMAN, D. *O Cérebro e a Inteligência Emocional: Novas Perspectivas*. Rio de Janeiro: Objetiva, 2012.

GONZALÉZ, L.; LOPEZ, C.; NAVARRO, D.; NEGRON, L.; FLORES, L.; RODRIGUEZ, R.; MARTINEZ, M.; SABARÁ, A. Características endoscópicas, histológicas e inmunológicas de la mucosa digestiva en niños autistas con sintomasgastrointestinales. 2006. *Archivos Venezolanos de Puericultura y Pediatria*, v. 69, n. 1, p.19-25.

MAHAN, L. K.; STUMP, S. E. KRAUSE. *Alimentos, nutrição e dietoterapia*. 10. ed. São Paulo: Roca, 2002.

NEWSOM, C.; HOVANITIZ, C. A. Autistic spectrum disorders. In: *Treatment of childhood disorders*. 3. ed. Nova Iorque: Guilford Press, 2006. Disponível em: psycnet.apa.org/record/2006-05090-007. Acesso em: 20 ago. 2020.

PEREIRA, A.; PEGORARO, L. F. L.; CENDES, F. Autismo e Epilepsia: modelos e mecanismos, 2012. *J Epilepsy Clin Neurophysiol*, v. 18, n. 3, p. 92-96.

## 25

# NO OLHAR DE UMA PSICOLOGIA INTEGRAL

Quaisquer que sejam as dificuldades adaptativas ou comprometimento da criança com autismo, o fundamental é a compreensão do sentido de suas ações, de seu comportamento. Precisamos olhar para o ser integral da pessoa que está diante de nós. Esse cuidado integral também envolve os pais, que estão em mais íntima relação com a criança.

**NELI MARIA TAVARES**

## Neli Maria Tavares

Psicóloga (CRP-12/2882) e Psicomotricista (SBP-159). Com mais de três décadas de prática clínica. Especialista em Psicomotricidade, Psicologia Integrativa Transpessoal, Psicologia Educacional, Bioenergética, com formações em Eneagrama, Constelação Familiar e Renascimento, entre outras. Autora dos livros *Eneagrama: A Transformação da Gotinha de Orvalho* e *Psicomotricidade de Orientação Transpessoal: Integrando o pensar, o sentir, o intuir e o agir por meio da compreensão da construção do eu.*

**Contatos**
www.espacodoser.psc.br
psicomotricista@hotmail.com
47 99999-3111

O termo "autismo" em si gera dificuldades, tendo em vista que desde o início foi passível de controvérsias por englobar uma série de características e níveis de gravidade. Contudo, se remontarmos à própria origem do termo, em qualquer que seja o caso, a questão do alheamento é uma característica que se apresenta como muito importante. Por influência da psicanálise, o termo autismo sugere afastamento da realidade com predominância de vida interior (Schwartzman, 1995, p. 3). Embora o conceito de autismo tenha sofrido alterações, evoluído e, atualmente, o conhecimento sobre o transtorno do espectro autista seja mais claro, o fato de englobar uma gama bastante variada de níveis de comprometimento e características torna muitas vezes o diagnóstico confuso. Porém, a visão que trago aqui é que, independentemente dos critérios apresentados para o diagnóstico, no olhar de uma Psicologia Integral, a compreensão do Transtorno do Espetro Autista é somente um ponto de partida para o tratamento. Pois, antes de tudo, antes de um "quadro diagnóstico", a priori, estou diante de uma pessoa.

Com uma experiência de mais de três décadas trabalhando com Psicomotricidade (em especial com o Método Aucouturier), com uma boa experiência com crianças autistas e priorizando a compreensão do sentido de suas ações, compreendi que mais importante que olhar para o diagnóstico, ou justificar seu comportamento pelas características que são próprias do quadro que a criança apresenta, é olhar para a pessoa, ou seja, qual criança está diante de mim, e qual a porta de entrada para estabelecer alguma comunicação. O que ela está me dizendo com seu movimento e suas ações? Independentemente do quadro que a criança apresente, estou diante de uma criança, de uma história de vida, de uma história que me é contada a partir da expressão simbólica de seu inconsciente através de seu movimento. Em um espaço seguro do *setting* terapêutico, onde almofadas, colchões, blocos de espuma, entre outros materiais que não possam machucar, a proposta de interação sempre surge a partir de algum movimento que parte sempre da criança.

O fundamental aqui é compreender o que está por trás de um comportamento difícil da criança. A compreensão psicodinâmica da motricidade mostra que o prazer de ser e de pensar é apenas a evolução do prazer da ação. Considera-se que a criança é um ser de impulsividade motora e que, para crescer como ser humano, precisa superar a angústia de perda e a pulsão de destruição. Através da escuta, da acolhida e compreensão do agir da criança, podemos ajudá-la a ultrapassar a impulsividade motora e superar suas angústias.

Então, se torna imprescindível a compreensão do nascimento da ação, a qual tem uma função adaptativa de caráter vital para o ser humano. Como a criança construiu essa ação, vai depender das primeiras interações com a mãe e com o mundo, com o qual ela viveu logo após seu nascimento.

Dessa forma, vamos olhar um pouco para os primeiros meses após o nascimento. Os primeiros 3 ou 4 meses de vida do bebê devem ser considerados como uma gravidez extrauterina. Predomina, nessa fase, as sensações corporais e os ritmos que partem de seu próprio corpo e suas disposições internas. A importância dada às sensações corporais nesse período é fundamental. Pois são esses registros corporais, de sensações "prazerosas ou desprazerosas", desde a fase intrauterina, que vão fundar o esquema corporal e a base de estrutura de uma identidade futura.

A criança reage ao mundo exterior a partir dessas percepções internas, encontrando-se, nesse momento, em um estado simbiótico com a mãe ou o exterior: existe nessa fase um autismo primário normal. Contudo, esse autismo não é absoluto, existem momentos de uma consciência de separação, que, aos poucos, vai preparando a criança para sair desse estado, que é dominado pelas sensações, para estabelecer uma relação emocional e experimentar a consciência do "não-eu"(o outro, os objetos, o mundo). Desenvolvendo a percepção do outro, diferenciado de si. O estabelecimento de um relacionamento emocional com o "outro ou o mundo" como separado ou diferenciado de seu corpo gera na criança tensões ou pressões que ela precisa suportar e, para lidar com isso, é necessária uma boa integração neuromental. Para tal, torna-se fundamental que as primeiras interações (com quem cuida, a mãe e o mundo), sejam satisfatórias, considerando que elas representam o estímulo base para uma vida emocional. Por isso, a importância do útero externo, ou seja, de um "envelope maternante", que proteja a criança dos excessos e estabeleça um diálogo tônico-afetivo harmonioso. O primeiro diálogo da criança com o mundo é um diálogo corporal. Com suas sensações, que se expressam através do seu tônus, ela vai comunicar seus afetos agradáveis e desagradáveis, aos quais a pessoa que cuida da criança deve se ajustar e responder, também com seu tônus e seus afetos. Estas primeiras interações vão influenciar a maneira com a qual a criança desenvolve a consciência do "não eu". Em outras palavras, a maneira como experimenta a diferenciação entre ela e o outro é crucial para seu senso de identidade e suas relações futuras. Pois, ao diferenciar-se do outro, se, em vez de experimentar como diferenciação e sim como separação, gerará angústias de perda e separação que vão impactar o desenvolvimento em diversos níveis.

Essas experiências fazem parte do próprio itinerário de maturação psicológica da criança, sendo necessário que ela os ultrapasse. Contudo, se seu mecanismo neuromental não puder suportar a tensão, o autismo primário, que é normal, pode continuar por um longo período de tempo (interferindo no desenvolvimento psicológico em diversos níveis), levando a criança a manter determinadas características autísticas como mecanismo de defesa a uma experiência intolerável. Por exemplo, algumas características, tais como atividades autossensuais (autoestimulação) ou estereotipias que são intensificadas para preservar a ilusão da fusão ou confusão com a mãe, sendo usadas para evitar modificações vindas de influências exteriores (Tustin, 1984, p. 17).

Na relação de ajuda terapêutica, por meio de sessões de Psicomotricidade de Orientação Transpessoal, mas que tem como base a Prática Psicomotora Terapêutica Aucouturier, nosso olhar se volta para "a pessoa" com todas as suas potencialidades, com todas as possibilidades como ser humano. A partir daí, mais importante que o diagnóstico, é compreendermos o que a criança nos diz com sua ação, seu comportamento. Dessa forma, nessa prática oferece-se à criança um lugar onde possa descarregar sua impulsividade motora sem culpabilidade, o que é essencial ao seu equilíbrio afetivo. Pois, para existir em sua originalidade de criança, para conquistar e construir o mundo, ela necessita viver seu poder através de sua impulsividade motora, que deve ser aceita e reconhecida. A maturação psicológica é indissociável de uma dinâmica de prazer e o brincar, que é ação com fundo de prazer, é um antídoto para a angústia. Assim, a criança é criadora de seus próprios asseguramentos através do seu movimento. O prazer da ação reforça o sentimento de si, e simultaneamente funda a estrutura do ser social responsável e criador. O psicomotricista, sendo um dinamizador da maturação psicológica da criança, parte sempre daquilo que ela pode e sabe fazer, catalisando suas potencialidades.

Vale lembrar aqui que, quanto mais cedo for iniciado o tratamento, mais os danos podem ser minimizados. A diferença entre um transtorno e uma característica própria do indivíduo está no grau de comprometimento adaptativo que traz à pessoa. Sendo importante a percepção das dificuldades da criança o mais cedo possível. No caso do autismo, ao considerarmos o diagnóstico, precisamos observar o comprometimento nessas três áreas: comunicação, comportamento e interação social. O diagnóstico do quadro, do qual a criança é portadora, é um importante ponto de partida para o profissional. Porém, como já mencionado, qualquer que seja o diagnóstico, o mais importante é a escuta e olhar para o ser integral da criança.

Toda criança, através de seu movimento, de suas ações, nos conta a sua história inconsciente, mesmo as mais comprometidas. No brincar ou nas suas ações, o tempo todo, busca-se a leitura do inconsciente, o sentido de seus movimentos. É dessa forma, também, que buscamos encontrar a porta de comunicação de qualquer criança. Há muito mais em uma criança com dificuldades do que o que se mostra no aparente ou nas características que resultam em um quadro diagnóstico. Seu brincar expressa todo um significado inconsciente, como nesse exemplo de uma sessão com F. (4 anos, com um quadro de transtorno do espectro autista Leve, não verbal), mostrando-nos a trajetória difícil que foi chegar a esse mundo. F. nasce e renasce, simbolicamente, inúmeras vezes na sessão, fazendo difíceis passagens entre os blocos apertados (blocos de espuma: material usado na sala de psicomotricidade), com imensa alegria no final, por conseguir fazer as travessias difíceis. O itinerário da vinda para esse mundo, sentido por ele como permeado por angústias e inseguranças, agora é vivenciado e rememorado com um fundo de prazer. Busca, através disso, se assegurar de sua unidade, da representação de si, por inúmeras vezes. Repetindo de forma prazerosa, na segurança do espaço que lhe é oferecido, vai superando suas angústias e abrindo-se para o mundo, conferindo suas potencialidades para enfrentar as adversidades que encontra.

Por meio de seu brincar, que é a ação com fundo de prazer, como quando brinca com o "lobo", simboliza uma ponte buscando equilibrar-se nos blocos ou se lança do alto, lança também seu "eu" no mundo, comunica uma dinâmica inconsciente que, compreendida pelo psicomotricista, consegue estabelecer um diálogo tônico-afetivo, capaz de evoluir. Essas são brincadeiras de asseguramento, em que expressando e vivenciando suas angústias no prazer do jogo, elas podem ser superadas. Sentindo-se seguro, agora também se esforça para expressar-se verbalmente. Isso nos rende prazerosamente uma palavra.

A criança refaz sua jornada, assegurando-se da representação de si e vencendo as inseguranças, angústias registradas no corpo (que não têm um nome, mas são registros corporais com significado). Essa representação de si, simbolizada nessa forma de interação com o mundo e seus objetos, vai lhe permitindo a reconstrução de seu continente psíquico, reestruturando-se por meio de seus próprios recursos internos.

Assim, muitas vezes a partir da evolução de uma ação prazerosa, uma palavra é expressada espontaneamente, evidenciando os ganhos evolutivos. Nesse outro exemplo, podemos perceber outro comportamento muito típico e a importância de compreendê-lo: F. chega para a sessão depois de um mês de interrupção devido a férias e feriados natalinos. No que me avista, grita feliz "oi" (o "oi" acompanhado de meu nome, que é a expressão verbal mais recente que aprendeu). Abro meus braços para recebê-lo e ele se aproxima. Ao chegar junto a mim, vira-se para encostar suas costas em meu corpo. Ação muito típica com crianças muito pequenas, mas, além do segundo ano de vida, é mais frequente com crianças autistas pelo fato de elas demorarem a ter a percepção corporal da parte posterior do corpo (a sensação de algo em si que está ausente, que lhe falta presença). Percebo aí a sua saudade, que minha ausência foi sentida por ele e precisa agora ter a sensação corporal, assim abraço-lhe massageando suas costas, levando-o a sentir que existo, que aí existe algo, tem presença. Meu corpo e meu tônus precisam estar em um diálogo com aquilo que a criança diz com sua ação. Então, como parceiro simbólico, respondo verbalmente, mas sobretudo, corporalmente, àquilo que ela propõe. Ajudar a criança sair de comportamentos repetitivos e alienantes precisa, inicialmente, de encontrar a porta de entrada de comunicação a partir da expressão, do movimento da criança, ao qual o profissional responde também através de seu tônus e toda a sua expressão verbal e corporalmente. Qualquer que seja o comprometimento da criança.

No trabalho terapêutico, tão importante quanto o cuidar da criança é o olhar e o cuidado com os pais da criança. Os pais, que passam a maior parte do tempo com a criança, devem ser orientados a compreender melhor as ações, o significado do comportamento da criança, além de aprimorar a percepção de seu próprio comportamento. Em especial, um olhar amoroso e acolhedor para suas próprias emoções, sendo de fundamental importância que eles cuidem de sua dimensão emocional. O profissional que acompanha a criança deve sempre ter um bom espaço para os pais.

**Referências**

AUCOUTURIER, Bernard. *O método Aucouturier: fantasmas de ação e prática psicomotora*. Tradução de Maria Cristina Batalha. Aparecida: Ideias & Letras, 2007.

SCHWARTZMAN, José Salomão. *Autismo Infantil*, São Paulo: Memnon, 1995.

TAVARES, Neli Maria. *Psicomotricidade de Orientação Transpessoal: integrando o pensar, o sentir, o intuir e o agir por meio da compreensão da construção do eu*. Joinville: Manuscritos Editora, 2019.

TUSTIN, Frances. *Estados autísticos em crianças*. Tradução de Joseti Marques Xisto. Rio de Janeiro: Imago, 1984.

AUTISMO – UM OLHAR POR INTEIRO

# 26

## COMO DIVIDIR A ATENÇÃO ENTRE OS FILHOS SENDO UM DELES AUTISTA

Neste capítulo, abordaremos a difícil rotina e o dia a dia de famílias que têm mais de um filho, sendo um deles portador de necessidades especiais. Como dar atenção para todos? Como deixar todos em sintonia para que não haja ciúmes entre os irmãos? Como fazer que o filho com necessidades especiais também aprenda que o irmão(ã) também precisa de atenção e apoio? Descrevi um pouco da rotina aqui de casa, em que tenho um filho mais velho com 23 anos, dentro do espectro autista, e uma filha de 10 anos. Espero que esse relato ajude e sirva de apoio para outras famílias.

### ANA NOSSACK

## Ana Nossack

Enfermeira graduada pela Puc-Campinas, (1998), graduanda em Pedagogia, Universidade Unuyleya, com pós-graduação em Docência para o Ensino Superior, Centro Universitário Nove de Julho - Univove (2003), Neuroaprendizagem Universidade Unyleya 2019, Neuropsicopedagogia Pós-FG (2019), e Transtorno do Espectro do Autismo, Child Behavior Institute, Miami. 2020. Idealizadora da página De mãos dadas com o autismo, na qual mostra a rotina e conquistas do universo autista. Profere palestras em escolas com o intuito de auxiliar professores a conhecerem mais o universo autista e, assim, poderem trabalhar de maneira mais adequada a inclusão dentro da sala de aula.

**Contatos**
annanossack@yahoo.com.br
Instagram: annanossack_4.5
www.facebook.com/annanossack

Ter filhos não é tarefa fácil para nenhuma família. Aliás, nunca foi. Mas atualmente o perfil das famílias mudou muito: tempos atrás os pais trabalhavam fora e as mães ficavam em casa praticamente o dia todo; e mesmo realizando as tarefas do lar, elas estavam sempre por perto. Hoje, a maioria das mulheres trabalha fora, muitas sustentam suas próprias famílias. Na rotina atual da família moderna é muito difícil dar atenção aos filhos devido à falta de tempo e ao excesso de tarefas que temos. Agora coloque nessa balança mais de um filho e um deles com necessidades especiais. No meu caso tenho um casal de filhos, sendo o mais velho dentro do transtorno do espectro autista (TEA).

É claro que cada família possui as suas particularidades, no caso de ter um filho dentro do TEA, essas particularidades aumentam muito. Devemos, no entanto, levar alguns pontos em consideração:

- O número de filhos de cada família;
- Diferença de idade entre as crianças;
- Se o filho com necessidades especiais é o mais velho ou o mais novo;
- Nível de compreensão dos pais, se estes estarão abertos a buscar ajuda psicológica e neuropsicopedagógica caso seja necessário. Muitos pais não aceitam as diferenças entre os filhos e tratam todos os comportamentos como manha ou dão muita atenção para um filho e para o outro não;
- O grau em que o filho autista está. Vale lembrar que nos diferentes graus (leve, moderado ou grave) o autismo possui diferentes características e com os estímulos adequados o filho autista terá grandes progressos que ajudarão muito no convívio entre os irmãos.

Aqui em casa tivemos sorte: temos o João de 23 anos, autista moderado com deficiência intelectual moderada e a Giovana de 10 anos. O João é um autista muito tranquilo, tem alguns períodos de agitação (pula, grita de alegria), mas em hipótese alguma fica agressivo e, apesar de ser 13 anos mais velho, tem na irmã um ponto de apoio e segurança.

Existem atividades do dia a dia que os dois fazem juntos em casa, mas, como todo autista, o João precisa ficar no seu cantinho tranquilo assistindo os desenhos e ficando com seus bonecos. Ele tem uma boneca da Lala dos *Teletubbies* que ele adora. Todos nós precisamos de algum tempo a sós também, não é mesmo?

Procuramos manter a individualidade de cada um, não esquecendo a importância do convívio entre os irmãos.

Até o ano passado os dois estudavam no período da tarde. O João frequenta a APAE à tarde e no período da manhã faz atividades esportivas no PEAMA (Programa de Atividades Físicas Adaptadas) aqui em Jundiaí. Então, a Gigi ia comigo e ficava esperando o irmão fazer as aulas dele, as atividades extracurriculares dela são em dias em que ele não tem atividade, e o balé, que ela segue desde pequenininha, é na parte da noite. Acontece que a Gigi está crescendo e a escola está exigindo mais agora: mais provas, mais trabalhos, maior quantidade de matéria para estudar e, durante as aulas do irmão, estava ficando muito difícil para ela focar nos estudos. Gigi se empolga com o irmão: quer ver ele na bicicleta, no caiaque etc. Além disso, ela está na fase pré-adolescente e tem horas que é super menininha, outras é super mocinha. Então, esse ano optamos por colocá-los em horários diferentes na escola: o João continua a tarde na APAE e a Gigi passou a estudar de manhã.

Então nossa rotina passou a ser assim:

De manhã a Giovana vai para a escola e a mamãe acompanha o João em suas atividades. A atenção é exclusiva para ele.

De tarde o João vai para a APAE e a Gigi fica com a mamãe, que a acompanha em suas atividades. A atenção é toda para ela.

A nossa maior preocupação era com a mudança da rotina da Gigi, pois tínhamos medo de que ela não se adaptasse ao novo horário, já que ela sempre estudou no período da tarde, então sempre acordava tarde. Mas, graças a Deus, a mudança está dando certo! A Gigi adaptou-se muito bem ao novo horário e a nova escola. Apesar de ser uma escola nova para ela, tem muitas amigas da Gigi que estudam lá, o que facilitou a adaptação.

No caso do João, comecei a dar o remédio dele mais cedo (ele tem que tomar remédio, caso contrário não dorme de jeito nenhum). Para que a rotina dele dê certo, temos que ser rigorosos com os horários. O planejamento da rotina semanal é extremamente importante para que o dia de ambos seja produtivo, mas não se torne cansativo. O João, ao contrário da maioria das pessoas, que quanto mais atividades faz mais se cansa, se tiver um dia muito agitado, pode ficar agitado no período da noite também. A Gigi é a mesma coisa: se tem muitas atividades de dia, fica agitada à noite. Com o passar dos anos fomos aprendendo a equilibrar estímulos e descanso dos dois.

Quanto menos tempo ocioso, melhor para o João. Ele faz uma atividade física por dia e tem aulas na escola de educação especial da APAE todos os dias. O autista deve ser sempre estimulado, caso contrário poderá ocorrer uma regressão em seu comportamento e em sua aprendizagem. Os estímulos devem ser para a vida toda.

Mesmo seguindo nossa rotina, o João tem dias em que está mais agitado. Esse ano a professora dele na APAE é muito prestativa, passa tarefas para ele fazer em casa, dá sempre um *feedback* do que está fazendo em sala de aula com ele, passou na agenda todas as atividades que são dadas durante a semana e o que será trabalhado com ele durante esse primeiro semestre. Trabalhar em conjunto com a professora da APAE é muito importante.

Tudo ia muito bem até que veio o surto de coronavírus (enquanto eu escrevo esse texto, está havendo uma pandemia causada por um vírus muito forte chamado Covid-19). Como esse vírus ataca de maneira muito intensa o aparelho respiratório, foi necessário que toda a população mundial fizesse isolamento social. Aqui na minha cidade não foi diferente, moro em Jundiaí, estado de São Paulo; logo, nada de escolas: apenas profissionais de serviços essenciais estão sendo liberados para trabalhar; pessoas idosas, as mais propensas a pegar o vírus, devem ficar em isolamento.

Com isso, meu marido está trabalhando em regime de *home office* – eu já trabalho em *home office*, então para mim não fez diferença –, a Gigi está tendo aulas *on-line* e o João está sem a APAE, ou seja, mudança total de rotina. Foi necessário que eu montasse um esquema de atividades para que ele não ficasse perdido e agitado com a nova situação. O problema do João é que, se deixarmos, ele passa o dia na frente da televisão, e ficar em casa o tempo todo é praticamente um convite para isso. A estratégia, então, foi seguir a rotina da APAE aqui em casa: de manhã ele até assiste um desenho, mas das 13h às 17h, que é o horário da de lá, eu desligo a TV e procuro seguir o programa de aulas. Como moramos em uma casa com quintal grande, fica fácil de darmos atividades motoras para ele: fizemos circuitos de psicomotricidade, pintamos, montamos quebra-cabeças, tudo o mais parecido possível com a APAE. Mesmo assim, é necessário, uma vez ao dia pelo menos, darmos uma voltinha de carro com ele e uma voltinha no quarteirão, se não ele fica muito, muito agitado.

Para montar o circuito de psicomotricidade, usei coisas que já temos em casa, como baldes, uma escada de madeira (utilizada na horizontal), cesto de roupas vazio (usamos de alvo para a bola), garrafas *pet* vazias para obstáculos, desenhos com fita crepe no chão viram uma estrada etc. Não é que o João gostou de realizar os circuitos? Cada dia fazemos atividades diferentes, assim vamos conseguindo passar por tudo isso.

Dar atenção para o João e a Giovana acaba sendo o menor dos problemas, pois conseguimos dividir bem e o João é muito tranquilo, o que ajuda e bastante. O mais importante nisso tudo é a rotina de atividades dos dois, mantendo uma agenda organizada de deveres escolares, atividades fora da escola e até a mamãe tem que ter uma rotina da organização da casa: assim tudo flui bem.

Caso um filho esteja precisando de mais atenção, seja por um dever da escola, seja uma apresentação de balé, vá, dê atenção necessária, sempre explicando que é importante para o(a) outro(a) irmão(ã) receber apoio neste momento. Os irmãos devem entender que são amados e que é muito importante valorizarmos nossas conquistas e também as conquistas em família.

# 27
# A INSERÇÃO INCLUSIVA DOS ALUNOS AUTISTAS NO CONTEXTO EDUCACIONAL

A inserção do aluno autista nas escolas regulares demonstra uma preocupação da família e dos educadores que irão ter que lhe dar diretamente com esse aluno. A insegurança em torno das expectativas que envolvem a inserção pedagógica e o objetivo da aprendizagem aliado às características existentes no transtorno do espectro autista nos convidam a uma reflexão para promover uma inserção inclusiva.

## PRISCILA SORRENTINO

## Priscila Sorrentino

Nascida e residente em São José dos Campos-SP. Graduada em Pedagogia, Pós-graduada em Psicopedagogia Institucional e Clínica e em Neuropsicopedagogia Institucional e Clínica, também é Especialista em Alfabetização e letramento e Especialista em Educação Especial e Inclusiva. Possui diversos cursos na área educacional e de neurociências aplicada a Educação. Fundadora do Espaço Aprendiz onde atua como Psicopedagoga e oferece Assessoria em Educação Especial e Estratégias de Inclusão para Instituições Escolares, profissionais da educação e pais. Professora da Rede Municipal de São José dos Campos/SP, onde engloba experiências nas áreas de Alfabetização, Atendimento Educacional Especializado (AEE) – sala de recursos e atualmente como professora no eixo de matemática criativa.

**Contatos**
www.espaçoaprendiz.com
priscilasorrentino2102@gmail.com
Instagram: @psico.priscila.sorrentino
Facebook: Priscila Sorrentino – Neuropsicopedagoga/Psicopedagoga
12 98211-5543
12 98234-1617

## A inserção

> *Acreditar na capacidade de aprender de todos os alunos, sem exceções, é o que está por detrás de toda ação educacional que se propõe alcançar resultados legítimos, autênticos, em qualquer nível de ensino.*
> **Mantoan**

Primeiramente, é de extrema importância salientarmos que, embora o aluno autista possua um laudo do qual se resulte em transtorno do espectro autista, não devemos utilizá-lo como premissa deste aluno. A saber, antes de ser um autista ele é o "João" ou a "Maria": não os rotular ou estigmatizar é o primeiro passo para promovermos a inclusão/inserção no ambiente educacional. Assim, não tornando o laudo o mais importante e promovendo uma banalização da identidade dessa criança.

Isso conscientiza a comunidade escolar como um todo (gestores, funcionários, educadores, alunos e seus familiares) a entender que independentemente de o aluno possuir um laudo com características que apontem uma diferenciação orgânica e neurobiológica, nada disso o torna somente um autista. Ele é o "João" ou a "Maria" que possui características especiais.

Em seguida, é essencial a compreensão de que o aluno autista é um ser aprendente, portanto, se faz jus estar inserido no espaço que promova a aprendizagem, pois ele é capaz de aprender, mesmo que precise de estratégias diferenciadas, planejadas e refletidas a partir de suas características e peculiaridades.

## Intervenções educacionais visando à inclusão

Atualmente, a intervenção educacional tem apresentado impactos positivos no processo de aprendizagem, ampliando o desenvolvimento e a participação do aluno autista. Porém, encontram-se muitas divergências em relação aos modelos, técnicas e alternativas mais apropriadas ao processo educativo. Entretanto, os programas educacionais podem até serem diferentes em algumas áreas, mas estabelecem semelhanças nos objetivos. Entre elas estão: o desenvolvimento social e cognitivo, comunicação verbal, capacidade de adaptação e resolução de comportamentos atípicos e indesejáveis.

Em relação aos diversos métodos existentes, há três extensos grupos, que evidenciam suas propostas com base nos resultados já obtidos (evidências).

São eles:
- **Terapia de análise aplicada de comportamento:** mais conhecida com a sigla ABA (*Applied Behavior Analysis*), que tem como hipótese primária uma mudança de comportamento do indivíduo, minimizando os comportamentos que não se enquadram sociavelmente.

Segundo Duarte et al. (2018), o ABA tem como objetivos:

> Ampliar repertório comportamental do indivíduo, paralelamente diminuir a frequência e/ou intensidade de comportamentos indesejáveis ou pouco adaptativos. Os comportamentos, tidos tanto como adequados quanto inadequados, são desencadeados por eventos específicos e mantidos por suas consequências. Para alcançar esses objetivos é necessário manejo das variáveis antecedentes e das consequências, o que exige conhecimento teórico, capacitação e experiência profissional. (DUARTE et al., 2018, p. 7)

- **Os métodos focados no desenvolvimento:** têm como base o processo fundamental do desenvolvimento, utilizando como referência social e autopredileção. Têm como objetivo crescimento emocional, social e cognitivo.

Os métodos que englobam as teorias do desenvolvimento são os *Floor Times* e o de intervenções de Desenvolvimento de Relações, reconhecido pela sigla RDI.

O modelo *Floor Times* foi apresentado pelo Stanley Greenspan, que propôs que os pais e os terapeutas (incluindo os educadores) se coloquem junto aos alunos autistas e tentem reproduzir o que estão fazendo, para então poder intervir melhorando as capacidades sociais, de comunicação e emocionais desses indivíduos.

Greenspan, em seu estudo, relata que os indivíduos com autismo teriam déficit de processamento, o que causaria um "lapso" das conexões entre afeto e intenção, comprometendo as capacidades de processamento auditivo, planejamento motor e a capacidade de comunicação.

Nesse método apresentado por Greenspan, se evidencia que as capacidades básicas a serem desenvolvidas com sua aplicação incluem a atenção, intensidade afetiva, comunicação social e resolução de problemas, comunicação gestual, uso de símbolos de ideias e o uso abstrato de ideias.

- **Ensino estruturado:** conhecido como TEACCH (*Treatment and Education of Autistic and related Communication – handicapped Children*), traduzindo o termo temos a seguinte definição "Tratamento e Educação para autistas e crianças com déficits relacionados com a comunicação". O TEACCH baseia-se na adaptação do ambiente, facilitando a compreensão do indivíduo no meio em que está inserido.

Os princípios de ensino estruturados foram estabelecidos por Schopler e colaboradores na divisão TEACCH, na Carolina do Norte. Combina estratégias cognitivas e comportamentais, com ênfase em procedimentos com base em reforço para a modificação de comportamento e em propiciar intervenções e déficits de habilidades que possam estar subjacentes e comportamentos inapropriados. Esse programa parte do princípio de que crianças com autismo têm uma interação diferente de crianças típicas e que o entendimento dessas diferenças proporciona a criação de programas para melhorar o seu potencial de aprendizagem. O programa tenta enfocar as capacidades visoperceptivas de crianças com autismo e tem um papel importante no desenvolvimento de medidas diagnósticas que usam métodos de integração, bem como na proliferação dos sistemas visuais para essa população especial. Pelo menos um estudo demonstrou benefícios no desenvolvimento de pré-escolares que recebem instruções com base no método TEACCH em casa, quando comparados com um grupo-controle (ROTTA, 2006, p .431).

Embora essas três abordagens sejam as mais adeptas para trabalhar com os indivíduos com autismo, elas exigiriam um trabalho multidisciplinar no qual a família, terapeutas e os educadores necessitariam "andar juntos", ou seja, conhecer e denominar a teoria adepta à estimulação do indivíduo. Caso isso não seja possível de realizar, por inúmeras razões, como até mesmo o não conhecimento e direcionamento das famílias quanto a essas abordagens, podemos adaptar a abordagem, estimulando e inserindo no contexto educacional. De acordo com Gillberg (2005), é necessário estabelecer o ambiente mais favorável possível a esses indivíduos, melhorando assim suas possibilidades educativas.

Tendo como finalidade as adaptações educacionais, Gillberg (2005) propôs aos profissionais da educação as seguintes sugestões:

- Aplicar diversidade de abordagens e intervenções.
- Ampliar informações acerca do autismo.
- Promover ao aluno assistência individualizada.
- Promover atendimento sistemático, amplo e pervasivo.
- Propiciar atividade física. Além de outros benefícios, tem efeito comprovado de reduzir hiperatividade e autoagressão.
- Oferecer dicas visuais e concretas de comunicação com o aluno, minimizando ambiguidades e interpretações simbólicas.
- Associar a comunicação verbal a outras linguagens: comunicação por figuras e língua/linguagem de sinais.
- Reduzir estímulos sensoriais: barulho, sons, cheiros etc.
- Criar e compartilhar espaços de aceitação e inclusão social.
- Propiciar intervenção educativa.
- Aceitar o aluno sem querer "normatizá-lo".

Cabe salientar que os alunos autistas apresentam dificuldades em transformar os seus impulsos em ações apropriadas, assim como também apresentam dificuldades em criar métodos e ordenar o que fazem, se beneficiando de uma educação estruturada (GAMMELTOFT; NORDENHOF, 2007).

Portanto, Dyrbjerg e Vedel (2007) consideram a organização da estrutura física um ponto importante a ressaltar na intervenção com os alunos autistas. Reforçam que um ambiente estruturado ajudaria esse indivíduo a compreender seu entorno.

O mesmo vale para os eixos de interesse do aluno autista. Definindo as áreas a serem trabalhadas e priorizando os objetivos, os eixos de interesses vão se ampliando e até se modificando conforme os objetivos vão sendo alcançados.

Segundo os estudos de Gardner (1994), as inteligências humanas possuem múltiplas facetas e competências particulares de cada ser, essas singularidades são constituintes de uma parte das habilidades que dão existência à inteligência.

Essas diversas faces da inteligência são nomeadas por Gardner (1994) da seguinte maneira:

- **Inteligência linguística:** possuir domínio da linguagem e expressão, como comunicação oral, escrita e gestual.
- **Inteligência musical:** capacidade de tocar instrumentos, identificar, ler e compor peças musicais com facilidade.
- **Inteligência lógico-matemática:** capacidade de criar e entender padrões, fazer sistematizações e resolver problemas matemáticos.
- **Inteligência visual-espacial:** capacidade de observar o mundo, objetos, espaços e projetos em diferentes perspectivas.
- **Inteligência corporal-cinestésica:** potencial para usar o corpo para resolver problemas, expressar sentimentos, conceitualizar ligações espaciais e recriar experiências visuais.
- **Inteligência interpessoal:** capacidade de compreender intenções, palavras, gestos, desejos dos outros e assim se relacionar bem em sociedade.
- **Inteligência intrapessoal:** capacidade de usar o entendimento sobre si mesmo e se controlar internamente para alcançar certos fins.

Esse breve entendimento em torno da teoria das inteligências múltiplas tem como intuito esclarecer que o trabalho partindo do eixo de interesse do aluno, da valorização de suas habilidades particulares e interesses torna-se um aprendizado significativo e envolvente para o aluno autista, pois partirá da sua zona de conforto e de suas possibilidades.

> O eixo de interesse como um caminho, uma ponte para as experiências de aprendizagem mediada pelo professor junto ao seu aprendiz com autismo, necessita ser explorado de forma consciente, de modo que o professor perceba o potencial desse fator motivador para seu processo de aprender. (ORRÚ, 2016, p. 220)

Contudo, as intervenções educacionais devem abordar múltiplas áreas de desenvolvimento como a linguagem, cognição, comportamento social, as capacidades motoras e de autocuidado, desde que sejam intervenções realizadas sistematicamente, com longa duração e sequência diária.

As estratégias educacionais devem ter por finalidade resultados efetivos que amplie e ressignifique diversas habilidades do aluno autista, dentre elas:

- **Habilidades básicas:** fixar a atenção, seguir comando verbais simples, imitação, identificação de objetos etc.
- **Habilidades comunicativas:** responder a perguntas, conversar (autista verbal), utilizar comunicação alternativa, como linguagem de sinais, pecs etc. (não verbal).
- **Habilidades acadêmicas:** discriminar cores, formas, tamanhos, letras, ler, escrever etc.

- **Habilidades de higiene:** lavar as mãos, treino de toalete, escovar os dentes, usar talheres etc.

Evidentemente, o efetivo sucesso dessas habilidades está relacionado às particularidades de cada aluno autista. Mas o que deve ser considerado são as situações a partir de estratégias planejadas com caráter intencional que ofertem estimulações para um fim. Ou seja, o ambiente educacional deve proporcionar diversas possibilidades, partindo do pressuposto de que todos os alunos autistas são capazes de aprender, cada qual a sua maneira, recebendo um programa de intervenções com ações intensas, duradouras e sistematizadas.

## Referências

DUARTE, C. P.; COLTRI, L. S.; VELLOSO, R. L. *Estratégias da análise do comportamento aplicada para pessoas com transtorno do espectro do autismo.* São Paulo: Memnon Edições Científicas, 2018.

GAUDERER, Christian. *Autismo e outros atrasos do desenvolvimento: guia prático para pais e profissionais.* 2. ed. Revisada e Ampliada, Rio de Janeiro: Revinter, 1997.

GILLBERG, C. *Transtornos do Espectro do Autismo.* Palestra no INCOR, São Paulo, 2005. Tradução: DIAS, I. S.; CARMELLI, B.; MELLO, M. S. R. Disponível em: Acesso em: 27 dez. 2019.

ORRÚ, S. E. *Aprendizes com autismo: aprendizagem por eixos de interesse em espaços não excludentes.* Petrópoles. RJ: Vozes, 2016.

OZONOFF, S.; ROGERS, S. J.; HENDREN, R. L. *Pertubações do espectro do autismo: perspectivas da investigação actual.* Lisboa: Climepsi Editores, 2003.

RODRIGUES, Leandro. *Autismo: método ABA ou método TEACCH?* 2017. Instituto Itard. Disponível em: institutoitard.com.br/autismo-metodo-aba-ou-metodo-teacch. Acesso em: 27 dez. 2019.

ROTTA, N. T.; OHLWEIR, Lygia; RIESGO, R. dos Santos. *Transtornos da Aprendizagem, abordagem Neurobiológica e Multidiscliplinar.* Porto Alegre: Artmed, 2006.

# 28

# A INCLUSÃO COM A MEDIAÇÃO ESCOLAR: UMA VIA ADEQUADA PARA O SENSO DE PERTENCIMENTO SOCIAL DAS PESSOAS COM DEFICIÊNCIA (PCDs)

O artigo tem por escopo apresentar a Lei Brasileira de Inclusão Social, o Instituto da Mediação no âmbito escolar para promoção da inclusão e o senso de pertencimento social. Mostrar a importância da Lei de Mediação e da LBI, para fomentar práticas inclusivas e restaurativas na sociedade, com a atuação conjunta e colaborativa dos profissionais da educação, pais, estudantes e do Estado.

**GLICÉRIA MARTINS CLETER E TITO LÍVIO DE FIGUEIREDO**

## Glicéria Martins Cleter

## Tito Lívio de Figueiredo

Especialista em Conciliação, Mediação e Arbitragem pela UNICSUL/2020; Pós-Graduanda em Advocacia Tributária pela ESA/OAB e FUMEC; Bacharela em Direito/UNIVERSO; Mediadora; Escritora na área de Solução de Conflitos: "Visões Constitucionais Interdisciplinares"(CAEDJUS/CRFB+30), Ed. Multifoco; "Leituras de Solução de Conflitos"(CAEDJUS/19) e "Educação e Direitos Humanos"(CAEDUCA/19), Ed. Pembroke Collins.

**Contatos**
guicleter01@hotmail.com
Instagram: @gliceriacleter
LinkedIn: bit.ly/3p574vO
Lattes: lattes.cnpq.br/8665331543751942

Doutorando em Ciências Jurídicas pela UMSA (Universad Del Museo Social Argentino); Pós-Graduação em Gestão Ambiental e Empresarial pela IEC (Instituto de Educação da Continuada) da PUC/MG; Advogado certificado na Mediação pela OAB/MG e ICFML (Instituto de Certificação e Formação de Mediadores Lusófonos) e IMI (Instituto de Mediação Internacional); Escritor de livros.

**Contatos**
titolivio70@gmail.com
LinkedIn: bit.ly/3qvBvLR

## Glicéria Martins Cleter e Tito Lívio De Figueiredo

### Introdução

*Na minha civilização, aquele que é diferente de mim não me empobrece; me enriquece.*
Antoine de Saint-Exupéry

A inclusão social é uma questão necessária, relevante e atual na nossa sociedade, que está enfrentando muitas dificuldades para ser, de fato, promovida pelo Poder Público brasileiro, e isso se torna mais difícil no ambiente escolar. As escolas não possuem acessibilidade, profissionais capacitados (tecnicamente e profissionalmente), e os instrumentos pedagógicos necessários para promover a inclusão das pessoas com deficiência (PCDs). Com a falta de uma equipe multidisciplinar nas escolas, o descaso do Estado, dos gestores, professores, pais, o "preconceito" arraigado (dentro e fora das escolas), e ainda os conflitos-crimes, como exemplo o *bullying*, surgem diversos problemas no ambiente escolar, principalmente aqueles envolvendo as PCDs (Pessoas com Deficiência), como exemplo: maus-tratos às crianças autistas, recusa de matrículas por parte dos gestores escolares, falta de professores capacitados, agressões físicas, verbais (praticadas por *bullies*, e até por professores) etc.

### O que é inclusão? Quais as formas de garanti-la para que as PCDs (pessoas com deficiência) tenham o sentimento de pertencimento social?

Incluir não é aceitar; a inclusão social é fazer com que a pessoa se sinta como parte da sociedade num todo, ou seja, incluir é promover e desenvolver um senso de pertencimento dentro de cada pessoa, na sociedade à qual pertence/convive por meio da sua colaboração, respeitando suas diferenças, individualidades, limitações, crenças, gostos, ideologias etc., fazendo com que essa pessoa se sinta útil, profícua, responsável, e valorizada como ser humano dentro dessa sociedade (como parte elementar), ao contribuir para o seu desenvolvimento, crescimento e organização social.

### A Lei Brasileira de Inclusão Social (LBI) como instrumento eficaz para proteção e promoção dos direitos das pessoas com deficiência (PCDs)

A *Lei Brasileira de Inclusão Social* (LBI), popularmente conhecida como *Estatuto da Pessoa com Deficiência* (Lei n. 13.146, de 06 de julho de 2015), possibilitou uma maior autonomia, acessibilidade, mobilidade e educação para as pessoas com deficiência e oportunidades de trabalho, cultura e lazer para que essas PCDs, que outrora eram excluídas da sociedade civil, tenham dignidade humana, melhor qualidade de vida e exerçam seus direitos (civis e políticos) em condições de igualdade com as demais pessoas (sem deficiência), construindo, dessa forma, nas pessoas com deficiência (PCDs), um senso de pertencimento social por meio da inclusão, com o respeito às suas diferenças, limitações e individualidades.

**A mediação escolar: uma ferramenta adequada para a promoção dos direitos das pessoas com deficiência e solução de conflitos**

A mediação de conflitos é realizada por um terceiro neutro e imparcial, capacitado tecnicamente e profissionalmente, para facilitar o diálogo entre as partes envolvidas no conflito, tendo o mediador como o seu primeiro papel resgatar a comunicação outrora perdida por estas (partes) e estimulá-las a encontrarem por si mesmas uma solução consensual (pacífica) que seja satisfatória para ambas na controvérsia. A mediação é pautada nos princípios básicos: imparcialidade do mediador; isonomia entre as partes; oralidade; informalidade; autonomia da vontade das partes; busca do consenso; confidencialidade (sigilo); boa-fé; confiança; neutralidade; empoderamento; entre outros (vide art. 1°, parag. Único, e art. 2°, da Lei de Mediação - Lei n. 13.140, de 26 de junho de 2015).

Conforme Alvaro Chrispino, Celia Bernardes, Lidercy Aldenucci e Olivia Meurer (2016, p.559-560):

> A Mediação de Conflitos foi levada para o âmbito escolar na década de 1980, nos Estados Unidos. Hoje, é uma prática que ganhou escolas do mundo todo. Os projetos de Mediação Escolar, que também no Brasil vão ganhando espaço, respondem não apenas às necessidades das instituições de ensino, mas sobretudo às exigências de um mundo contemporâneo cada vez mais complexo, multicultural e pluriétnico, no qual é preciso ser capaz de identificar denominadores comuns para possibilitar o convívio pacífico entre pessoas e nações.

**Pessoas com deficiência, especialmente com autismo (TEA – transtorno do espectro autista), e os seus direitos à educação inclusiva**

O autismo ou TEA (transtorno do espectro autista) é considerado um transtorno Global do Neurodesenvolvimento, que afeta principalmente o comportamento e a interação social do autista com as outras pessoas. Autismo não é doença. Portanto, não há que se falar em cura (pessoas autistas não podem ser curadas) por ser uma condição humana que acompanhará a pessoa para toda a sua vida.

Dessa forma, o diagnóstico é para o controle do TEA, pois, como já dito, não é doença, e deve ser feito em cada caso concreto por um profissional especializado (em autismo de alta funcionalidade)[1].

---

[1] A série *The Good Doctor* (*O bom doutor*) mostra um jovem médico, Shaun Murphy, com autismo, trabalhando em um hospital, abordando os desafios que enfrenta como residente e as suas habilidades extraordinárias para realizar diagnósticos e cirurgias eficazes nos pacientes que chegam as suas mãos. A autora Glicéria Martins Cleter ressalta a sua admiração pelo jovem ator Freddie Highmore e pela série do gênero drama médico que mostra a importância da inclusão social.

No que se refere ao direito à educação das pessoas com deficiência, se dará, preferencialmente, por profissionais especializados na rede regular de ensino conforme o Art. 208, III, da CRFR/88 e o Art. 27, da LBI, que assegura a oferta a um Sistema Educacional Inclusivo em todos os níveis de aprendizado para as pessoas com deficiência ao longo da vida, em consonância com o Art. 54, III, do ECA, e o Art. 24, 1, a, b, c, da CDPD.

Pais sofrem com a recusa das escolas em aceitar os filhos autistas como estudantes, e os gestores escolares (diretores) acabam sempre inventando a desculpa de que: "não há vagas"; demonstrando claramente o descaso das instituições de ensino com as pessoas com deficiência (PCDs) em fazer cumprir o que determina a LBI[2]. Outrora as escolas "até aceitavam a matrícula", mas deixavam o aluno autista sem o profissional de "apoio escolar" (professor mediador) garantido pela LBI.

**Conclusão**

É preciso promover o senso de pertencimento social entre os estudantes (crianças e adolescentes) com a sociedade em geral através do respeito às diferenças, da valoração do indivíduo, da identificação de suas necessidades e interesses; e a ferramenta mais adequada para essa promoção é através da instituição da mediação de conflitos nas escolas, para que os "mediadores" (facilitadores dos diálogos) e os "professores mediadores" (profissionais de apoio escolar), ambos capacitados (tecnicamente e profissionalmente em mediação), possam buscar alternativas conjuntas para prevenir, resolver, reparar ou transformar os conflitos.

O professor mediador é de responsabilidade exclusiva da escola a sua contratação e não pode, no caso de instituição de ensino privada, cobrar nenhum valor adicional dos pais na mensalidade para que ele seja oferecido ao aluno, tampouco em demais serviços realizados por outros profissionais especializados para cumprir, assim, o projeto pedagógico escolar com as devidas práticas inclusivas.

Não é somente construir rampas! Mas é construindo condições de trabalho, mobilidade, lazer, cultura e educação. Nem somente aceitando a matrícula das pessoas com deficiências nas escolas, mas colocando profissionais (gestores, coordenadores e educadores especializados), como exemplo, um professor mediador para ajudá-las a facilitar sua convivência e aprendizado dentro do estabelecimento de ensino, para que possam se relacionar com as demais pessoas sem deficiências de forma tranquila, colaborativa, sem constrangimentos e nem sentimentos de inferioridade ou inutilidade.

Portanto, utilizar a inclusão social com a mediação escolar oportuniza que as pessoas sejam escutadas ativamente nas suas angústias, inquietações, insatisfações, dores, ou seja, nos conflitos inerentes e comuns, que são naturais da condição humana. Deficiência não é sinônimo de incapacidade; pessoas com deficiência

---

[2] Os termos Portadores de Necessidades Especiais (PNE) e Portadores de Deficiência (PDD) não existem mais, não são mais aceitos pela Comunidade Internacional. O termo agora mundialmente a ser utilizado é Pessoas com Deficiência (PCDs), que poder ser: crianças com deficiência, adolescentes com deficiência, adultos com deficiência e/ou idosos com deficiência, ou seja, todos são pessoas e devem/merecem ser respeitados na sua condição humana e capacidade civil fática.

podem: trabalhar, praticar esportes, estudar, se casar, ou seja, têm os mesmos "direitos à uma vida plenamente feliz", como quaisquer outras pessoas[3]!

Conforme Glicéria Martins Cleter, e Tito Lívio de Figueiredo (autores do presente capítulo):

> A "comunicação e a função participativa" dos pais, professores e escolas de forma conjunta e contínua na formação educacional e socialização das crianças e adolescentes para fomentar a conscientização, o respeito, a aceitação das diferenças e a cidadania dentro e fora das escolas são uma das formas de enfrentamento às violências mais eficientes. E a mediação escolar exerce um papel social fundamental para (re)estabelecer esse diálogo construtivo e colaborativo entre todos os envolvidos na formação educacional do indivíduo (pais, educadores, crianças e adolescentes). (CLETER e FIGUEIREDO. 2020, p. 193)

A inclusão deve ser feita por meio de todos os agentes sociais, através de políticas públicas participativas, programas e projetos educacionais, culturais, de esportes, acessibilidade e mobilidade, integrando as pessoas com (e sem) deficiência com a sociedade brasileira e o mundo.

Jesus foi considerado um grande médico; exemplo de inclusão social (Mc 7, 31-37)[4].

**Referências**

Bíblia Sagrada da Igreja Católica (e de outras religiões diversas).

BRASIL. *Constituição da República Federativa do Brasil* (CRFB), de 5 de outubro de 1988.

BRASIL. Decreto n. 6.949, 25 de agosto de 2009. Convenção Internacional sobre os Direitos das Pessoas com Deficiência e seu Protocolo Facultativo assinados em Nova York em 30 de março de 2007 (CDPD).

BRASIL. *Estatuto da Criança e do Adolescente.* Lei n. 8.069, de 13 de julho de 1990.

BRASIL. *LBI (Lei Brasileira de Inclusão da Pessoa com Deficiência ou Estatuto da Pessoa com Deficiência.)* Lei n. 13.146 de 6 de julho de 2015.

BRASIL. *Lei de Mediação*. Lei n. 13.140, de 26 de junho de 2015.

---

[3] Carlos Roberto Lauton (vulgo Carlinhos) é um exemplo de pessoa com deficiência física (paraplégico). Trabalha há quase 30 anos na Biblioteca Municipal Tancredo Neves na cidade de Carlos Chagas/MG como bibliotecário. É sempre gentil e atencioso com todos os estudantes, professores e visitantes, mantendo os livros sempre muito organizados (lembro-me ainda criança, ele subindo no seu banquinho para procurar o livro na prateleira, quando ia pesquisar na antiga biblioteca). A nova biblioteca foi construída em um prédio, e infelizmente, ainda não tem acessibilidade; ele (Carlinhos) exerceu seu trabalho por mais de 10 anos subindo, se arrastando pela escadaria para o segundo andar, mesmo condicionado a uma cadeira de rodas, com todas as limitações e dificuldades, exerceu o seu labor com dignidade e não desistiu diante da falta de acessibilidade no local de serviço. Como amiga e admiradora, a autora Glicéria Martins Cleter dedica esse artigo ao Carlinhos, pelo grande homem e seu exemplo de superação. Ambos nasceram na cidade Carlos Chagas/MG, e sempre trabalharam e trabalham em prol de uma educação emancipadora e inclusiva.

[4] Bíblia Sagrada.

BRASIL. *Lei do Programa de Combate à Intimidação Sistemática (Lei do Bullying)*. Lei n. 13.185, de 6 de novembro de 2015.

BRASIL. *Lei do SINASE* (Sistema Nacional de Atendimento Socioeducativo-Lei n. 12.594/12) e a Resolução SE n. 01/2011 da Secretaria de Educação do Estado de São Paulo.

*CARTA DAS NAÇÕES UNIDAS*, de 24 de outubro de 1945.

*CARTILHA DIREITOS DAS PESSOAS COM AUTISMO*, 2011. Disponível em: revistaautismo.com.br/CartilhaDireitos.pdf. Acesso em: 29 mar. 2020.

CHRISPINO, Alvaro; BERNARDES, Celia; ALDENUCCI, Lidercy; MEURER, Olivia. Mediação escolar: uma via para a convivência pacífica. Vários autores. ALMEIDA, Tânia; PELAJO, Samantha; JONATHAN, Eva (Coordenadoras). *Mediação de conflitos: para iniciantes, praticantes e docentes*. Salvador: Ed. JusPodivm, 2016.

CLETER, Glicéria Martins; FIGUEIREDO, Tito Lívio. A Comunicação não violenta (CNV), a mediação escolar, e a justiça restaurativa: um caminho adequado para se construir a cultura da paz nas escolas e sociedade. Apresentado no Congresso Internacional de Altos Estudos em Educação (CAEDUCA/2019). *Educação e Direitos Humanos*. Rio de Janeiro: Editora Pembroke Collins, 2020.

DECLARAÇÃO UNIVERSAL DOS DIREITOS HUMANOS (DUDH), de 10 de dezembro de 1948. Disponível em: unicef.org/brazil/pt/resources_10133.htm. Acesso em: 29 mar. 2020.

AUTISMO — UM OLHAR POR INTEIRO

# 29

## INTERVENÇÃO ASSISTIDA POR ANIMAIS E AUTISMO

Os animais podem ir além de uma boa companhia. Devido a evidências científicas cada vez maiores sobre os benefícios dessa interação, os animais vêm sendo utilizados como excelentes aliados nas terapias. Eles constituem um instrumento eficaz para romper possíveis barreiras, principalmente no tratamento da pessoa com transtorno do espectro autista.

**GABRIELA A. CRUZ E KAREN THOMSEN CORREA**

## Gabriela A. Cruz

Graduada em Psicologia pela Universidade Braz Cubas. Especialista em Neuropsicologia pelo Hospital Israelita Albert Einstein. Especialista em Reabilitação Neuropsicológica pelo Departamento de Neurologia do HCFMUSP. Formação em Desenvolvimento Cognitivo com Base nas Neurociências pelo PPI. Atua em Intervenção Assistida por Animais há 10 anos.

**Contatos**
gabriella.cruz@live.com
Instagram: @gabrielacruz.psi

## Karen Thomsen Correa

Graduada em Psicologia pela Universidade Braz Cubas. Especialista em Psicologia da infância pela UNIFESP/EPM. Psicologia Hospitalar HAS/HCFMUSP. Fundadora e coordenadora do Projeto Patas no Divã – Terapia Assistida por Animais. Atua em Intervenção Assistida por Animais há 14 anos.

**Contatos**
www.patasnodiva.com.br
thomsen_karen@yahoo.com.br
Instagram: @karentcorrea
11 99132-7580

A interação homem-animal é descrita há milhares de anos. Temos indícios dessa relação desde os primórdios dos tempos das cavernas, em que a relação era baseada na troca de favores: os animais alimentados e os homens protegidos de predadores. Essa relação não apenas perdurou, como se construiu e hoje se estende para práticas terapêuticas, pois a interação dos animais estimula a promoção de bem-estar para as pessoas. Essa prática passou a ser nomeada como terapia assistida por animais (TAA), tendo como objetivo a participação de animais como agentes facilitadores no processo terapêutico de pessoas que sofrem fisicamente e/ou emocionalmente (MIOTTI & ANTONI, 2007, p. 247 e 274).

No Brasil, temos como pioneira a Dra. Nise da Silveira, que em meados de 1950, no Centro Psiquiátrico Engenho de Dentro no Rio de Janeiro, desenvolveu o projeto de acolher cães e gatos abandonados, proposta que foi muito além de proteção ao animal. Observando a interação entre os enfermos e o animal, notou-se um valioso recurso terapêutico. Foi assim que pacientes completamente alienados e apresentando embotamento afetivo demonstraram grande preocupação e afeto, sendo encorajados a cuidar dos animais, dar banho, alimentar e passear. Essa interação promovia melhora nas habilidades sociais, promovendo aumento na comunicação entre paciente-terapeuta e entre paciente-paciente.

O psicólogo infantil Boris Levinson, pioneiro da Terapia Assistida por Animais, na década de 1960, utilizava o cão no atendimento de crianças com autismo. Boris descreveu sobre o uso dos animais na prática e relatou que a presença do cachorro durante os atendimentos favorecia a percepção, interação e comunicação, e em muitos casos que transcorriam meses de atendimento, sem êxito, pode-se obter resposta em apenas uma única sessão com a inserção do animal (LEVINSON, 7, p. 26).

A terminologia animais como coterapeutas foi apresentada por Nise da Silveira, que mencionava os animais como catalisadores não humanos, ou seja, mediadores sociais capazes de acolherem, alegrarem e serem vistos como uma referência estável no mundo externo, sendo fonte de incondicional afeto.

**Terminologias**

Muitas terminologias foram utilizadas ao logo das décadas e muitos nomes foram dados à interação homem-animal. Contudo, deve haver distinção e uso correto das terminologias definindo claramente o animal como suporte emocional das intervenções assistidas por animais (IAA): terapia, educação e atividade. As nomenclaturas foram estruturadas por grandes organizações e atualmente servem de guia para todos os projetos a nível mundial. Quando nos referimos a intervenção assistida por animais podemos dividir em três principais classificações:

- **Terapia assistida por animais (TAA):** intervenção em que o animal é parte do processo terapêutico. Deve ser dirigida por profissionais da área da saúde humana em suas áreas de especialidade e usada como extensão da prática profissional. Segue planejamento, controle de resultados e tem objetivos específicos de acordo com o caso.
- **Atividade assistida por animais (AAA):** tem como principal proposta a visita e a recreação. Sem um controle de resultados ou objetivos específicos para cada caso, a AAA tem como principal meta melhorar a qualidade de vida, através da interação com o animal. Deve ser dirigida por profissionais ou voluntários treinados para a prática.
- **Educação assistida por animais (EAA):** trata-se de um conceito que envolve aprendizagem. Nessa modalidade o animal é inserido como facilitador da prática. Os profissionais que a conduzem devem ser da área da educação e seguem objetivos e propostas específicas para cada caso: problemas de aprendizagem, alfabetização, aumento de foco e atenção, entre outros (FINE, 2010, p. 34).

Deve-se ressaltar que, em qualquer uma das classificações, os animais devem ser escolhidos, avaliados e treinados para sua atuação. Além disso, devem receber acompanhamento médico veterinário com frequência a fim de controle de saúde e avaliação referente ao bem-estar animal.

Cada animal desperta diferentes reações no paciente. É essencial evidenciar que é essa variedade de animais e espécies que torna o atendimento em TAA tão dinâmico e atrativo – favorecendo o engajamento e objetivo – favorecendo o alcance dos resultados.

**Benefícios**

O papel dos animais é de ponte social entre pessoas. Eles influenciam a maneira como os seres humanos se relacionam uns com os outros, contribuem para o desenvolvimento, promovendo uma série de habilidades para a vida e ajudando no senso de responsabilidade, empatia, expressão de sentimentos, aumento da comunicação e atenção (McCARDLE et al. 2013, 65).

Trabalhos realizados em todo o mundo apontam uma série de resultados positivos na utilização da TAA; segundo Dotti (2014), os benefícios significativos pontuados abaixo se encaixam a qualquer classe de pessoas:

- **Benefícios físicos:** possibilita a estabilização da pressão arterial; reduz o nível de colesterol; favorece o encorajamento das funções da fala e funções físicas; diminui comportamento de manipulação; estimula a realização de atividades motoras; propicia o bem-estar e o afastamento da dor.
- **Benefícios cognitivos:** estimula a memória, concentração e atenção; reduz a depressão; favorece a percepção da realidade, a cooperação e habilidade em resolver problemas; estimula a linguagem, flexibilidade cognitiva e a percepção.
- **Benefícios sociais:** proporciona recreação, diversão e alívio do tédio do cotidia-

no; reduz o isolamento e traz sentimento de segurança e confiança; estimula a comunicação, convivência e troca de informações; promove motivação, socialização, interação e comunicação.
• **Benefícios emocionais:** amor e atenção; redução do sentimento de solidão, ansiedade, angústia e sofrimento; proporciona relaxamento, alegria reconhecimento de valor, troca de afeto; aumento de vínculo de confiança; estimula reações positivas a alimentação, tratamentos, necessidades básicas e higiene; melhora autoestima e a expressão de sentimentos.

Os cães terapeutas são muito úteis como parte do tratamento, pois ver e interagir com eles traz segurança, propicia diminuição da natureza ameaçadora do ambiente terapêutico; aumenta adesão, interesse e envolvimento do paciente na terapia; fornece apoio social; favorece a comunicação; aumenta a autoestima; motiva e engaja para a realização das tarefas terapêuticas, favorece a calma, treino de empatia e de integração sensorial (PAVLIDES, 201, p. 70).

**TAA e autismo**

O transtorno do espectro autista (TEA) é um transtorno de neurodesenvolvimento caracterizado por alterações em dois domínios principais: déficits significativos e persistentes na comunicação social e interações sociais, e padrão de comportamentos e repetitivos e estereotipados. Segundo o DSM-5 (American Psychiatric Association [APA], 2013, p. 50), tais alterações têm um impacto enorme na vida diária dos indivíduos afetados.

Sabe-se que o tratamento do indivíduo com TEA necessita de intervenção multidisciplinar e o acompanhamento especializado desde o início da infância pode amenizar significativamente os sintomas. Uma série de estudos demonstram melhoras nos comportamentos de pacientes com transtorno do espectro autista quando especialmente o cão é incluído e inserido nas atividades terapêuticas. Os benefícios da presença de animais no tratamento de condições atípicas já têm uma longa data. O primeiro caso de interação de animais de um adolescente com autismo foi documentado por Smith em 1983 na presença de golfinhos. O adolescente começou a falar, acariciar e brincar com os animais (SMITH, 1983, p. 460-466). Esse caso abriu novos horizontes na terapia de pacientes com TEA (FUCHS, 1987, p. 20).

Um estudo realizado com dez crianças com transtorno do espectro autista utilizou três instrumentos durante as intervenções: bola, cão de pelúcia e cão de verdade. O estudo teve como resultado que durante a interação com o cão de verdade as crianças se mostravam mais extrovertidas, mais focadas e mais sociáveis (MARTIN & FARNUM, 2002, p. 657).

Quando espontaneamente incentivamos as pessoas a se relacionarem com os animais, estamos tornando possível o início de uma comunicação verbal, gestual ou perceptível ao olhar. O animal é agente facilitador para a terapia. Ele pode ser considerado a ligação entre o tratamento proposto e o paciente, atuando como catalisador, pois ele atrai, modifica e faz conexão entre paciente e o profissional (DOTTI, 2005, p. 34). O paciente em contato com um animal demonstra-se mais desinibido, sociável e estimulado. O toque/carícia ao co-terapeuta pode desencadear a sensação de ser amado e amparado e este contato cria a possibilidade de melhor vínculo com a equipe de saúde, desencadeando uma melhor comunicação, com aprimoramentos nas relações sociais e afetivas (STUMM et al. 2012, p. 205-212).

Os animais possuem um efeito calmante importante nas crianças, especialmente naquelas que possuem alterações de comportamento (FINE, 2006, p. 223). Em um estudo desenvolvido por Andrea Beetz, mostrou-se que os indicadores fisiológicos do estresse em pessoas estão reduzidos quando os animais estão presentes em uma situação estressante (ALMEN, 2017, p. 15).

Se pensarmos no contexto de pacientes com o transtorno do espectro autista, em que o estresse é presente em momentos de mudança, novas situações como o início do tratamento terapêutico, ter um animal presente durante o tratamento pode favorecer, reduzindo logo no início a ansiedade, algo que pode ser constatado a níveis fisiológicos.

É importante que os profissionais compreendam que não é apenas a presença do cão que por si só faz a diferença, mas a forma como o profissional orquestra a interação entre a criança-cão e a criança-terapeuta durante a intervenção (REDEFER & GODMAN, 1989, p. 461).

O cão é a nossa ponte de comunicação, nosso intermediário. Através dele alcançamos o paciente para o momento e, então, para nosso contato, criando um elo com o terapeuta. O que aprendem na relação com o cão, os pacientes estendem para a relação com as pessoas. A busca por diferentes técnicas complementares à atuação profissional é essencial, em muitos casos são elas que obtêm os resultados de forma mais rápida e eficaz. Devemos valorizar o potencial em especial da criança, que é ilimitado. Não subestime nem superestime, mas invista e acredite.

De acordo com Dennis Turner, fundador da IAHAIO (Organização Internacional da Interação Homem-Animal), não apenas as interações com os animais de companhia fazem bem à saúde, especialmente nos casos de transtornos mentais graves a terapia assistida por animais beneficia os pacientes, obtendo sucesso quando os métodos tradicionais falharam. A eficácia da técnica deve ser vista como um sucesso e uma tremenda economia à saúde pública.

## Referências

ALMEN, R. *Dogs in psychoterapy*. Estados Unidos: Dogs & Jobs, 2017.

AMERICAN PSYCHIATRIC ASSOCIATION. *DSM-5: diagnostic and statistical manual of mental disorders*. 5. ed. Washington: APA, 2013.

BECKER, M. *O Poder curativo dos bichos: como aproveitar a incrível capacidade dos bichos de manter as pessoas felizes e saudáveis*. Tradução A. B. Pinheiro de Lemos. Rio de Janeiro: Bertrand Brasil, 2003.

CHANDLER, C. K. *Animal assisted therapy in counseling*. 3. ed. Nova Iorque: Routledge, 2017.

CHELINI, M. O. M.; OTTA, E. *Terapia Assistida por Animais*. Barueri, SP: Manole, 2016.

DOTTI, J. et al. *Terapia e Animais*. Campinas: Noética, 2005.

FINE, A. *Handbook on animal assisted therapy. Theoretical foundations and guidelines for practice*. 3. ed. Nova Iorque: AP, 2010.

FUCHS, H. *O animal em casa: um estudo no sentido de des-velar o significado psicologico do animal de estimação*. Tese de doutorado de psicologia experimental da Universidade de São Paulo. São Paulo, 1987.

FUNG, S.; LEUNG, A.S. Pilot study investigation the role of therapy dogs in gacilitating social interaction among children with autism. 2014. *Journal of contemporary psychoterapy*, 44, p. 253-262.

GRANDIN, T.; JOHNSON, C. *Na língua dos bichos*. Tradução de Alyda Christina Sauer. Rio de Janeiro: ROCCO, 2006.

INTERNATIONAL ASSOCIATION OF HUMAN ANIMAL INTERACTION ORGANIZATIONS. 2020. Página inicial. Disponível em: iahaio.org. Acesso em: 30 mar. 2020.

LEVINSON, B. *Pet-oriented child psychoterapy*. 2. ed. Charles Thomas: Ilinois, EUA, 1997.

LORENZ, K. *Man meets dog*. USA: Paperback, 2002.

MARTIN, F.; FARNUM, J. *Animal Assited Therapy for children with pervasive development disorders*. 2002. Western journal of nursing research. p. 657-671.

MCCARDLE, P. et al. *Os animais em nossa vida: família, comunidade e ambientes terapêuticos*. Tradução Mônica Saddy Martins. Campinas, SP: Papirus, 2013.

MIOTTI, U; ANTONI, C. Terapia Assistida por animais (TAA): alternativa terapêutica no contexto comunitário. In: HUTZ, C. S. (Org). *Prevenção e intervenção em situações de riscos e vulnerabilidade*. São Paulo: Casa do psicólogo, 2007, p. 247-274.

PAVLIDES, M. *Animal Assisted interventions for individuals with autism.* Londres, JKP: 2010.

REDEFER, L. A.; GOODMAN, J. F. Brief report: Pet-facilitated therapy with autistic children. 1989. *Journal of autism and Development Disorders.* p. 461-467.

SILVEIRA, N. *O mundo das imagens.* Rio de Janeiro: Ática, 1992.

SILVEIRA, N. *Gatos a emoção de lidar.* Rio de Janeiro: Leo Christiano Editorial, 1998.

SMITH, B. A. Project Inreach: A program to explore the ability of Atlantic Bottlenose dolphis to elicit comunication response from autistic children. In: KATHER, A. H.; BECK, A. M. (org). *New perspectives on our lives with companion animals.* Philadelphia: University of Pennsylvania Press, 1983.

STUMM, K. M; ALVES, C. N.; MEDEIROS, P. A. de; RESSEL, L. B. *T*erapia assistida por animais como facilitadora no cuidado a mulheres idosas institucionalizadas. 2012. *RevEnferm UFSM.* Jan/Abr; v. 2, n. 1, p. 205-212.

AUTISMO — UM OLHAR POR INTEIRO

# 30

## O AUTISMO E A EMPREGABILIDADE PODEM ANDAR JUNTOS

Amor sempre! Incertezas também. Por que, mesmo que esse capítulo fale de mercado de trabalho, trago outros termos? Pois só assim contribuiremos para as conquistas dos nossos filhos, e se eles almejarem o trabalho, com o tanto de amor e acolhimento recebido desde sempre, enfrentar esse desafio será apenas mais uma etapa, como é para qualquer pessoa.

### JAQUELINE SILVA

## Jaqueline Silva

Atuou em empresas contribuindo diretamente com a Marca Empregadora, Cultura, Clima Organizacional e Inclusão. Sua experiência profissional sempre esteve focada nas pessoas e na humanização do ambiente de trabalho. Atualmente se dedica à Valesi Comunicação e Consultoria, focada em Desenvolvimento Humano, Comunicação e Empregabilidade. Além disso, é professora das disciplinas de Empregabilidade e Empreendedorismo. Já foi presidente do GRUMAG, uma Associação sem fins lucrativos que tem como missão o acolhimento aos que cuidam dos autistas. É Assistente Social, Pós-graduada em Gestão de Projetos, com extensões e certificações que envolvem o TEA e o RH e DH. Também estuda Psicoterapia Gestalt. Por fim, mas com certeza o mais importante, é mãe de Pedro Bento, um autista, que lhe ensina e lhe dá forças para seguir na luta por um mundo melhor que inclua todos.

**Contatos**
jaqueline@agenciavalesi.com.br
LinkedIn: linkedin.com/in/jaquisilva

Sempre nos preocupamos com o futuro, principalmente com o momento em que não estaremos mais aqui na Terra, e é angustiante pensar que um ser tão indefeso, em um mundo tão cruel, talvez, não consiga alcançar aquilo que a maioria de nós sempre acaba fazendo. Sabe, o primeiro ponto é: quem disse que o que todo mundo faz é o certo? Por que a pressão de seguir o roteiro que todo mundo segue? O aprendizado já começa quando nos é proporcionada a oportunidade de conviver com possibilidades diferentes do que seria considerado comum.

Também é importante aprendermos que uma coisa é oferecer cuidados, se entregar e dar o nosso melhor ao outro, outra é gerar uma expectativa que era nossa sobre o outro, que é um ser único e poderá seguir da maneira que for melhor para si próprio. Isso pode ser um caminho completamente diferente daquilo que pensávamos e é algo que vale para qualquer pai e mãe que tenha filhos autistas ou não.

**Acolha e aceite, sempre!**

Acolhimento e aceitação são palavras de ordem em uma família. Entenda, você pode ter toda a condição financeira necessária para proporcionar os médicos mais qualificados e a melhor equipe multidisciplinar, ou não ter condição alguma, mas buscar da mesma forma o melhor que puder oferecer, e eu te afirmo uma coisa:

Nesse tempo como mãe de autista que também sou, e faz parte da rotina dos meus dias levar o meu filho em terapias, muitas são as situações em que é claramente notável que o único acolhimento recebido pelo autista, o único momento que ele se sente realmente bem por estar sendo aceito da forma que nasceu, é na terapia. Imediatamente ao sair, o que se vivencia é muito diferente do ideal e falta entrosamento entre as famílias e o autista. Falta o saber lidar com cada uma das sistemáticas que podem aparecer ao ir para casa e em todos os outros caminhos que dia após dia precisarão enfrentar juntos.

Por que falta esse entrosamento? Porque antes de tudo, existe ali alguém que certamente não conhecia nada sobre esse novo mundo que está vivendo, e mesmo que se anseie em entregar muito amor, sabemos que no dia a dia os desafios são tantos que nos impedem de nos mantermos centralizados e focados nessa entrega.

**Cuide-se para cuidar**

Talvez, você nem tenha tempo para pensar nisso, mas nesse momento concorda e pensa: "Mas e eu? Quem cuida de mim?" Sim, o olhar e o acolhimento aos pais são necessários antes de qualquer coisa, e pouco se tem olhado para isso. Precisamos aceitar que somos apenas humanos e também queremos ser compreendidos.

Olhe para você, busque apoio, troca de vivências, tenha o seu tempo, mesmo que cinco minutos, respire, chore, renove suas forças e recomece.

### Valorize cada conquista

Quando aceitamos o que a vida nos dá de coração aberto aproveitamos para aprender coisas novas e, principalmente, valorizar os detalhes. Uma conquista não está atrelada a fazer o que todo mundo faz, mas a superar algo.

Enquanto alguns estão buscando uma medalha em uma competição, outros simplesmente querem aprender a andar, formar uma frase, ter um amigo e tudo é uma vitória que deve ser comemorada: seja em cada etapa concluída até chegar ao objetivo maior, seja apenas o dia do primeiro sorriso.

Cada ser é único e merece amor, mas sempre surge o questionamento: vivemos apenas de amor?

### O amor é tudo o que temos

O amor traz como consequência a aceitação, a empatia e, principalmente, o respeito. Quando sou empático e respeito o limite do outro, eu contribuo para que esse evolua e alcance tudo o que almejar, inclusive a empregabilidade, que nada mais é do que a capacidade de conseguir e se manter em um trabalho, o que também poderá ser um desafio.

### Trabalhar é mais um estágio da vida

Como necessidade para a sobrevivência de famílias, o trabalho é um estágio que precisa ser feito por algum membro minimamente e faz parte da rotina de muitos. Sendo assim, é claro que também pode fazer parte da rotina dos autistas.

### Autismo como diferencial na Empregabilidade

Pensando especificamente no trabalho, existem muitas formas de incluirmos o autista. O hiperfoco que ao longo de toda a vida se desenvolve por algo pode ser um grande ponto a favor na hora de se pensar em que atuar ou o que fazer, pois na grande maioria das vezes os autistas poderão desempenhar uma função melhor do que qualquer outro, sendo aquilo algo ao qual já tinham hiperfoco anteriormente.

"Mas o meu filho nunca teve um hiperfoco".

"Tudo bem também!"

A maioria de nós não tem e trabalhamos, não é mesmo? A grande diferença dos autistas é que dificilmente eles trabalharão com algo que não se identificam e isso é maravilhoso!

Como uma especialista em empregabilidade, afirmo que um trabalho sem sentido é apenas um emprego. Em outras palavras, só serve para pagar contas, e mesmo que precisemos pagar os boletos que chegam todo mês, em algum momento, uma outra conta chegará, a da nossa mente. Ela começa a nos cobrar e impacta o nosso corpo, que começa a gritar, e os problemas desencadeados pelo estresse de fazer o que não se gosta surgem mais dia menos dia, pois estão relacionados a ter um emprego que você não gosta.

A sistemática do autista, ou seja, a forma como o seu cérebro se comporta, permite que ele simplesmente não aceite passar por uma situação que não lhe agrade. Logo, o trabalho obrigatoriamente deverá ser prazeroso, e, mais uma vez, isso é o que deveria ocorrer com todas as pessoas, assim teríamos um índice muito menor de doenças causadas pelo estresse.

**O passo a passo para a busca no mercado de trabalho**

Como qualquer conquista que precisa ser alcançada, é preciso planejamento, foco, criação de rotina e persistência. Não há problema algum em ajudar na busca pelas vagas a serem candidatadas, afinal muitas pessoas precisam de apoio nesse momento.

O ideal é que estabeleçam um horário diário para buscar, que pode ser no começo ou no fim do dia. No mercado de trabalho, o autismo pode ser enquadrado na cota reservada para as pessoas com deficiência. Essa cota é garantida por meio da Lei 8.213/91 em que o artigo 93 determina que "a empresa com 100 ou mais empregados está obrigada a preencher de 2% a 5% de seus cargos com beneficiários reabilitados ou pessoas com deficiência".

- Até 200 empregados: 2%
- De 201 a 500 empregados: 3%
- De 501 a 1.000 empregados: 4%
- Acima de 1.001 empregados: 5%

Também é importante dizer que a Lei 12.764 de 27/12/2012 determinou que a pessoa com transtorno do espectro autista é considerada pessoa com deficiência para todos os efeitos legais. Portanto, se enquadra na lei de cotas.

**Onde procurar vagas**

O vagas.com.br é um site nacional e tem o acesso exclusivo de vagas para pessoas com deficiência, além de vagas para qualquer profissional. O banco de vagas do site é atualizado diariamente pelas próprias empresas que estão com a vaga em aberto e o cadastro é gratuito.

O CIEE, especializado em estagiários e aprendizes, desenvolveu o INCLUI, que é o programa específico para a contratação dessas funções com exclusividade para pessoas com deficiência: portal.ciee.org.br/estudantes/processos-seletivos-especiais/inclui-ciee-programa-de-pessoas-com-deficiencia-pcd.

Para quem tem interesse em tecnologia, o br.specialisterne.com pertence a uma empresa dinamarquesa que tem como foco apenas pessoas que estejam enquadradas no TEA. *Specialisterne* significa, em dinamarquês, "os especialistas", eles aproveitam as qualidades das pessoas com transtorno do espectro autista como uma vantagem competitiva e oferecem de forma gratuita o aprendizado da profissão para a inserção no mercado de trabalho.

Ainda na Tecnologia, a SAP, empresa número 1 do mundo em desenvolvimento de *softwares*, também já reconhece o talento dos autistas, e independentemente da lei de cotas, tem metas internas de contratação especificamente de autistas entre os seus colaboradores. Conheça a empresa em: www.sap.com.

Muitas empresas também trabalham com o regime de *part time*, ou seja, a jornada de trabalho é menor, podendo variar entre 4 e 6 horas por dia caso sua preocupação seja essa. Empresas como a Johnson e Johnson atuam dessa forma, assim como outras também seguem esse modelo.

O número de consultorias que são especializadas em vagas exclusivas é bem elevado, o que pode facilitar o acesso a determinadas empresas. Basta digitar no Google "vagas para pessoa com deficiência", "vagas para autistas", "vagas exclusivas para PCD" e terão sempre acesso às opções, bem como às vagas divulgadas diariamente.

O trabalho de busca deve ser rotineiro e repetitivo até que surja a oportunidade de dar continuidade ao processo seletivo.

**A participação no processo seletivo**

Nos processos seletivos nem sempre há um profissional preparado para entrevistar o autista, mas nós podemos fazer a nossa parte treinando com eles em casa perguntas básicas como: "quem é você?", "onde mora?", "com quem mora?", "quantos anos tem?", "o que gosta de fazer no tempo livre?", "o que sabe fazer levando em consideração o lado profissional ou a própria experiência, se já tiver?" O treino pode ser você perguntando e ele(a) respondendo repetidamente, e quanto mais treino melhor, pois isso os deixará mais seguros, o que é muito importante para se sentirem mais confortáveis e confiantes.

Se houver testes *on-line*, você também poderá ajudar, assim como no vídeo de apresentação, que é como treinar para a entrevista. Gravem alguns antes para ir melhorando o discurso até gravar o que realmente será enviado.

Se houver a necessidade de ser acompanhado(a) na entrevista, não há problemas, as empresas estão se preparando cada vez mais para isso.

Desde 2016 se fala sobre contratações de cada vez mais autistas e não para as cotas, como uma matéria publicada na revista *Exame*, que fala sobre a ótima capacidade de concentração e boa memória visual e de longo prazo que eles possuem. As companhias têm total interesse nessas habilidades.

Eu sei. Tudo isso, talvez, seja o de menos. Sua preocupação maior está na inclusão que caminha a passos bem curtos, e novamente a angústia aperta o seu peito.

A luta pela inclusão é constante!

Muitas pessoas, assim como eu, têm lutado para que o acesso das pessoas com deficiência ao mercado de trabalho não seja feito apenas por meio de vagas exclusivas, mas em processos mistos, em que a escolha seja pelas competências e não por uma característica. Há também a luta para que o acesso não se restrinja a funções estritamente operacionais, afinal as habilidades e o talento de cada pessoa podem ir além.

Começou a trabalhar? Ótimo! Eu sei que a sua angústia agora será referente ao ambiente e às pessoas que irão rodeá-lo(a).

Está tudo bem se você sondar e saber quem são as pessoas que farão parte da equipe. Inclusive, você pode até dar dicas de como a convivência pode ser melhorada. É super válido, afinal, quem mais conhece tão bem o seu filho(a) além de você?

As companhias já estão abertas a isso e são verdadeiras parceiras da família.

Mas você pode pensar:

"Poxa, geralmente os pais não falam com as empresas onde os filhos trabalham".

Entenda que muitas coisas são diferentes desde que você percebeu que algo era diferente ainda na primeira infância. Então, a empregabilidade é só mais um desafio, e se para o seu filho esse cuidado de ter o contato com as empresas não for necessário, tudo bem.

Você sabia que 87,5% dos jovens autistas que recebem amor, aceitação e todo o suporte que for necessário ao longo do tempo conseguem se colocar no mercado de trabalho? Um estudo divulgado no *Journal of Autism and Developmental Disorders* comprova isso em uma publicação de 2014. Apesar de a sociedade ainda ser preconceituosa e muitas vezes desacreditar na capacidade de quem tem TEA, você acredita! O passo mais importante já foi dado.

Quando cada um de nós fizer a nossa parte, trabalhando a conscientização, tudo fluirá mais rápido.

**Vença!**

Acima de qualquer coisa, independentemente do grau que nossos filhos tenham de autismo, nós somos a sua base e a fortaleza, cuide de você sempre, assim conseguirá oferecer o seu melhor.

Todos nós somos seres humanos e temos defeitos e qualidades, temos dias bons e dias ruins, um humor que oscila, mas também temos fé, e é ela que precisa ser renovada sempre. Não importa a sua religião, pois a fé é o que nos dá força para continuarmos em frente a cada batalha enfrentada.

Os acontecimentos recentes nos provam que não temos o controle sobre nada e que a única coisa que vale a pena é reconhecer que mesmo que exista tantas diferenças somos todos iguais. Nada, nem mesmo o dinheiro, é suficiente quando algo que não temos o controle nos atinge. Devemos viver o presente e nos entregarmos a contemplação dos pequenos detalhes.

**Referência**

MELO, Luísa. *Empresas contratam mais autistas – e não é para cotas*. Disponível em: exame.com/negocios/empresas-contratam-mais-autistas-e-nao-e-para-cotas/. Acesso em: 28 jan. 2021.

# 31

# A INCLUSÃO DE CRIANÇAS COM AUTISMO NO ENSINO REGULAR BRASILEIRO

Estudar os aspectos relacionados com o transtorno do espectro autista (TEA) se faz de suma importância para que a educação das crianças autistas possa ser, de fato, efetivada com louvor. Este capítulo mostra, de maneira breve, as principais características da escola inclusiva no que concerne ao ensino de alunos autistas.

ANA CORDEIRO

## Ana Cordeiro

Escritora (com mais de 30 livros publicados); editora-chefe, fundadora da Editora APMC e idealizadora do Projeto Social de Literatura, que já atendeu mais de 450 autores em todo o país, sendo alguns deles do exterior, totalizando a publicação de mais de 500 títulos em apenas 6 anos de projeto; produtora cultural, idealizadora dos projetos: *Contar para Encantar* e *Ubuntu: a escrita de si*; contadora de histórias e educadora na rede pública de ensino do município de São Paulo. Possui graduação em Pedagogia, cursa pós-graduação em Neuropsicopedagogia, ambas pela UNISA (Universidade de Santo Amaro) e Psicanálise Clínica na IBPC (Instituto Brasileiro de Psicanálise Clínica).

**Contatos**
www.edioraapmc.com
anacordeiro@editoraapmc.com
Facebook: @escritora.anacordeiro.apmc
Instagram: @escritora.ana.cordeiro
Twitter: @Ana2011
11 95983-4127

## Introdução

> *As crianças especiais, assim como as aves, são diferentes em seus voos.*
> *Todas, no entanto, são iguais em seu direito de voar.*
> Jessica Del Carmen Perez

A educação especial no Brasil está crescendo cada vez mais dentro do quadro pedagógico e do contexto escolar do país. Com isso, a inclusão escolar de alunos portadores de necessidades especiais tem se mostrado mais presente dentro do dia a dia das escolas brasileiras. Entretanto, diversos estudos estão sendo realizados para que a educação especial possa ser mais efetivada e realizada com sucesso dentro do cotidiano escolar.

Neste capítulo, serão explanadas algumas descrições relacionadas à educação inclusiva no Brasil, de maneira resumida, com a intenção de promover a importância desse ensino e a relevância de sua prática a fim de que sejam mais bem compreendidas pelos leitores. Serão apresentados aspectos inerentes à educação inclusiva de alunos autistas nas escolas de ensino regular do país, porém deixando muito claro o quanto se faz necessário preparar as escolas e as equipes pedagógicas para receberem esses alunos e poderem atendê-los com toda a dignidade merecida.

## A inclusão de crianças com autismo no ensino regular brasileiro

O transtorno do espectro autista (TEA) é um transtorno que desafia a ciência. As causas ainda são pouco conhecidas. Sabe-se que a genética possui um papel importante e que os métodos de diagnóstico disponíveis atualmente permitem identificar um número maior de casos.

Hoje, o autismo é considerado um distúrbio no desenvolvimento causado por condições genéticas e por outros fatores que permeiam a vida cotidiana.

No que diz respeito aos assuntos educacionais, é importante declarar que todas as crianças com autismo, independentemente do grau, devem ser incluídas no ensino regular; afinal, toda a sociedade deve aceitá-las. Sendo assim, o sistema educacional deve recebê-las e, para isso, a escola tem que se adaptar a fim de proporcionar o atendimento ideal que lhes é de direito, por lei.

O atendimento e a obrigatoriedade do ensino regular comum, para esses alunos, são amparados por lei em nosso país; o ingresso dessas crianças é garantido pela legislação vigente. A Lei de Diretrizes e Bases da Educação (LDB), o Estatuto da Criança e do Adolescente (ECA) e a Constituição Federal Brasileira de 1988, asseguram em seus textos base, que "todos possuem acesso à educação". Sendo assim, o aluno autista deve ser matriculado e recebido em qualquer escola de nível regular em todo o país e seu ensino deve ser efetivado como o de outras crianças.

As crianças com TEA cujo diagnóstico foi tardio também possuem o mesmo direito de inclusão no ensino regular básico. Contudo, é necessário que haja auxílio de um tutor ou de um professor especializado em educação especial para que essa criança possa receber apoio e atenção necessários para seu processo de formação pedagógica.

A dificuldade social encontrada na maioria das crianças autistas pode ser trabalhada com atividades lúdicas que poderão ser praticadas em sala de aula pelo professor. Exemplos: práticas de jogos e diálogos que podem ser realizados entre o professor e o aluno com TEA, ou entre o aluno e os demais membros da classe.

Contudo, é importante salientar que o preparo e a especialização dos professores para trabalhar com crianças autistas é extremamente importante e crucial em todos os aspectos. A comunidade escolar deve estar preparada para receber esses alunos em suas escolas, podendo assim oferecer o melhor tratamento possível, além de obter êxito na conclusão da aprendizagem.

Como argumentou Ana Basílio e Jéssica Moreira (2014), a capacitação deve se fazer presente para boa parte dos professores do ensino regular e dos que trabalham, especificamente, com crianças com TEA. Entretanto, a qualidade do ensino deve ser mantida para que essas crianças possam, de fato, ser incluídas, usufruindo do sistema educacional de maneira coerente, não apenas como frequentadores da escola:

> Por isso, mais do que a aprendizagem em si, é preciso se ater à qualidade de ensino oferecida. "É necessário um plano de ensino que respeite a capacidade de cada aluno e que proponha atividades diversificadas para todos e considere o conhecimento que cada aluno traz para a escola", sugere Maria Teresa. A educadora aponta que é fundamental se afastar de modelos de avaliação escolar "que se baseiam em respostas pré-definidas ou que vinculam o saber às boas notas". (BASÍLIO; MOREIRA, 2014)

Infelizmente, em grande parte do território nacional, as escolas não estão preparadas completamente para receber esses alunos. Em alguns casos, a solução é colocar tutores para acompanhá-los, mas a maioria desses tutores não possuem o estudo e o preparo necessário para auxiliá-los:

> Como muitas vezes as equipes gestoras não estão preparadas para desenvolver um plano pedagógico com as crianças autistas, é comum que elas sejam acompanhadas por um orientador terapêutico, o que, na visão da coordenadora da ONG Autismo e Realidade, Joana Portolese, é um erro. "Não se deve promover a substituição. Quando se entende que um profissional desse é necessário na escola, o trabalho deve ser complementar, sem que isso diminua a responsabilidade do professor", avalia. Para Joana, não há ganhos ao individualizar a criança autista porque nem se considera como ela se desenvolve diante de um grupo. (BASÍLIO; MOREIRA, 2014)

Joana Portolese em Basílio e Moreira (2014) chamam a atenção para a questão das habilidades da criança autista, que devem ser levadas em conta quando o professor escolhido para trabalhar com elas é selecionado:

> No caso do autista, o que está em jogo são as habilidades. É nelas que se deve investir para, assim, desenvolver as inabilidades [...]. Isso reafirma a necessidade de não se esperar um comportamento dado, ao que a maioria dos indivíduos do espectro autista não corresponde. (BASÍLIO; MOREIRA, 2014)

A especialização pode ser, na maioria dos casos, algo difícil de ser alcançado, contudo possível. Essa melhora na evolução educacional é ainda mais motivadora quando os aspectos que permeiam a vida escolar da criança autista podem ser percebidos com mais clareza e com resultados positivos, pois:

> Essas oportunidades e necessidades são subsídios para a escola trabalhar seu plano de escolaridade, já que a instituição é, por excelência, um espaço de relação, de construção de autonomia, de resolução de problemas e de aprendizagem. (BASÍLIO; MOREIRA, 2014)

As autoras, já mencionadas, ainda chamam a atenção para o fato de que, além de a escola se especializar para receber esses alunos, é necessário também o preparo da comunidade escolar, família e sociedade, pois estes são cruciais para o desenvolvimento de uma criança com TEA:

> Para além da relação professor-aluno, as estratégias inclusivas devem acionar a comunidade escolar e os familiares dos estudantes. "É importante garantir momentos para que todos discutam a questão e possam pensar de forma conjunta ações concretas para que a inclusão aconteça", recomenda o educador. (BASÍLIO; MOREIRA, 2014)

No entanto, esse embate entre as instituições especializadas e as escolas regulares ainda é discutido nos altos padrões do sistema educacional brasileiro como uma das formas de fazer com que o intuito real, inclusão escolar, possa ser efetivado.

É preciso reconhecer que nos últimos anos o Brasil tem progredido no que concerne ao ensino especializado de crianças especiais, sobretudo autistas. O que é notório perceber é que as famílias também necessitam de apoio e de esclarecimentos acerca do transtorno para auxiliarem essas crianças a possuir um futuro melhor, com maiores oportunidades e perspectivas.

No entanto, é importante frisar o papel crucial das famílias desses alunos, no que diz respeito ao auxílio estudantil e educacional, como o fato de procurar ajuda ou matricular o filho no ensino regular:

> Os embates referentes à inclusão, no entanto, não impedem os especialistas de reconhecer uma melhora no cenário. "É a partir da presença dessas crianças na escola que esses sistemas educacionais vão se mobilizar para entender em que sentido precisam se aperfeiçoar", reconhece Maria Teresa Mantoan. Os gargalos educacionais podem ser ponto de partida de debates que induzam políticas públicas. (BASÍLIO; MOREIRA, 2014)

Dessa maneira, entende-se que só poderá existir uma inclusão escolar, de fato, se a matrícula dessas crianças for realizada, e posteriormente se elas frequentarem as instituições de ensino, fazendo com que um de seus direitos primordiais, acesso à educação, seja respeitado com sucesso.

**Referências**

ANTUNES, Celso. *Inclusão: o nascer de uma nova pedagogia.* São Paulo: Ciranda Cultural, 2008.

BASÍLIO, Ana; MOREIRA, Jéssica. *Autismo e escola: os desafios e a necessidade de inclusão.* Disponível em: educacaointegral.org.br/reportagens/autismo-escola-os--desafios-necessidade-da-inclusao/. Acesso em: 14 set. 2016.

DINIZ, Heloise Gripp. *A história da Língua de Sinais dos surdos brasileiros: um estudo descritivo de mudanças fonológicas e lexicais da LIBRAS.* Petrópolis: Arara Azul, 2011.

FERREIRA, Maria Cecília Carareto. A escolarização da pessoa com deficiência mental. In: CAMPOS, Sandra Regina Leite; HARRISON, Kathryn Marie Pacheco. *Letramento e Minorias.* 2. ed. Porto Alegre: Editora Mediação, 2003, v. 1, p. 98-103

KASSAR, Mônica de Carvalho Magalhães et al. *Uma leitura da educação especial no Brasil.* In: *Caminhos pedagógicos da educação especial.* Petrópolis: Vozes, 2011.

MACÊDO, Janaína Amanda Sobral. *Inclusão: a escola está preparada para ela?* Disponível em: meuartigo.brasilescola.uol.com.br/educacao/inclusao-escola-esta-preparada-para-ela.htm. Acesso em: 21 mar. 2016.

MACHADO, Rosângela et al. *A escola comum na perspectiva inclusiva.* In: *A escola comum inclusiva.* Brasília: Ministério da Educação, Secretaria de educação especial. Fortaleza: Universidade Federal do Ceará, 2010.

MAZZOTA, Marcos José Silveira. *Educação especial no Brasil: história e políticas públicas.* São Paulo: Cortez, 2005.

AUTISMO — UM OLHAR POR INTEIRO

# 32

## A ETAPA DE ALFABETIZAÇÃO PARA CRIANÇAS COM TRANSTORNO DO ESPECTRO AUTISTA

Um dos pilares fundamentais para o desenvolvimento humano é a alfabetização, mas uma boa parte das crianças com transtorno do espectro autista podem apresentar dificuldades devido à gravidade sintomática que o quadro acomete. A partir de agora você, leitor, irá conhecer um roteiro de ensino básico para aprendizagem da leitura e escrita, bem como entrará em contato com uma breve introdução de práticas baseadas em evidências que são fundamentais para a aquisição de habilidades acadêmicas para as crianças com autismo. Boa leitura!

### TATIANE HOLLANDINI

## Tatiane Hollandini

Pedagoga, mestranda em distúrbios do desenvolvimento, especialista em Psicopedagogia clínica e institucional, Neuroaprendizagem, Práticas Pedagógicas e Análise do Comportamento Aplicada. Possui aprimoramento em alfabetização de crianças com TEA e transtornos do neurodesenvolvimento. Capacitação em intervenção precoce pelo Child Behavior Institute e estratégias de ensino naturalistico. É facilitadora do programa de qualidade em interação familiar – PFQI e docente em programa de pós-graduação. Suas experiências são em inclusão e mediação escolar, avaliação e intervenção para transtornos de aprendizagem e crianças com atraso no desenvolvimento fundamentado em ABA. Atua como supervisora do CEDIA (Centro Especializado em Desenvolvimento Infantil e Adolescente), responsável pelos núcleos de intervenção precoce, inclusão escolar, orientação parental e práticas pedagógicas. Tem interesse em pesquisa aplicada em ambiente escolar para crianças com transtorno do *déficit* de atenção e hiperatividade. É apaixonada pelo desenvolvimento infantil!

**Contatos**
www.aprendizagemsignificativa.com
cedesenvolvimentoinfantil@gmail.com
Instagram: @cedi_desenvolvimento_infantil

Para conceituar alfabetização, é preciso compreender que a aquisição dessa habilidade não é inata ao ser humano, ou seja, ela precisa ser ensinada e aprendida, o que depende da relação e interação entre os sujeitos e o ambiente social. Paralelo a essa mediação, devemos levar em consideração as competências e habilidades necessárias para a condução desta etapa, que pressupõem aptidões complexas, exigindo que a criança opere em diversos níveis de representação. Para Soares (2000), atingir essa etapa permite ao sujeito compreender e interagir com situações da sociedade, refletindo, analisando e modificando sua realidade. A compreensão da leitura necessita de habilidades de codificação e decodificação entre fonema e grafema, consciência sintática e fonológica. A escrita envolve a representação cognitiva, iniciando pela construção das palavras, atribuição do significado e ativação da forma ortográfica, bem como seus processos psicomotores. Para que a aprendizagem da leitura e escrita aconteça de maneira satisfatória, ela deve conter um conjunto de habilidades essenciais, iniciando e sendo estimuladas durante todo o decorrer da primeira infância, ou seja, são os pré-requisitos fundamentais.

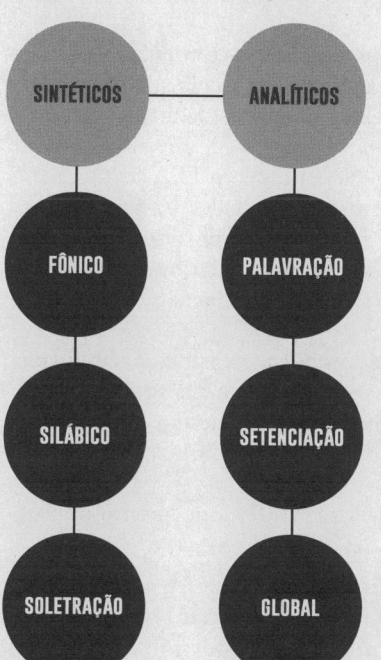

### Métodos convencionais

Os métodos para alfabetizar um indivíduo são fundamentados em teorias que direcionam a aprendizagem da leitura e escrita e, basicamente, aplicam-se em todas as crianças com desenvolvimento típico em idade escolar que iniciam o processo de alfabetização.

### O ensino da leitura e escrita para crianças com autismo

A alfabetização das crianças com TEA pode ser considerada uma tarefa difícil por vir acompanhada de possíveis limitações. Nem todas as crianças conseguem se beneficiar da apropriação da leitura e escrita devido às diferenças únicas que acompanham o transtorno como a variabilidade, heterogeneidade da manifestação e do grau de comprometimento dos sintomas. Dessa forma, o ensino de habilidades que envolvem essa etapa deve ser iniciado precocemente e a literatura indica que essa população pode apresentar dificuldades em aprender pelos métodos de ensino convencionais, necessitando frequentemente de adequações metodológicas. Assim, faz-se necessária a utilização das estratégias de ensino da Análise do Comportamento Aplicada, originalmente conhecida como *Applied Behavior Analysis* (ABA), sendo uma ciência complexa em constante transformação, contendo diversos princípios e conceitos para compreender e explicar como os organismos aprendem e deixam de emitir determinados comportamentos.

Por meio de um conjunto de métodos e técnicas de ensino, ABA trabalha com desenvolvimento de capacidades, utilização da motivação (reforçadores), ensino gradual, registro constante, terapia intensiva, diretiva e abrangente, a partir de um ambiente especial para a aprendizagem. O ensino precisa estar vinculado ao nível de desenvolvimento do indivíduo; essa estrutura social precisa estar inserida no pensar e fazer pedagógico.

**Dar a oportunidade de alfabetização para essas crianças aumenta significativamente as possibilidades de interação com o ambiente e habilidades sociais, bem como a permanência e o progresso no ensino regular de maneira funciona.**

Nos tópicos a seguir, você poderá acompanhar como as contribuições dessa ciência podem auxiliar de maneira efetiva na aquisição e compreensão da leitura e escrita e porquê ela se faz tão eficaz.

### Instalando habilidades pré-acadêmicas

O ensino da leitura e escrita para crianças típicas se inicia com estimulação das competências e habilidades já referidas, feitas geralmente pela escola quando o aluno é inserido na educação infantil. Porém, a partir de agora, você, leitor, irá entender como se dá o início e a aquisição de alguns comportamentos que devem fazer parte do repertório esperado para que a alfabetização das crianças com TEA aconteça.

Primeiramente, é necessário aprender algumas capacidades básicas que são consideradas precursoras para a aprendizagem de outros comportamentos, possibilitando a ampliação do repertório de maneira significativa e fornecendo novas oportunidades para acessar novos reforçadores, contingências e ambientes são *cusps comportamentais*.

Para Gomes (2016), os comportamentos que compõem o ensino de habilidades básicas são um conjunto de critérios divididos em: finalizar tarefas simples, sentar, imitar, emparelhar e nomear. Quando esses comportamentos estão instalados no repertório da criança é a hora de começar com o ensino das habilidades pré-acadêmicas propriamente ditas.

A seguir, você verá uma parte do estudo de Rose (2005), que apontou pré-requisitos básicos que compõem a aprendizagem da leitura e da escrita:

**1. tornar letras e palavras estímulos discriminativos:** As crianças com TEA não alfabetizadas (exceto aquelas que desenvolvem interesse precoce por letras e palavras) tendem a não se atentarem a esses estímulos, ou seja, eles são neutros para ela. Por isso, é necessário que chamem sua atenção para assim evocar algumas respostas;

2. **ampliar o contato e o interesse do aluno por letras, palavras, textos e livros:** Nessa etapa é interessante que o reforçamento seja diferencial para comportamentos que envolvam a leitura e escrita;

3. **discriminação espacial ou discriminação de posição:** Quando a criança não se atenta às letras e palavras, ela não discrimina mudanças de posições. Sendo assim, é preciso ensiná-las que as diferentes posições dos estímulos e o controle destas posições significam letras diferentes;

4. **discriminação de quantidade:** Devem ser apresentadas propostas de discriminação auditiva e visual;

5. **discriminação das dimensões críticas dos estímulos textuais:** Em outras palavras, os aspectos gráficos e sonoros.

Com esses pré-requisitos instalados, é possível iniciar o processo de alfabetização.

**Estratégias da análise do comportamento aplicada (ABA), para a aquisição da leitura e escrita**

Como dito acima, a análise do comportamento aplicada se apropria de diversas estratégias para a alfabetização das crianças com atraso no desenvolvimento e, a partir de agora, você poderá acompanhar e compreender mais sobre quais são essas estratégias e como elas contribuem de maneira efetiva. Vale lembrar que estamos mensurando práticas baseadas em evidências.

Um dos principais pontos de uma intervenção comportamental é a generalização do comportamento apreendido para contextos naturais. Quando uma criança é assistida por um analista do comportamento, os passos que permeiam um plano de ensino basicamente são compostos por:

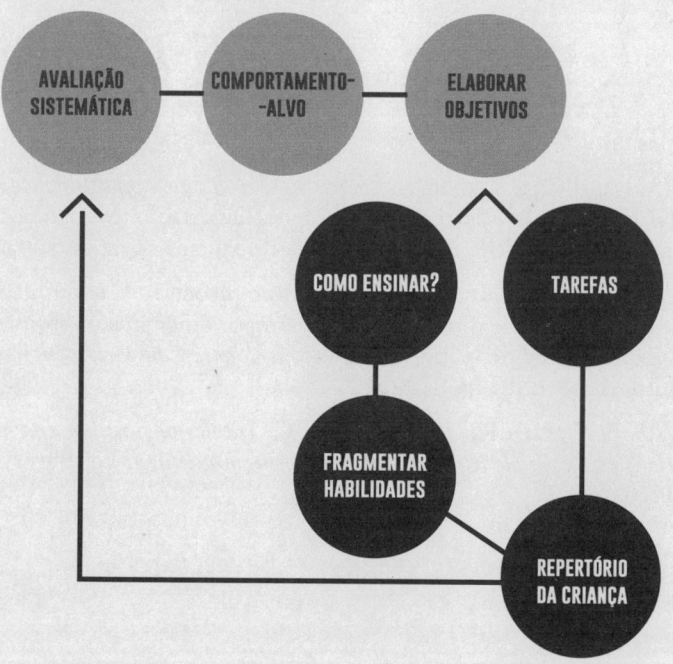

AVALIAÇÃO SISTEMÁTICA → COMPORTAMENTO-ALVO → ELABORAR OBJETIVOS → TAREFAS → FRAGMENTAR HABILIDADES → COMO ENSINAR? → REPERTÓRIO DA CRIANÇA

A partir de agora falaremos brevemente sobre algumas ferramentas que contribuem para a eficácia de um ensino personalizado, envolvendo a leitura e escrita.

- **PEI – plano de ensino individualizado:** o glossário do *Social Skills Solutions* tráz a definição do PEI como um "documento elaborado pela equipe que atende o indivíduo para determinar suas necessidades e metas educacionais", deve ter como prioridade a produção de autonomia e os objetivos devem ser abrangentes para abarcar diferentes grupos de habilidades iniciando sempre pelos mais simples até os mais complexos.
- **Equivalência de estímulos:** o maior número de evidências do ensino efetivo da leitura e escrita para as crianças com TEA se dá em procedimentos baseados no paradigma de equivalência de estímulos, que teve como marco o experimento de Sidman (1971); com base nesse modelo (CANOVAS, 2015), a aprendizagem de algumas relações arbitrárias entre estímulos pode resultar na emergência de relações novas entre os mesmos estímulos, sem o ensino direto de todas as relações.
- **Aprendizagem sem erro:** tornou-se evidente com a divulgação do livro *Teaching Language to Children with Autism or other Developmental Disabilities* (Ensinando linguagem para crianças com autismo e outros problemas do desenvolvimento) de Mark Sundberg e James Partington. Essa técnica promove uma nova habilidade, garantindo o sucesso na emissão de respostas (podendo ser usados alguns tipos e níveis de dicas). Assim, a criança não experimenta a frustração, sendo excluída em situações aversivas que podem acontecer em diversas oportunidades diante da condição que o diagnóstico tem.
- **Análise de tarefas (Task Analysis):** consiste em ensinar habilidades novas ou complexas para a criança, baseando no seu repertório comportamental preexistente, por meio da divisão de uma habilidade em partes menores; desta forma, a aprendizagem acontece por etapas individuais até que a habilidade seja ensinada por inteiro, considerando então como aprendida.

*Toda intervenção baseada em ABA acredita que qualquer indivíduo possa aprender!*

## Referências

ALMEIDA, Izabel Cristina Araujo. *Alfabetização de alunos com transtorno do espectro autista (TEA): concepções e práticas dos professores*. Dissertação (Mestrado Acadêmico em Educação). Universidade Estadual de Feira de Santana, Feira de Santana, 2019.

BAGAIOLO, L.; GUILHARDI, C. Autismo e preocupações educacionais: Um estudo de caso a partir de uma perspectiva comportamental compromissada com a Análise Experimental do Comportamento. In: *Sobre Comportamento e Cognição*. 1a ed. Santo André: ESETEC, 2002.

CANOVAS, D. S.; DBERT, P.; PILGRIM, C. *Tranfer-of-function and novel emergent relations using simple discrimination training procedures*. Ver Bras Anál Comport. 2015.

CAPELLINI, V. L. M. F.; SHIBUKAWA, P. H. S.; RINALDO, S. C. O. *Práticas Pedagógicas Colaborativas na Alfabetização do Aluno com transtorno do espectro autista*. 2016. Colloquium Humanarum, v. 13, n. 2, p. 87-94.

COOPER, J. O.; HERON, T. E.; HEWARD, L. William. *Applied Behavior Analysis*. Pearson Prentice Hall, New Jersey, 2007.

DE ROSE, J. C. Análise Comportamental da Aprendizagem da Leitura e Escrita. 2005. *Revista Brasileira de Análise do Comportamento*, v. 1, p. 29-50.

GOMES, Camila Graciella Santos. *Ensino de leitura para pessoas com autismo*. Curitiba: Appris, 2015.

GOMES, C. G. S.; SILVEIRA, A. D. *Ensino de habilidades básicas para pessoas com autismo: manual para intervenção comportamental intensiva*. Curitiba: Appris, 2016.

LEAR, K. *Help Us Learn: A self-Paced Training Program for ABA Part I; Tarining Manual*. Toronto, Ontario-Canadá, 2a edição, 2004.

LOVAAS, O. I.; SCHREIBMAN, L.; KOEGEL, R.; REHM, R. Selective responding by autistic children to multiple sensory input. *Journal of Abnormal Psychology*, n. 77, p. 211-222, 1971.

MCKINNON K.; KREMPA J. *Social Skills Solutions: a hands-on manual for teaching social skills to children with autism*. New York: DRL Books Inc, 2002.

NILSSON, I. A educação de pessoas com desordens do espectro autístico e dificuldades semelhantes de aprendizagem. *Temas sobre desenvolvimento*, v. 12, n. 68, p. 5-45.

SAM, A.; AFIRM Team. (2015). *Task analysis*. Chapel Hill, NC: National Professional Development Center on Autism Spectrum Disorder, FPG Child Development Center, University of North Carolina. Disponível em: afirm.fpg.unc.edu/task-analysis. Acesso em: 28 jan. 2021.

SIDMAN, M. Reading and auditory-visual equivalents. 1971. *Journal of Speech and Hearing Research*, v. 14, p. 5-13.

SOARES, M. B. Letrar é mais que alfabetizar. 2000. *Jornal do Brasil*, 26 nov. 2000.

SOUZA, D. G.; DE ROSE, J. C. *Desenvolvendo programas individualizados para o ensino de leitura*. 2006. Acta Comportamentalia, v. 14, p. 77-98.

# 33

# AUTISMO NA PSICOPEDAGOGIA E NA EDUCAÇÃO

A fragilidade nas práticas docentes e as limitações existentes em cada aluno, em especial nas limitações das crianças autistas, traz um contexto que tem como objetivo trazer respostas para algumas questões que são voltadas para o universo das terapias. A psicopedagogia exerce essencial contribuição, seja nas práticas pedagógicas realizadas em sala de aula, no direcionamento das atividades familiares ou na contribuição com demais profissionais por meio da transdisciplinaridade.

**ELIZIANE DA SILVA LIMA**

**Eliziane da
Silva Lima**

Possui Pós-graduação em Psicopedagogia Clinica e Institucional (Faculdade Brasil), em Neuropsicopedagogia (Uniasselvi/ SC) e em Psicologia Educacional. Especialista em Comportamentos (diagnósticos, acompanhamento e intervenção). Professora, Palestrante e Formadora na área da educação. Conselheira Científica de Revisores na Revista Recien de Enfermagem. Proprietária da empresa Leverage Psicopedagogia e Leverage Treinamentos Empresariais.

**Contatos**
professora.eliziane@gmail.com
leverage.psicopedagogia@gmail.com

## Introdução

A psicopedagogia surgiu no mundo em meados do século XIX quando os profissionais da psicologia e da psicanálise começaram a se preocupar com os problemas de aprendizagens. Fundada com o objetivo de reconhecer as razões e o modo de aprender de cada pessoa, sua forma de reagir e de perceber os estímulos recebidos, chegando de tal modo a desenvolver em na máxima a capacidade funcional do indivíduo. Para Bossa (2007), a psicopedagogia constituiu uma nova área que recorre aos conhecimentos das áreas de psicologia e pedagogia para formar o seu objeto de estudo, constituído por meio de corpo teórico, abrindo discussões relacionadas ao modo de ensinar e não apenas ao modo de aprender. Isso de certa forma conduziu ao enfrentamento da psicopedagogia, tornando-a uma área interdisciplinar, pois busca conhecimentos em outros campos que detêm seu próprio objeto de estudo.

> **Comentário:**
> 
> *A psicopedagogia se apropria da fragilidade e limitações existentes no processo ensino-aprendizagem para explorar por meios práticos como ocorrem as características de aprendizagem de cada indivíduo.*

A psicopedagogia chegou no Brasil no século passado. Em 1970, o curso de psicopedagogia passou a ser oferecido como curso complementar aos conhecimentos dos psicólogos e pedagogos. O sujeito estudado, em sua maioria, tende a apresentar por meio das suas demandas as prioridades para a correta adequação à aprendizagem. Para que seja possível alcançar este momento, o psicopedagogo registra de forma criteriosa os elementos latentes de cada indivíduo durante cada sessão. Assim, as qualidades e os *déficits* passarão a ser amplamente entendidos. A partir do entendimento gerado por meio das observações, o profissional cria um plano de intervenção individualizado.

> **Importante:**
> 
> *A realização histórica da psicopedagogia no Brasil e o referencial básico para aprofundamento de discussões estão baseadas em autores como Bossa (2011), Franco (2003), Paín (1992) e Fernández (1991).*

## Como atua a psicopedagogia e a sua importância como terapia complementar ao autismo

### Atuação do exercício psicopedagógico

A atuação profissional do psicopedagogo, embora não regulamentada, é regulada por meio de um Projeto de Lei Complementar (PLC n. 31/2010) no que diz respeito à atuação profissional. Acrescendo que a Lei de Diretrizes e Bases da Educação (LDB, Lei n. 9.394/1996), e os Projetos de Leis (PL n. 8.224/2014 e PL n. 209/2015), instituem o atendimento psicopedagógico na educação.

Embora não haja até o momento uma lei federal que regule a atuação, a prefeitura da capital paulista sancionou, no ano de 2013, uma lei que implementa o cargo do psicopedagogo na Rede Municipal de Educação. Por meio dessa lei, caberá ao profissional da psicopedagogia oferecer assistência com o objetivo de diagnosticar, intervir e prevenir problemas em alunos da rede municipal paulistana.

Posteriormente, foi criado o núcleo multiprofissional na composição de equipes técnicas, formadas por psicólogos, fonoaudiólogos, assistentes sociais e psicopedagogos.

> **Atenção:**
>
> *O Decreto n. 55.309/2014 foi regulamentado pela Portaria n. 6.566 de 24/11/2014, e regulamentou a Lei n. 15.960/2014 na cidade de São Paulo, em que foi criado o núcleo multiprofissional. A cidade de São Paulo criou a Lei do núcleo multiprofissional com base na Lei n. 8.742/1993 – Lei Orgânica da Assistência Social.*

Diante dos conceitos regulatórios para a atuação do profissional, cabe ressaltar que a formação do psicopedagogo deve ser a de estudar e aprimorar seu conhecimento, em um percurso de formação e especialização para essa identidade profissional, modificando a sua execução, perfazendo sentido e valor ao trabalho desempenhado. Para tanto, o psicopedagogo deve investir continuamente em sua capacitação profissional, de forma a exercer um papel inovador, sendo capaz de ter aprendido e vivenciado o que se propõe a ensinar.

### Sobre o autismo

O autismo enquanto condição foi utilizado inicialmente no início do século XX, em 1911, para caracterizar a impossibilidade de comunicação e a perda de contato com a realidade, inicialmente por crianças da época, constituído como um quadro patológico. Desde então, inúmeros estudos foram realizados com o objetivo de identificar e responder a perguntas básicas do tipo: como e por que ocorria esse distúrbio?

Inúmeras respostas foram alcançadas. Contudo, estudos ainda tendem a buscar respostas que sirvam de balizador para as evidências de quem é acometido. Anos mais tarde, em 1944, o pediatra Hans Asperger desenvolveu um estudo em que era possível identificar as manifestações a partir dos 18 meses de vida de uma criança mesmo apresentando como destaque características latentes leves como a baixa interação social, a falta de empatia, prejuízo na comunicação verbal e a resistência às mudanças. Ele foi o primeiro estudioso do tema capaz de se deparar com algo que de fato o deixou perplexo: os indivíduos tomados por esse distúrbio não possuíam comprometimento no desenvolvimento cognitivo, e, por outro lado, com elevado nível de inteligência, habilidades e, em alguns casos, apresentavam interesses incomuns, denominados posteriormente de hiperfoco.

---

**Observação:**

*O Manual Diagnóstico e Estatístico de Transtornos Mental, 5ª edição – DSM-5, é um conteúdo desenvolvido pela Associação Americana de Psiquiatria, comumente utilizado pela equipe da área da saúde, que apresenta as características e comorbidades de diversos tipos de transtornos, incluindo o autismo.*

---

Segundo Rotta (2006), o autismo é definido pelo aspecto comportamental, apresentando etiologias múltiplas, caracterizado por níveis variados de gravidade. Estudos científicos revelam que mais de 90% dos autistas apresentam comportamentos repetitivos. Desse total, 50% apresentam comorbidades associadas como transtorno do déficit de atenção e hiperatividade (TDAH), que requer acompanhamento com especialidades médicas, como neurologia ou psiquiatria, requerendo em alguns casos uso de medicação e acompanhamento constante.

## *A psicopedagogia como terapia de tratamento complementar*

As necessidades de melhorias no comportamento funcional das pessoas portadoras de autismo se dão por meio da falha na comunicação, na integração social e na aprendizagem, fazendo com que as famílias vivam intensamente uma realidade que demanda o melhoramento na qualidade de vida da criança.

Para que o propósito seja alcançado, as famílias (pais e responsáveis) tendem a buscar recursos oferecidos por meio de terapias complementares que minimizem os efeitos autísticos, promovendo melhoria na qualidade de vida dos pacientes e familiares. Nesse contexto, um tratamento completo depende de uma abordagem inter e multidisciplinar, estendendo-se como objetivos a redução dos comportamentos estereotipados e possibilitando a interação social por meio das aquisições que incluem linguagem e habilidades funcionais.

---

**Importante:**

*Embora as abordagens interdisciplinares e multidisciplinares representem a inclusão de profissionais como psicólogos, fonoaudiólogos, fisioterapeutas e psicopedagogos, o cuidado de cada profissional da psicopedagogia requer um olhar contínuo e multifacetado, em que deve ser observada cada mudança, percebida cada resposta emitida pelo aprendente enquanto são promovidos os estímulos.*

Portanto, a atuação do psicopedagogo se dá por meio transdisciplinar, compreendendo as necessidades e deficiências para a constituição dos processos que promovam a transformação. Em outras palavras, é possível acrescentar que as práticas profissionais do psicopedagogo representam uma releitura no sentido de conceitos, técnicas e práticas que visam, geram e ofereçam significados sólidos para uma transformação na qual despertam-se os interesses.

> **Atenção**
>
> *A psicopedagogia é capaz de gerar práticas que respeitam a individualidade ao mesmo tempo que promove a integração da pessoa portadora do autismo. Entre as técnicas empregadas a mais comum é o ABA (Applied Behavior Analysis), no português, Análise Comportamental Aplicada. Essa técnica é baseada na teoria do behaviorismo, desenvolvida entre os séculos XIX e XX, por John B. Watson e Burrthus F. Skinner, respectivamente, que foram influenciados por Ivan Pavlov, entre outros.*

O profissional da psicopedagogia detém atuação marcante, criando vínculos com a escola por meio de fortalecimento da identidade da criança que é portadora do espectro autista. Assim, tem como objetivo adequar juntamente com a equipe pedagógica a elaboração e a promoção de um ambiente que favoreça a inserção desta criança no processo ensino-aprendizagem e, a partir daí, estabelecer atuação conjunta que corrobore com as práticas docentes.

### *A psicopedagogia e a sala de aula*

A sala de aula é o espaço onde os conhecimentos ocorrem por meio de trocas de interação e participação. É durante o processo de interação que os alunos e professores incorporam novos saberes. Isso se dá porque é em sala de aula que alunos e professores interagem e configuram elementos que favorecem a partilha e o engajamento fundamentado na busca pelo saber, utilizando-se do lúdico e do vínculo afetivo, elementos essenciais na fase de construção do saber.

Contudo, a análise e avaliação para as práticas pedagógicas devem ser cerceadas em um processo de observação constante, cabendo ao psicopedagogo as intervenções de forma adequada para melhorias e ampliação das capacidades cognitivas por parte da criança. Portanto, os recursos práticos e/ou materiais utilizados como forma de exploração para a formação ou construção do saber devem ter sua metodologia adequada à diversidade e ao estilo de aprendizagem.

### *A psicopedagogia e a unidade familiar*

A família é a base quando a questão estiver relacionada à socialização das crianças, dados os limites existentes e as condições individuais que cada qual em sua condição é capaz de apresentar. Portanto, é durante as intervenções psicopedagógicas clínicas que ocorrem as análises e avaliações que são condições para que haja o perfeito alinhamento entre as experiências vividas, tanto pela família quanto pela criança, permitindo ao profissional da psicopedagogia uma perfeita sintonia com a unidade escolar. Para isso, a participação dos pais e/ou responsáveis, que se situam em um âmbito real e que a comunicação e a compreensão se tornam "irmãs", favorece uma análise conjunta, tanto das expectativas educacionais quanto dos anseios familiares. Nesse contexto, a psicopedagogia estabelece um elo entre as unidades (escola e família), favorecendo a ampliação para atender aos objetivos de cada unidade.

Cada propósito só é alcançado quando cada sessão psicopedagógica é planejada, com ações específicas, que permitam a avaliação das práticas aplicadas sobre o sujeito e as respostas fornecidas por ele na sua forma de perceber os estímulos e os meios utilizados. Assim, os instrumentos de avaliações devem ser específicos e direcionados para cada fase de evolução do aprendente, permitindo que os resultados obtidos durante as sessões psicopedagógicas sejam oportunizados como condução de novas práticas e que favoreçam a ampliação cognitiva e resultem em aprimoramento comportamental.

Ao profissional da psicopedagogia cabe a avaliação constante e contínua, que, por sua vez, deve estar amplamente alicerçada por meios de procedimentos e técnicas científicas que atendam ao fim específico. Aqui o profissionalismo ponderará a criação de estratégias e ajustes conforme as necessidades individuais, reconhecidos por meio da melhor adequação e funcionalidade.

**Referências**

BOSSA, Nadia A. *A Psicopedagogia no Brasil: contribuições a partir da prática.* 4ª edição. Rio de Janeiro: Wak Editora, 2011.

FERNÁNDEZ, Alicia. *A inteligência aprisionada: abordagem psicopedagógica clínica da criança e sua família.* Tradução: Iara Rodrigues. Porto Alegre: Artmed Editora, 1991.

FRANCO, Maria L. P. B. *Análise de Conteúdo.* Brasília: Plano Editora, 2003.

OLIVIER, Lou de. *Distúrbios de aprendizagem e de comportamento.* Rio de Janeiro, Wak Editora, 2007.

PAÍN, Sara. *Diagnósticos e tratamentos de problemas de aprendizagem.* Tradução: Ana Maria Netto Machado. Porto Alegre: Artmed editora, 1992.

PERISSINOTO, Jacy. *Conhecimentos essenciais para entender bem a criança com autismo.* São Paulo, Pulso, 2003.

ROTTA, Newra Tellechea; OHLWEILER, Lygia; RIESGO, Rudimar dos Santos. *Transtornos de Aprendizagem: abordagem neurobiológica e multidisciplinar.* São Paulo, Artmed, 2006.

SÁNCHEZ-YCANO, Manuel; BONALS, Joan et al. *Avaliação psicopedagógica.* Rio Grande do Sul, Artmed, 2008.

AUTISMO – UM OLHAR POR INTEIRO

# 34

## DESAFIOS E POSSIBILIDADES DE PRÁTICAS DE LEITURA PARA CRIANÇAS AUTISTAS

A leitura compartilhada apresenta-se como uma possibilidade para a prática de leitura mediada por pais, familiares e/ou professores de crianças autistas, criando condições de interação para que a aprendizagem de leitura ocorra de forma efetiva e prazerosa.

**VIVIANE MATTOS BATTISTELLO**

## Viviane Mattos Battistello

Psicopedagoga e Professora. Doutoranda em Diversidade Cultural e Inclusão Social (FEEVALE/2019). Mestre em Letras (FEEVALE/2019). Graduada em Letras (FEEVALE/2005) e Pedagogia (UNINTER/2016). Especialista em Psicopedagogia Clínica e Institucional (UNILASALLE/2012). Especialista em Formação Docentes (UNINTER/2013). Tem experiência nas áreas de: Aquisição da Leitura e da Escrita, Letramento, Letramento Emergente, Literacia, Literacia familiar, transtorno do espectro autista (TEA), Distúrbios de Aprendizagem.

**Contato**
vbattistello@gmail.com

O Brasil apresenta uma carência de estudos direcionados a programas de incentivo e prática de leitura para as crianças autistas. Esse processo de iniciação à leitura pode gerar angústia, medos e incertezas para pais, familiares e professores que se sentem perdidos, sem saber por onde começar. Sabe-se que o processo de leitura não ocorre de maneira natural. Dessa forma, por ele ser inato, alguém tem de ensinar a criança a ler. Entretanto, esse processo torna-se desafiador para as crianças com transtorno do espectro autista (TEA) pelas especificidades apresentadas como *déficits* na comunicação e na interação social, bem como nos comportamentos repetitivos e nos interesses restritos.

O TEA é um distúrbio do neurodesenvolvimento de início precoce e curso crônico com etiologia multifatorial. Os prejuízos na comunicação social e os comportamentos restritos e repetitivos são classificados em três níveis, considerando que a gravidade dos sintomas é definida pelo médico responsável pelo caso. O *Manual diagnóstico e estatístico de transtornos mentais* (DSM-5), conforme APA (2013), categoriza o terceiro nível como os casos que apresentam maiores dificuldades em sua vida funcional e, portanto, exigem intervenção mais intensiva; os do segundo nível apresentam um repertório funcional moderado e, assim, exigem intervenção intensiva; o primeiro nível, por sua vez, apresenta elevada funcionalidade e pouca necessidade de intervenção.

Essas intervenções englobam a díade de *déficits* sociais e comunicativos de maneira interligada, sendo uma das principais dificuldades apresentadas no transtorno. Nesse sentido, na perspectiva vygotskiana, a literatura tem mostrado que é necessário que as intervenções contemplem a mediação e a interação com os parceiros sociais, pois não há como aprender e apreender sobre o mundo se não existir o outro (1988). A partir do exposto, torna-se imprescindível a estimulação para o desenvolvimento das habilidades de promoção da leitura.

**Promover uma cultura leitora**

O processo de leitura não se inicia quando a criança ingressa formalmente no contexto escolar, sim muitos antes: no âmbito familiar, por meio das habilidades prévias de leitura e escrita denominada de letramento emergente, a saber, um conjunto de habilidades adquiridas pela criança no período compreendido entre o nascimento e a idade em que ela aprende a ler e escrever de forma convencional, conforme Sulzby e Teale (1991). Essas habilidades englobam o desenvolvimento da consciência fonológica, conhecimento de letras, nomeação e compreensão oral, escrita, leitura de palavras e compreensão em leitura, entre outras que são relevantes para o processo de aquisição da leitura e da escrita.

Assim, a ideia é incentivar a participação da criança com TEA em atividades sociais, que tanto podem ser realizadas no ambiente familiar ou escolar. Esses conhecimentos por parte de professores são relevantes para que se desenvolva um planejamento com vistas à equidade, respeitando a Base Nacional Curricular Comum (BNCC) que confirma o "compromisso com os alunos com deficiência, reconhecendo a necessidade de práticas pedagógicas inclusivas e de diferenciação curricular, conforme estabelecido na Lei Brasileira de Inclusão da Pessoa com Deficiência" (BRASIL, 2018, p.16).

Nesse sentido, um instrumento de grande utilidade para preparar a aprendizagem da leitura é a chamada "leitura partilhada": partilha do livro. A leitura (com) partilhada é a leitura em voz alta, mediada por um adulto, intercalando a história com diálogos e (*feedbacks*) comentários sobre o texto e sobre as imagens do livro lido, de acordo com Morais (2013).

Em consonância, Rogoski et al. (2015) afirmam que uma relevante estratégia de desenvolvimento da linguagem é a leitura compartilhada, que é um tipo de leitura dialógica que emergiu da noção de *scaffolding* conforme Van de Pol e Volman (2010), Pillinger e Wood (2013), derivada do conceito de zona de desenvolvimento proximal de Vygotsky (1998). Ademais, há vantagem em relação ao estímulo à aquisição de vocabulário, bem como a exploração das imagens, em que o adulto evoca conceitos mais abstratos, pela exposição às palavras e às frases do livro.

**Possibilidades de Prática de Leitura para crianças com TEA**

Para atender aos objetivos propostos e responder à questão de pesquisa, buscou-se por uma prática de mediação de leitura para crianças autistas, promovendo o letramento emergente pela prática da leitura compartilhada. Isso porque almeja-se que a proposta contemple a conversa sobre histórias lidas, apresentando uma variedade de gêneros literários, de maneira a incentivar a criança a tornar-se leitora com estratégias que proporcionam a emissão de respostas e iniciativas de interação em consonância com Whalon et al. (2013).

De acordo com Rogoski et al. (2015), pressupõe-se para a contação das histórias: escolha de um livro que a criança tenha interesse; *slides* com a história no formato de livro digital, usando computador/*notebook* ou dispositivos móveis: celular ou *tablet*. Na sequência, sugere-se que a intervenção de leitura seja realizada com base no roteiro, o qual apresenta três maneiras decrescentes de exigência para a compreensão da narrativa: tarefa de recontação da história, sem *prompts* (recontação livre), com *prompts* (recontação dirigida) e reconhecimento de afirmações, baseadas em pontos cruciais da narrativa, como sendo falsas ou verdadeiras.

A estratégia de *prompts* (dicas/pistas) poderá ser utilizada com o recurso de apoio visual (imagem da história), palavra (descrição da imagem) e verbal (contação da história), promovendo, assim, uma melhor compreensão da história, pois as crianças com TEA apresentam um melhor desempenho de memorização com o recurso visual. Nessa perspectiva, Battistello (2019) apresenta um relato de experiência inspirado no programa de mediação de leitura para crianças autistas, chamado RECALL (Leitura para Engajar Crianças com Autismo na Linguagem e Aprendizagem). A proposta do programa é desenvolver a compreensão leitora, em específico, dos alunos com TEA que apresentem dificuldades em reciprocidade social, comunicação e linguagem, atenção compartilhada e inferências, conforme Whalon et al. (2013).

O mediador de leitura tem papel relevante, pois grande parte do sucesso escolar das crianças advém dos benefícios de interação com o "ambiente familiar rico em eventos de letramento", afirma Terzi (1995, p. 93). Assim, o mediador, com auxílio do roteiro de perguntas, verifica se a criança responde adequadamente. Entretanto, se a criança não conseguir responder ou se responder à pergunta de maneira equivocada, o mediador deverá utilizar um tipo de leitura denominado estratégia PEEP (*Prompt, Evaluate, Expand, Praise*), ou seja, um protocolo com ajudas visuais estruturadas, que propõe que se forneçam dicas (*Prompt*), que se avalie a resposta dada (*Evaluate*), que, em seguida, se expanda a resposta (*Expand*) e que se finalize com um elogio (*Praise*).

Primeiro o mediador faz a leitura do livro, que foi previamente selecionado. Após a leitura, faz a intervenção com o uso de cartões preparados com perguntas e um conjunto de três imagens para as respostas, sendo uma delas a correta. Nessa etapa, cabe ao mediador verificar, previamente, qual recurso utilizará de acordo com as especificidades do transtorno apresentadas pela criança autista. Assim, os cartões poderão ser elaborados com os desenhos do *Portal Aragonés de la Comunicación Aumentativa y Alternativa* (ARASAAC, 2019), e, posteriormente, plastificados e encadernados, formando um minilivro, usado como apoio visual para facilitar o uso, ou, ainda, utilizando recursos tecnológicos para essa mediação, porém, respeitando as especificidades apresentadas pelo transtorno.

## Algumas considerações sobre os novos leitores no contexto inclusivo

O contexto da educação inclusiva é amplo e desafiador. No entanto, há possibilidades de incentivar a prática de leitura para os novos leitores com desenvolvimento atípico por meio da leitura compartilhada. Isso é importante, pois possibilita o acesso consciente às mediações de aprendizagem, promovendo a interação e o desenvolvimento da aquisição da leitura e da escrita.

A mediação entre a díade familiar-criança ou professor-aluno constitui o objeto específico de conhecimento e regulação do sujeito, de maneira que a estimulação da aprendizagem da leitura e da escrita converge no fator decisivo de influência sobre o nível de processamento das informações e da construção do conhecimento das crianças autistas. Entre os desafios enfrentados pelas famílias ou professores de crianças autistas, surge a possibilidade da intervenção de mediação de leitura, que pode ser utilizada em qualquer idade, desde que sejam feitas as adequações conforme as especificidades do TEA que a criança apresente.

Contudo, a literatura estudada tem mostrado que o uso de recursos tecnológicos tem contribuído para as práticas pedagógicas com enfoque no processo de aquisição da leitura e da escrita, principalmente porque algumas crianças, em função de dificuldades sensoriais, não conseguem manusear livros físicos; outros não conseguem verbalizar o que gostaram ou compreenderam da história. Todavia, nessa ótica, elas são relevantes ferramentas que podem auxiliar no processo de ensino-aprendizagem.

**Referências**

AMERICAN PSYCHIATRIC ASSOCIATION. *Diagnostic and statistical manual of mental disorders* – DSM-5. 5. ed. Washington: American Psychiatric Publishing, 2013.

ARASAAC. *Portal aragonés de la comunicación aumentativa y alternativa.* 2019. Página Inicial. Disponível em: arasaac.org. Acesso em: jan. 2019.

BATTISTELLO, V. C. M. *Despertar para a leitura: uma proposta de letramento emergente para alunos com transtorno do espectro autista (TEA)*. Dissertação (Mestrado Profissional em Letras). Feevale, Novo Hamburgo, RS, 2019. Disponível em: biblioteca.feevale.br/Vinculo2/000019/000019e5.pdf&gt. Acesso em: jan. 2019.

BRASIL. *Base nacional comum curricular (BNCC)*. Brasília: MEC, 2018.

MORAIS, J. *Criar leitores: para professores e educadores*. São Paulo: Manole, 2013.

PILLINGER, C.; WOOD, C. A small-scale comparison of the relative impact of dialogic and shared book reading with an adult male on boys' literacy skills. 2013. *Journal of Early Childhood Literacy*, v. 13, p. 555-572.

ROGOSKI, B. de N. et al. Compreensão após leitura dialógica: efeitos de dicas, sondas e reforçamento diferencial baseados em funções narrativas. 2015. *Revista Perspectiva*. v. 6, n. 1 p. 48-59.

SULZBY, E.; TEALE, W. *Emergent literacy. in: handbook of reading research.* New York: Longman, 1991.

TERZI, S.B. *A construção da leitura*. Campinas: Pontes, 1995.

VAN DE POL, J.; VOLMAN, M.; BEISHUIZEN, J. Scaffolding in teacher–student interaction: a decade of research. 2010. *Educational Psychology Review*, v. 22, p. 271-296.

VYGOTSKY, L. S. *A formação social da mente*. São Paulo: Martins Fontes, 1998.

WHALON, K.; AL OTAIBA, S.; DELANO, M. Evidence-based reading instruction for individuals with autism spectrum disorders. 2013. *Focus on autism and other developmental disabilities*, v. 24, n. 1, p. 316.

AUTISMO — UM OLHAR POR INTEIRO

# 35

## AFETIVIDADE: FATOR ESSENCIAL NO PROCESSO DE APRENDIZAGEM DE CRIANÇAS AUTISTAS

Este estudo e reflexão surgem de vivências em atendimentos psicopedagógicos realizados no CIAPP (Centro Integrado de Atendimento Psicológico, Psicopedagógico e Fonoaudiológico) na cidade de Ipirá/BA e das atividades desenvolvidas com familiares e educadores de uma das crianças autistas atendidas neste espaço, entre os anos de 2016 a 2018.

## JACINEIDE SANTOS CINTRA SILVA

## Jacineide Santos Cintra Silva

Psicopedagoga Clínica e Institucional/ISEGO (Instituto Superior de Educação Eugênio Gomes) (2009); Especialista em Coordenação pedagógica/UFBA (Universidade Federal da Bahia) (2012); Especialista em Política do Planejamento Pedagógico: Currículo, Didática e Avaliação/UNEB (Universidade do Estado da Bahia) (2005); Pedagoga/UNEB (Universidade do Estado da Bahia); autora e coordenadora do Projeto dificuldades e transtornos de aprendizagem: um novo olhar (2009 a 2019).

**Contatos**
jacycintra05@hotmail.com
Facebook: www.facebook.com/jacineidecintra/
Instagram: jacineidecintra
75 99199-4242

## Jacineide Santos Cintra Silva

Este estudo e reflexão partem de vivências em atendimentos psicopedagógicos realizados no CIAPP[1] no decorrer de 2016 a 2018. Neste período, a fim de compreender como acontecia a prática pedagógica na Escola Evoluir[2] e o cotidiano familiar, cuja centralidade é o desenvolvimento de Valentim[3], criança autista com 9 anos, que lhes será apresentada no decorrer deste relato. Em busca de resultados positivos no que se refere às habilidades de ordem cognitiva e emocional do cliente supracitado, a psicopedagoga realizou atendimentos individuais e em grupo com a participação da criança, trabalho direto junto à escola, pais e irmãos do cliente com períodos distintos envolvendo: observação, análise de vídeos, orientação e formação de grupos de estudo levando em consideração a singularidade da educação inclusiva e contribuição da afetividade no processo de desenvolvimento da aprendizagem. Todo esse processo foi conduzido de maneira a favorecer a interação e assim minimizar as características relacionadas às dificuldades socioafetivas na fase da intersubjetividade.

Os estudos de Hobson (2002) enfatizam que a troca emocional e o contato interpessoal das crianças autistas com outras pessoas são aspectos muito comprometidos ou até inexistentes. Sabemos que a reação emocional e o contato interpessoal são essenciais, e o engajamento pessoa a pessoa precisa ser estimulado a todo instante, uma vez que Valentim se relacionava sempre com as pessoas como se estas fossem objetos (uma das reações comuns dentre os sintomas do espectro autista em alguns casos); ele dava sempre pouca atenção à presença da professora, colegas da turma e demais funcionários da escola. Até no ambiente familiar não conseguia estabelecer relação entre o espaço para dormir (quarto) e o espaço para as refeições (cozinha), ficava sempre em um lençol estendido no colchão ao lado do sofá na sala.

A análise de vídeos familiares de momentos espontâneos sem rigor científico realizados em situações do cotidiano demonstrava as inúmeras dificuldades da família em lidar de forma afetiva com a situação, em especial nos momentos de descargas emocionais, que os pais denominavam por "agressividade". Diante dos relatos e das observações do comportamento da criança nos atendimentos psicopedagógicos, bem como a postura da escola e familiares em algumas situações, a psicopedagoga convidou a todos para pensar a respeito de como a afetividade seria importante no processo de conquista de novas atitudes por parte da criança. Em especial, no ambiente escolar e familiar com parceria de todos os envolvidos no processo de desenvolvimento de habilidades cognitivas.

Valentim é uma linda criança: forte, morena de cabelos encaracolados, olhos castanhos, com estatura alta, faz acompanhamento com neurologista, estimulações cognitivas com neuropsicopedagogo, atendimento psicopedagógico, uso de farmacológicos e participa de aula de natação. Nos relatos a respeito da criança eram muito comuns as seguintes falas no ambiente escolar: "Acho que ele não está tomando a medicação certa"; "Parece que não vai frequentemente ao médico"; "Parece que as terapias não estão ajudando" e "Ele é muito agressivo". Nas falas dos pais era comum: "Parece que não está adiantando este remédio" e "Não sabemos o que fazer". Mas em nenhum momento era perceptível a troca de ações afetivas entre eles e a criança. Diante das situações e ciente de que a atividade docente é desafiadora, sendo necessário estabelecer relações interpessoais com os educandos, de modo que o processo de ensino-aprendizagem seja articulado e que os métodos usados alcancem os objetivos propostos, os professores, demais funcionários da escola e os familiares aceitaram o convite para se inscrever no projeto Dificuldades e Transtornos de Aprendizagem: um novo olhar.

O projeto tem como objetivo realizar formação continuada com grupos de professores, cuidadores, atendentes de classe, gestores e demais pessoas que se interessarem a respeito do tema. Os grupos de estudo com os profissionais da Escola Evoluir e a família de Valentim aconteceram no CIAPP (Centro Integrado de Atendimento Psicológico, Psicopedagógico e Fonoaudiológico) com encontros semanais pelo período de 4 meses, com participação de psicólogos, terapeuta ocupacional, psicopedagogo e fonoaudiólogo. Diante dos estudos e discussões, o entendimento sobre o autismo foi acontecendo e, ao se aprofundarem sobre as reações da criança, aceitando a situação e entendendo que exercer ações com afetividade seria o melhor caminho, as atitudes foram paulatinamente se modificando. As devidas explicações por parte dos profissionais envolvidos no projeto, orientações e apoio direto da psicopedagoga no dia a dia favoreceram a mudança de postura. Valentim passou a ser compreendido e a situação tomou novo rumo.

Houve o entendimento de que existem fatores socioafetivos que possibilitam o desenvolvimento das capacidades linguísticas e simbólicas, independentemente de o indivíduo ser autista ou não. Outro aspecto relevante foi a reflexão de que Valentim precisava ser visto, antes de qualquer situação, como criança, um ser em desenvolvimento. O que ocorria até então é que ele era apenas o "autista agressivo" na visão de educadores, colegas de escola e familiares. Dessa forma, a aquisição de novos conhecimentos, a mudança de postura com aplicação de novas metodologias no ambiente escolar, a apresentação de vídeos seguidos de roda de conversas com demais estudantes da Escola Evoluir e a aproximação de Valentim com os demais colegas, em especial nas aulas de Educação Física, Artes e Momentos integrados envolvendo mesão de arte, apresentações musicais, atividades psicomotoras que passaram a acontecer mais de uma vez por semana durante todo o ano de 2017, bem como a organização de um espaço com tatames na sala de aula, o uso de atividades específicas como alinhavos, leituras imagéticas, jogos de empilhar, encaixe com letras fixadas nas peças, aulas com recursos audiovisuais e a compreensão a respeito das descargas sensoriais favoreceram a conquista de novas habilidades por parte da criança.

Vale ressaltar que o maior marcador do transtorno do autismo é a manifestação da dificuldade nos comportamentos da capacidade da atenção conjunta. Por isso, a necessidade de exercer a afetividade é primordial! Sabemos que a afetividade, ao contrário do que pensa o senso comum, não é simplesmente amar, dar carinho, dizer sim quando necessário, ou seja, sentimentos positivos. Segundo Wallon (1992), o termo se refere à capacidade do ser humano de ser afetado de forma positiva ou negativa tanto por sensações internas como externas.

Frente ao que foi exposto, este trabalho possibilitou uma reflexão a respeito do entendimento sobre os diferentes sintomas do transtorno do espectro autista, do que seja afetividade, de como a vivência no ambiente familiar e escolar pode influenciar de forma positiva no processo de aprendizagem e desenvolvimento cognitivo do sujeito. Grandes estudiosos como Jean Piaget (1896-1980) e Lev Vygotsky (1896-1934) já atribuíam importância à afetividade no processo evolutivo, mas foi o educador francês Henri Wallon (1879-1962) que se aprofundou na questão.

Ao estudar a criança, ele não coloca a inteligência como o principal componente do desenvolvimento, mas defende que a vida psíquica é formada por três dimensões: motora, afetiva e cognitiva, que coexistem e atuam de forma integrada. Dessa forma, após a participação da família e funcionários da escola no projeto Dificuldades e Transtornos de Aprendizagem: um novo olhar, os indivíduos envolvidos no processo de educar Valentim mudaram a postura diante da situação e ele não foi mais visto como uma criança agressiva, ampliou o repertório linguístico, deixou de falar palavras pequenas como "quer", "não", "dá" e passou a falar frases curtas como: "me dá", "não quero", entre outras. Conseguiu também estabelecer relação entre os diferentes espaços da casa: a dormir no quarto, fazer as refeições na mesa, aprendeu a ficar em filas, desenvolveu autonomia e está evoluindo a cada dia.

Este trabalho foi totalmente realizado utilizando a abordagem desenvolvimentista, que busca a compreensão a respeito do desenvolvimento da criança autista à luz do desenvolvimento da criança típica. É interessante enfatizar que a dificuldade da criança com autismo em estabelecer conexão de ordem emocional com outros indivíduos parece prejudicar o desenvolvimento das habilidades linguísticas e simbólicas. Como foi demonstrado até o presente momento no decorrer dessa vivência, ocorreu um conjunto de fatores socioafetivos que possibilitaram o desenvolvimento das capacidades simbólicas e linguísticas, e a mudança de comportamentos foi considerada meio de comunicar intenções, desejos e necessidades no decorrer das relações interpessoais.

**Referências**

DANTAS, Heloysa. A afetividade e a construção do sujeito na psicogenética de Wallon. In: LA TAILLE, Yves de; OLIVEIRA, Marta Kohl de; DANTAS, Heloysa. *Piaget, Vygotsky, Wallon: teorias psicogenéticas em discussão*. São Paulo: Summus, 1992.

HOBSON, P. *Autism and emotion*. In: F. R. Volkmar, R. Paul, A. Klin & D. Cohen (Eds.). *Handbook of autism and pervarsive developmental disorders* (Vol. 1, 3a. ed., p. 406- 422). New York: Wiley, 2005.

MARINO, Eliane A. R.; MERKLE, Vania Lucia B. *Um olhar sobre o Autismo e sua Especificação*. 2009. Revista Educere. Disponível em: pucpr.br/eventos/educere/educere2009/anais/pdf/1913_1023.pdf. Acesso em: 15 maio 2016.

SALLA, Fernanda. *O Conceito de Afetividade e Henry Wallon*. 2011. *Educação Infantil de Içara*. Disponível em: educainfantilicara.blogspot.com.br/2013_03_01_archive.html. Acesso em: 10 maio 2016.

SILVA, Scheila B. da. *O autismo e as transformações na família*. 2009. Disponível em: siaibib01.univali.br/pdf/Scheila%20Borges%20da%20Silva. Acesso em: 22 janeiro 2021.

AUTISMO — UM OLHAR POR INTEIRO

# 36

# MATERNIDADE ATÍPICA

Receber um diagnóstico de autismo é um impacto capaz de fazer a vida de uma família dar um giro de 360 graus, mas esse giro leva tempo, e é cheio de processos. Conhecer os caminhos trilhados por outras famílias é fundamental para alcançarmos o discernimento necessário para que tomemos as melhores decisões no momento de traçar nossa própria trajetória. Embora o diagnóstico do autismo ainda seja totalmente clínico, ou seja, por meio da avaliação do comportamento, te asseguro que o autismo não se resume a isso. É preciso ter um olhar integral, considerando quais são os desafios do indivíduo tanto do lado de fora como do lado de dentro, e para isso é necessário integrar conhecimentos e estratégias a fim de alcançar uma melhor qualidade de vida à pessoa no espectro. Espero, assim, contribuir também com sua jornada, seja ela pessoal ou profissional.

## JACQUELINE MENENGRONE

## Jacqueline Menengrone

Joseense, casada com Piero e mãe da Valentina, menina amável, criativa e autista. Técnica em Nutrição e Dietética, Pedagoga e Pós-graduanda em Análise do Comportamento Aplicada. Há dois anos se tornou influenciadora digital ao criar seu canal no YouTube chamado "Juntando as Peças do Autismo" com o objetivo de compartilhar conteúdo embasado e descomplicado com outras famílias e profissionais.

**Contato**
juntandoaspecas@gmail.com
YouTube: Juntando as Peças do Autismo

Logo que recebi o diagnóstico de autismo da minha filha, me deparei com um texto chamado *Bem-vindo à Holanda*, escrito por uma mãe atípica na esperança de conseguir traduzir esta experiência a outras pessoas. Nele, ela compara sua experiência de receber uma criança com deficiência na família com uma viagem a um lugar não planejado, que não é necessariamente ruim. Após oito anos vivendo neste lugar inesperado, eu posso afirmar que de fato não é um lugar ruim. No entanto, requer assumir um estilo de vida completamente diferente das demais pessoas.

Viver na Holanda descrita no texto da autora não traduz nossa jornada. Mais adequado talvez fosse Madagascar, porque se trata não só de um lugar diferente, mas também pouco explorado, onde é preciso ser o desbravador e abrir novos caminhos todos os dias. É necessário realinhar as expectativas constantemente e ter um olhar voltado para a criança no espectro de forma muito individual, em que todo tipo de comparação com crianças de desenvolvimento típico ou mesmo atípico não é somente inadequado, mas também tóxico. Portanto, é preciso seguir sem um referencial, o que é desafiador, mas possível.

A evolução histórica das abordagens e tratamentos na área da saúde mental é no mínimo perturbadora. Manicômios, isolamento social, lobotomia e sedação foram estratégias relativamente recentes, de duas a três gerações antes da chegada da minha princesa. Era tudo o que existia. No entanto, com a política pública antimanicomial estabelecida no Brasil, passou-se a buscar recursos medicamentosos para manter a pessoa acometida por transtornos mentais junto de sua família, mas ainda distante de serem inclusos na sociedade.

A inclusão é a luta de todo deficiente e suas famílias; a busca pelo direito a dignidade de conviver em sociedade e acesso às mesmas oportunidades de pessoas de desenvolvimento típico se tornou uma de minhas bandeiras.

Será mesmo necessário administrar um antipsicótico para uma criança de 2 anos de idade?

Somente a palavra de um médico deixou de ser suficiente quando, no processo de diagnóstico, pude perceber o quanto os profissionais de saúde (médicos e terapeutas) em geral demonstraram estar totalmente despreparados e desconhecer o que de fato é o autismo. Portanto, esta pergunta me levou a investigar alternativas de tratamento que me parecessem menos agressivas.

**Nutrição, o combustível para a vida**

Como técnica em nutrição e conhecendo o poder da alimentação frente à vida humana, indubitavelmente elegi a nutrição como sendo um pilar prioritário do tratamento da minha filha. Tomei conhecimento dos trabalhos realizados pelo ARI (Instituto de Pesquisas Sobre Autismo), fundado em 1967 nos Estados Unidos pelo médico e cientista Ph. D. Bernard Rimland, autoridade no assunto e pai de um garoto com autismo.

Esses estudos deram origem a um protocolo de intervenções biomédicas chamado Protocolo DAN (*Defeat Autism Now*) ou Derrote o Autismo Já. Uma das principais ações é a dieta isenta de alimentos alergênicos como os que contêm glúten e caseína, mas também envolve ações para tratar problemas imunológicos, gastrointestinais e endócrinos. Embora este protocolo não apresente evidências científicas de sua eficácia na recuperação do autismo, a prática clínica e qualidade de vida das pessoas no espectro que assumem esse estilo de vida falam por si, e por isso muitas famílias continuam nesse caminho.

Conosco não foi diferente. Mesmo com a recomendação médica de iniciarmos uma medicação controlada com nossa filha de apenas 2 anos para tratar sintomas de crises e autoagressões, optamos por, antes disso, iniciar a dieta e suplementação de nutrientes prescrita por um nutrólogo especialista em DAN. A melhora foi gradativa e visível em crises, esteriotipias e comunicação verbal, o que nos convence todos os dias a permanecermos com essa estratégia.

É preciso convencer a sociedade médica a parar de olhar o autismo somente do lado de fora, através dos comportamentos, e passar a olhar do lado de dentro, corrigindo questões nutricionais, processos inflamatórios, alergias e problemas gastrintestinais e hormonais. O que sobrar disso, sim, é o espectro: não podemos mais colocar tudo o que acontece, e o que a criança expressa, na conta do autismo.

**Terapias, o que fazer?**

Optamos por uma abordagem terapêutica eclética, ou seja, minha filha frequenta sessões semanais com diferentes profissionais – fonoaudióloga e terapeuta ocupacional principalmente –, mas isso claramente não parecia suficiente e, por isso, fomos a busca de algo mais.

Foi então que um novo leque de possibilidades se abriu diante de nós: ABA (*Applied Behavior Analysis*), DIR – *Floortime, The Son Rise Program, Teacch* (*Treatment and Education of Autistic and Related Communication Handicapped Children*), PECS (*Picture Exchange Communication System*) e TIS (Terapia de Integração Sensorial). Eram tantas siglas que parecia humanamente impossível estudar sobre todas para escolher uma. Sim, é preciso escolher cuidadosamente, pois tudo sempre envolve uma significativa quantia em dinheiro, é tudo muito custoso: literatura, cursos, sessões etc.

Com um orçamento limitado nós não podíamos errar, e essa é apenas uma das pressões da maternidade-paternidade atípicas.

Mesmo com pouco recurso, em contato com famílias carentes sem condição de acesso a informações e atendimentos, nasceu o desejo de compartilhar o pouco conhecimento que tínhamos com outras famílias. Um pastor chamado Mike Murdock uma vez disse: "O seu desígnio está ligado a resolver a coisa que mais te incomoda no mundo." A ausência de informação de qualidade, descomplicada e gratuita sobre autismo era algo que me incomodava profundamente. Assim nasceu o canal no YouTube *Juntando as Peças do Autismo*, em que compartilho informações sobre o tema a fim de contribuir com famílias, profissionais e sociedade. Isso é uma honra e uma satisfação para nossa família.

**De mãe a influenciadora digital**

Embora sem recursos profissionais para o canal, sempre tive o zelo e responsabilidade de levar conteúdo relevante e embasado para minha audiência, sobretudo por tratar-se de um público afetivo, dedicado, que quer mais que tudo proporcionar qualidade de vida para sua criança. Produzo conteúdo de forma muito sincera, compartilhando os temas que tenho estudado e as estratégias que funcionaram (ou não) na nossa realidade. Compartilho tudo com a linguagem que gostaria de ter recebido há sete anos, quando ingressei no Mundo Azul. Procuro descomplicar termos técnicos e explicar detalhes que nos são suprimidos por profissionais que nos veem como "apenas pais", no entanto somos muito mais, somos especialistas e doutores na nossa criança e queremos sempre o melhor para ela, e isso passa por compreender as propostas médicas, terapêuticas ou pedagógicas.

Fato inegável é que o crescimento do autismo no mundo transformou a nós, famílias, em um mercado promissor porque não medimos esforços para oferecer soluções para nossa criança, e nessa batalha ganham os vendedores e perdem aqueles que acreditam em falsas promessas. Por isso, uma das premissas do canal *Juntando as Peças do Autismo* é levar conhecimento a fim de ajudar as famílias a discernir o que é melhor para sua realidade.

Diferentemente de décadas atrás, hoje ninguém mais vai ao médico sem antes ter feito ao menos uma pesquisa na internet sobre seus sintomas. As fontes são tantas que é preciso ter clareza para distinguir as fontes confiáveis das duvidosas. Atualmente você encontrará muitos canais e blogs abordando o tema autismo; no entanto, a maioria deles é produzida por profissionais que sempre nos deixam em dúvida se querem ajudar ou apenas vender seus produtos e serviços. É aqui que a voz de uma mãe ganha relevância. Quem vive na pele a realidade do autismo 24 horas por dia sabe de coisas que profissionais não sabem, e isso me motiva a continuar esse projeto que tem esse nome *Juntando as peças* justamente porque cada detalhe na vida de uma pessoa autista é importante, cada peça faz a diferença e pode ser determinante na qualidade de vida.

**Escolha a rota e mude-a quando necessário**

Para melhor conviver com o autismo é importante termos em mente que a qualquer momento pode ser necessária uma mudança de rota. O que era bom ontem pode não ser hoje e o que parecia ruim ontem pode ser necessário hoje. Elegi alguns pilares que, após muito estudo, entendi serem os mais relevantes para que o autismo tivesse menor impacto na vida da minha filha, são eles: alimentação saudável e livre de alergênicos, atividade física, foco no intestino e sistema imunológico, e interação prazerosa através de abordagem responsiva.

Depois de sete anos, esses pilares foram se acomodando em nossa realidade e naturalmente foram sendo modificados. A alimentação não é mais tão restritiva como já foi, principalmente pelo trabalho de recuperação intestinal que hoje permite que ela tolere o consumo esporádico de alimentos alergênicos. Vale lembrar que ela não é necessariamente alérgica, mas, mesmo assim, alguns alimentos demonstram ser altamente agressivos, por isso devem ser evitados. Portanto, esses escapes eu reservo principalmente para eventos sociais.

A atividade física foi intensificada e hoje é uma das prioridades, principalmente para controle da puberdade precoce diagnosticada há cerca de um ano e sem resposta positiva à medicação usual. Nesse momento, além de me formar Pedagoga, eu curso Pós-graduação em ABA (análise do comportamento aplicada) porque acredito que é momento de mudança de rota nessa área também. Vejo que algumas habilidades só chegarão com uma abordagem diretiva e intensiva e vamos trabalhar para isso. Até o presente momento estou me surpreendendo positivamente com meus estudos na ABA, quebrando tabus que antes me impediram de investir nessa abordagem que me foi apresentada como um tipo de adestramento de seres humanos. Certamente não é! Espero muito em breve lançar luz sobre esse tema também em meu canal e juntar mais uma peça ao quebra-cabeça do autismo.

### E o grau?

Quando temos um filho com autismo a primeira coisa que perguntam é o grau. Leve! Eu respondia, até entender o que de fato é o grau do autismo. Essa avaliação está ligada ao nível de autonomia da criança e não necessariamente aos sintomas que ela apresenta. Então, toda criança diagnosticada precocemente como a minha parece ter um grau leve, porque, afinal, elas podem ter alguns atrasos, mas não se espera que uma criança de 2 anos já tenha saído das fraldas, tenha diálogos complexos ou se alimente sozinha. Até os 3 anos, o autismo parecia quase imperceptível, no entanto agora aos oito já é evidente. Mas se apegar ao "grau" é um tipo de comparação, e como já dissemos, comparações são tóxicas!

Independentemente do grau da criança, o importante é a ajudarmos a superar seus pequenos desafios, que unidos se transformarão em grandes ganhos. Para isso, considero importante lançar mão de algum instrumento de acompanhamento e medição como o teste ATEC – *Autism Treatment Evaluation Checklist* (*Checklist* para Acompanhamento da Evolução do Tratamento do Autismo), por exemplo, que é simples, fácil de aplicar e gratuito.

### Cuidando de quem cuida

Talvez você já tenha ouvido falar de um estudo que comparou substâncias do sangue que demonstram o nível de estresse e encontrou semelhanças entre o nível de estresse de mães de autistas com pessoas que passaram por situações de guerra ou holocausto. Só quem vive na pele sabe. Por isso, a fim de prevenir uma síndrome conhecida como "estresse do cuidador", é preciso entender que tão importante quanto todos os cuidados e batalhas que lutamos pelas nossas crianças no espectro são os cuidados e as batalhas que devemos lutar por nós mesmos. Libertar-nos de estereótipos de pais heróis ou anjos capazes de tudo suportar e respeitar a nós mesmos, cuidando para que nossos limites não sejam extrapolados.

É preciso encontrar formas criativas e muitas vezes não convencionais de ter uma boa noite de sono, alimentar-se de maneira saudável, exercitar-se e até mesmo fazer coisas simples como atividades de lazer, cuidados pessoais e espirituais.

Lembre-se da famosa máxima das máscaras de oxigênio: em caso de despressurização coloque a máscara de oxigênio em você primeiro e depois ajude quem estiver ao seu lado, porque se você sucumbir não poderá ajudar mais ninguém.

Deus te abençoe! Te espero lá no Canal para juntos montarmos esse quebra-cabeça chamado autismo.

# 37

# AUTISMO: UM OLHAR DIFERENTE

Vou contar, em algumas páginas, um pouco sobre ser mãe de um menino autista e dar dicas de como fazer o tratamento trazendo os métodos para sua casa. Fazendo com que o processo de estimulação se acelere a fim de que seu filho com espectro autista tenha respostas mais rápidas. Dessa maneira, alguns pais que, como eu, deixaram de trabalhar para cuidar do filho podem fazer um belo trabalho com ele em casa e não somente nas poucas vezes em que levamos aos profissionais. Espero poder ajudar!

**ERIKA REGGIANI LAVIA**

## Erika Reggiani Lavia

Bailarina formada em balé clássico, dança moderna, sapateado, dança do ventre, entre outras. Faz faculdade de educação física na FAM. Fez curso de alfabetização no TEA na ABED. Atualmente está cursando técnico em danças no NAE.

**Contatos**
ereggiani@hotmail.com
Facebook e Instagram: Erika Reggiani.

## Entrando de cabeça no mundo do autista

Quando você descobre que seu filho faz parte do espectro autista imediatamente você mergulha de cabeça nesse universo cheio de neuras e manias. Para quem não sabe, o transtorno do espectro autista (TEA) é um transtorno do neurodesenvolvimento infantil caracterizado por dificuldades na interação social, comunicação, comportamentos repetitivos e interesses restritos, podendo apresentar também sensibilidades sensoriais.

Com 2 anos, meu filho José não falava, caminhava na ponta dos pés, não mamava nem comia sozinho, não gostava de se sujar e não brincava de carrinho (virava os carrinhos ao contrário e girava as rodinhas). José não apontava para pedir as coisas, tinha rituais como passar várias vezes em volta do sofá ou ficar ligando todas as luzes e botões de som e televisão, tinha estereotipias (ação repetitiva e ritualística, tipo balançar as mãos ou ficar roçando o corpo no chão etc.).

Você tem duas escolhas: ou você ajuda a melhorar a qualidade de vida deles, ou fica de luto tentando entender o porquê de ele ter nascido assim. Então, resolvi entrar de cabeça nesse mundo fazendo pesquisas, cursos e observando como a pisicoterapeuta e a fonoterapeuta faziam com ele.

Juntei vários materiais que tinha na minha casa: figuras de revistas, brinquedos, objetos coloridos, sons como CDs educativos, músicas etc.

O mais absurdo foi quando eu transformei a parede do quarto dele em um quadro gigante repleto de letras, figuras e fotos. Coloquei ali todo o alfabeto, números de 1 a 100, figuras recortadas que eu imprimia da *internet* com desenhos mostrando uma criança escovando os dentes, tomando banho, comendo, dormindo etc.

Isso seria a continuação do tratamento, pois se o seu filho está fazendo terapia e fono, provavelmente os profissionais vão trabalhar com o método ABA (análise do comportamento aplicada), usando intervenções planejadas e executadas cuidadosamente, abrangendo as atividades das crianças em todos os ambientes frequentados por ela: escola, casa, lazer etc.

Para os pais que, como eu, pararam de trabalhar para poder ficar com o filho em casa: mãos à obra e vamos trabalhar.

Trabalhei durante 7 anos com meu filho em casa. Muitas noites sem dormir, muitas fraldas para trocar, pois foi a parte mais difícil. Reuniões com o conselho escolar que nunca me ajudou, já que sempre tive ajuda de uma tutora particular para auxiliá-lo na escola.

Hoje já se passaram 10 anos. Após os 7 anos de muito trabalho, os três últimos foram de recompensas.

**Quando você se coloca no lugar do outro**

Assim que você toma consciência do que é o autismo e de como eles veem as coisas, ouvem os sons, sentem os cheiros etc. você passa a se colocar no lugar dele para que não cometa erros. Respeitar as condições de uma criança com TEA é a melhor maneira de reduzir crises em todos aqueles que são espectro autista leve ou mais grave.

Um exemplo típico de que as coisas darão errado é a tal ida a um restaurante. Chega lá, senta na mesa, os garçons se aproximam e educadamente cumprimentam seu filho. Logo começa o jogo das desculpas porque seu filho não o respondeu e assim em diante. A comida que não chega, o barulho das pessoas em volta, as estereotipias do seu filho perto das outras pessoas, o tipo de comida que ele não come, o prato diferente do copo etc.

Na época eu contratei uma terapeuta para acompanhar meu filho, pois a família quando se reunia era um barulho imenso. Lembro-me de algumas pessoas que questionavam sobre o que ele iria comer ou por que ele não parava quieto, o que me deixava extremamente irritada. As pessoas não procuram informações sobre o transtorno e só criticam o modo diferente de a criança se comportar como se fosse culpa delas.

Quando não tinha a possibilidade de levar alguém para ficar e distrair meu filho, eu mesma o levava para uma mesinha separada e ali fazíamos atividades e as refeições. Você precisa passar por tudo isso para chegar em um resultado positivo futuramente, pois evitar sair com seu filho a lugares públicos irá fazer com que ele não seja incluído socialmente.

A dica é levar um fone de ouvido conectado em um aparelho como celular ou iPad e colocar vídeos ou músicas preferidas do seu filho. Lógico, com um volume de som normal. Levar o prato ou copo que seu filho usa em casa, brinquedos, joguinhos ou qualquer outra coisa de que ele goste muito. Pesquise antes se a comida do restaurante é a mesma que seu filho come, pois autistas são seletivos e muito sensíveis no paladar. Às vezes, seria melhor levar uma marmita contendo a comida dele. Eles sentem demais quando as coisas fogem da rotina deles e em quaisquer outras situações como *shopping centers*, supermercados, clubes e parques: sempre haverá situações constrangedoras. Mas é certo que com todos os tratamentos isso tende a diminuir. Hoje, meu filho tem 10 anos, já cumprimenta os garçons, não faz ruídos nem movimentos estranhos perto das outras pessoas.

Quando ele era mais jovem e íamos a um *shopping center*, costumava ser uma guerra. Ele me batia, tirava os sapatos, gritava, corria e sentava no chão. Tive ajuda de uma terapeuta apenas uma vez dentro do *shopping* e confesso que foi muito constrangedor. Diante disso, comecei a levar o meu filho ao *shopping* nos dias de semana quando estava bem vazio. Ele faltava na escola e íamos até o *shopping* para fazer os treinamentos. Eu oferecia recompensas cada vez que ele obedecia sem birras. Mesmo que a criança autista não fale, ela entende o que estamos falando, basta olharmos bem nos olhos dela e ficarmos na mesma altura, tipo agachando na frente dela para melhor comunicação.

Se ele se jogava no chão, eu saía andando como se estivesse indo embora. Sempre de olho nele, claro, pois isso só seria possível com o *shopping* mais vazio. Autistas têm pavor de ficarem sozinhos e, nessa situação em que tenta fazer birra se jogando no chão, fica totalmente perdido sem o responsável por ele.

Às vezes, temos que ser um pouco radicais, porque se não formos firmes nas atitudes eles acabam nos dominando, o que acontece até com crianças que não são autistas. Ele jogava os sapatos no meio do *shopping* somente para ver alguém recolhendo e devolvendo a ele. Eu não deixava ninguém recolher e o José, vencido pelo cansaço, acabava indo buscá-los. Após ele ter cumprido direitinho as tarefas de não jogar sapatos, não sair correndo, não se jogar no chão e não me bater, eu lhe dava uma recompensa. Assim, ele passou a entender que era bom fazer aquelas coisas certinhas e deu uma boa melhorada.

Os anos passaram e hoje o José vai ao *shopping* constantemente. Quando está muito barulhento e cheio eu mesma levo ele embora ou recorro ao famoso fone de ouvido conectado ao celular, o que o mantém por um bom tempo quietinho e sem neuras.

Devemos ter a consciência de que quanto mais repetições com eles, maior a resposta e quanto mais estímulos, também. Assim como eles fazem várias coisas repetidamente, nós devemos insistir repetidamente nas formas de aprendizados e estímulos. Quando a gente começa a entender como funciona a cabeça de um indivíduo com espectro autista, temos condições de nos colocar no lugar dele em certas situações e, assim, conseguimos melhorar a qualidade de vida deles.

Às vezes, seguir à risca os tratamentos pode levar a um estresse emocional, fazendo com que eles se sintam sobrecarregados com tantas tarefas e se tornando agressivos. Devemos fazer tudo com muita cautela, transformando tudo em uma grande brincadeira de trocas. Lembro-me quando o José tinha 5 anos e fazia terapia ocupacional em casa. Houve um dia em que a terapeuta tentava fazer com que ele fosse ao penico fazer xixi, mas ele relutava bastante. A insistência foi tanta que ele e eu ficamos extremamente estressados. Então eu pedi que ela parasse com tudo e fosse embora. Passei a madrugada toda chorando e o José muito nervoso e sem dormir, pois naquela época ele ainda não tomava melatonina.

Fiz um balanço do que era bom para ele e do que estava demais e a partir disso cortei algumas terapias e busquei outras técnicas para fazer com ele. Juntei tudo que aprendi com os profissionais e tudo que estudei nos livros e na *internet*, coloquei todo o meu amor de mãe e dei início aos trabalhos com ele de uma maneira mais leve e mais aconchegante. Foi e está sendo uma aventura incrível ao lado desse ser humano tão cheio de surpresas.

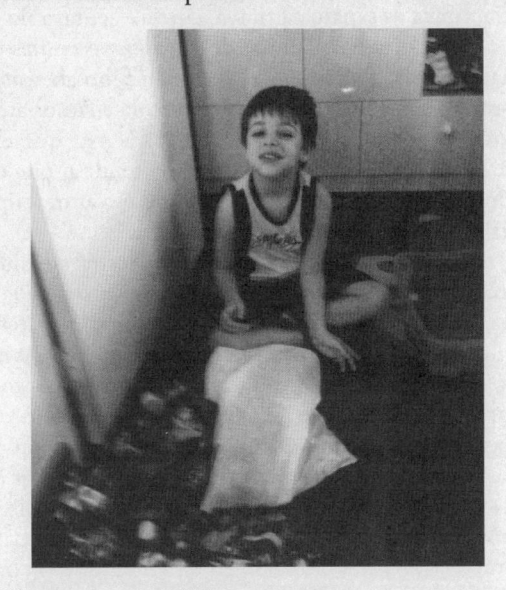

**Dicas para trabalhar com o seu filho em casa**

*1. Painel com figuras*

Figuras com fotos de criança comendo, tomando banho, indo à escola, indo ao banheiro, escovando os dentes, brincando, dormindo etc.

## 2. Caixas com objetos variados

Caixas de papelão ou de plástico, contendo cada uma tipos determinados de objetos. Por exemplo: Caixa 1 com carrinhos, motos, ônibus e todo tipo de meio de transporte. Caixa 2 com animais de plástico, borracha ou até de pelúcia para ele sentir a espessura. Caixa 3 com minipanelas de brinquedo, copos, talheres de plástico e assim sucessivamente sempre com caixas coloridas e chamativas.

Determine horários para brincar de explorar cada caixa, fazendo perguntas e pedindo que ele retire o objeto desejado de dentro da caixa. A cada acerto dê ao seu filho uma recompensa como um elogio, um aplauso ou algo que ele goste muito que você faça. Quando o seu filho não conseguir alcançar o objeto, mas mesmo assim ele demonstra saber qual é através de gestos e sons, você pode pegar na mão dele e alcançar junto o tal objeto.

## 3. Painel com letras, números, nomes...

Escolha uma parede próxima à cama do seu filho e monte um painel com letras, números, nomes conhecidos etc. Ou, se preferir e tiver a coragem que eu tive, escreva na própria parede dele com giz de cera colorido e use sua criatividade para entretê-lo. Sempre que tiver a oportunidade use essa parede como forma de aprendizado, fazendo um tipo de jogo de perguntas e respostas. Para aqueles que não são verbais, leia e aponte para cada letra e número, e quando der pegue na mão dele fazendo apontar junto com você.

## 4. Salinha de música e sons

Faça um espaço onde seu filho possa ter contato com música através de televisão, aparelho de som, instrumentos musicais etc. Se não tiver instrumentos, compre os de brinquedo para que ele tenha contato com sons de diferentes formas. Cante e dance com ele, faça uma festa e chame outros membros da família a fim de que ele reconheça que festa é legal e todos ficam felizes. Lembrando que tudo isso leva tempo e, às vezes, nem tudo funciona dependendo do grau e da individualidade de cada um.

- Brincadeiras de trocas (a vez de cada um).
- Brincadeiras de se sujar (fazendo com que ele se acostume).
- Brincar no banho (usando brinquedos e objetos).
- Brincar de pisar na areia.

Vou fazer um resumo sobre minha experiência com o José na areia da praia:
José sempre tinha muito medo de pisar na areia. Foram várias tentativas frustrantes. Até que um dia eu deitei na areia da praia e comecei a rolar dando gargalhadas perto dele. Ele ficou me olhando com aquela carinha de vontade também, e então agarrei-o e decidir rolar junto com ele como em um tratamento de choque. Ele simplesmente amou e dali em diante não teve mais problemas com areia. Quem não achou engraçado foram as pessoas em volta que ficaram sem entender, ou melhor, a ver navios. Se levarmos tudo ao pé da letra, vamos transformar nossos

pequenos gênios em robôs, sendo que a intenção é complementar os tratamentos convencionais e expandir nossos conhecimentos e nossa criatividade para melhorar as condições de nossos filhos com TEA.

Espero ter ajudado com um pouquinho das milhares de informações que ainda tenho para ensinar a todos os pais, avós, irmãos e aqueles que se interessam pelo assunto.

Não tente mudar seu filho com TEA e sim respeite sua forma incrível de ver o mundo!

AUTISMO – UM OLHAR POR INTEIRO

# 38

# ORIENTAÇÃO FAMILIAR, DO LUTO À LUTA

Um mundo a ser compreendido e desvendado. Quanta insegurança permeia essa palavra! Neste capítulo, o leitor entrará em contato com as emoções que permeiam o mundo autista, podendo senti-las através das angústias e sucessos de uma mãe. Além de compreender a importância da orientação aos pais durante todo o processo de acompanhamento da criança autista.

**AMANDA MACHADO
DE MAGALHÃES PEIXOTO**

**Amanda Machado de Magalhães Peixoto**

Psicóloga pela Faculdade Integrada Tiradentes (FITS), especialista em Neuropsicologia Clínica Infantil pelo Centro Universitário CESMAC, formada no Curso de Formação em TCC Infantil. Idealizadora e profissional responsável pelo Espaço Desenvolver, atuando como Psicóloga e Neuropsicóloga na realização de psicoterapia, avaliação e reabilitação neuropsicológica.

**Contatos**
www.espacodesenvolver.psc.br
amanda@espacodesenvolver.psc.br
Instagram: @amandapeixoto_neuropsi / @espacodesenvolvermcz

Autismo: tanto sobre ele já foi descoberto, mas tanto ainda há para se descobrir. Diante dessa análise, pode-se compreender a complexidade que permeia o universo do autismo. Quantas perguntas enchem os consultórios todos os dias? Quantos pais em fases diferentes do processo de luto da idealização do filho perfeito encontramos nesse percurso? Quantas famílias, que após o diagnóstico, sentem a necessidade de se reconfigurar de forma a construir novos hábitos, novas rotinas, estabelecendo novos valores na sua cultura familiar?

Sabe-se que o número de pessoas com autismo cresceu, porém, até o presente momento, não há no Brasil dados que comprovem tal crescimento, pois somente em Julho de 2019 (DIÁRIO OFICIAL, 2019) foi sancionada a lei que inclui o autismo nos censos demográficos, tendo a Organização Mundial da Saúde (OMS) considerado uma estimativa global de que aproximadamente 1 a cada 160 crianças, está dentro do espectro autista (OMS, 2017). Diante dessa realidade, verifica-se o quanto a informação é necessária para que os familiares aprendam a lidar com mais facilidade, orientados para auxiliar os seus filhos para um desenvolvimento saudável, tendo o suporte emocional adequado.

Para entendermos melhor como se dá todo o processo de orientação aos pais, bem como a importância de a criança receber todo o suporte emocional, é preciso compreender como se dá o processo diagnóstico do transtorno do espectro autista (TEA). Atualmente o diagnóstico do autismo é feito através de uma equipe multidisciplinar, composta por psicólogo, fonoaudiólogo, terapeuta ocupacional, além do profissional neuropediatra ou psiquiatra infantil. Tais profissionais, dentro de suas competências, precisarão investigar se o quadro sintomatológico apresentado pela criança faz parte dos critérios diagnósticos do TEA, e posteriormente identificar suas potencialidades e limitações (WHITMAN, 2015, p. 38), o que guiará todo o tratamento individual posterior.

Entretanto, obter um diagnóstico, qualquer que seja, gera conflitos emocionais para a família, pois durante toda a preparação para a geração de uma vida, no processo gestacional, essa família cria expectativas sobre a aparência física do bebê, sobre cada fase do desenvolvimento, especulando a respeito da idade que dará os primeiros passinhos, os primeiros balbucios, se falará primeiro "mamãe" ou "papai", e quanto amor recebeu em troca de toda a dedicação. No entanto, o atraso no desenvolvimento presente no autismo gera preocupação e frustrações de algumas dessas expectativas, levando a família a apresentar resistências em busca do diagnóstico, devido à preocupação com o impacto que terá para os demais familiares, bem como para a aceitação social (WHITMAN, 2015, p. 39).

A frustração das expectativas básicas em relação ao desenvolvimento de seus filhos é mais bem compreendida quando comparada ao luto. Sim, Luto! Que segundo o dicionário, significa tristeza profunda causada por grande calamidade; dor, mágoa, aflição (MICHAELIS, 2020). Tendo essa interpretação, é possível compreender que essa frustração se trata da vivência do luto da idealização do filho perfeito que iria cumprir todas as expectativas criadas, adaptando-se com facilidade as demandas sociais.

> Naquele momento essa palavra "autismo" pareceu como uma pedra de 100 kg que caía sobre os meus ombros, sobre mim. Eu me senti sem chão, perdida, não sabia o que fazer, por onde começar, a quem recorrer para ajudar o meu filho. Por muitas noites eu chorei quando todos dormiam, passava as madrugadas estudando, assistindo a vídeos na *internet*, tentando entender para poder ajudar o meu filho, e tudo que eu via só me fazia chorar mais, me desesperar mais ainda. (Mãe de G.R. – autista, 7 anos)

Entretanto, a família está consciente de que há alterações no desenvolvimento da criança, presentes nos atrasos para falar, para andar, a ausência ou inconstância do contato visual, a resposta aos comandos, o uso atípico dos objetos, porém a falta de informação adequada leva a um desconhecimento do problema, dificultando a possibilidade de a família identificar potencialidades, na criança em desenvolvimento, focando apenas em suas limitações.

Outro ponto essencial do processo de psicoeducação é observar em que estágio do luto essa família se encontra, considerando que o impacto do diagnóstico leva a família a um estágio de negação do problema, buscando maneiras de explicar os comportamentos apresentados como: "mas o pai tem o comportamento igual!", ou "mas toda criança faz isso, não é?", sendo de responsabilidade dos profissionais explicarem tais diferenças no padrão típico e atípico. O estágio de desconforto emocional (RAMOS, 2016, p. 7) é apresentado na maior parte dos casos com os sentimentos de raiva e angústia, que refletem na tentativa de culpar alguém sobre o problema: "o que eu fiz, ou deixei de fazer por ele?", ou "eu sempre disse a ela que precisamos passar mais tempo com ele, não damos atenção suficiente", tais relatos são constantes nos consultórios, sendo os profissionais os responsáveis por trazê-los para o entendimento correto do problema.

Diante de todo o sentimento de angústia que permeia o diagnóstico, o papel da equipe multidisciplinar é essencial nesse momento, pois cada profissional, dentro de sua especialidade, deverá iniciar um processo de psicoeducação com a família.

> A psicoeducação que tem uma importante função de orientar [...] bem como nortear um/a paciente e sua família quanto à existência ou prevalência de doenças, sejam elas de ordem física, genética ou psicológica. (NOGUEIRA, 2017, p. 110).

A psicoeducação é uma técnica da terapia cognitivo-comportamental e tem um papel essencial em qualquer tratamento a ser realizado, seja ele medicamentoso e/ou terapêutico. Com ele, é possível que paciente e família compreendam o que causa, o que mantém e como manejar os sintomas da doença ou transtorno apresentado, o que minimizará distorções que possam surgir.

Para o manejo da psicoeducação com a família da criança com autismo é essencial abordar todos os aspectos que permeiam o quadro, como sua sintomatologia, entendendo o padrão comportamental apresentado, a ausência de cura, mas a possibilidade de tratamento que trabalha as potencialidades, minimizando as limitações.

No autismo, a criança apresenta uma tríade sintomatológica de déficits na comunicação e interação social, a presença de comportamentos estereotipados e repetitivos, bem como comprometimento na capacidade imaginativa (DSM-5, 2014, p. 50). Logo, a compreensão desses sintomas é um passo essencial para a psicoeducação, minimizando as dúvidas e distorções que permeiam o diagnóstico.

> Esses comportamentos inadequados foram piorando no momento que ele crescia, em alguns momentos era angustiante ver a forma como o meu filho se comportava diante de algumas situações e eu não sabia como ajudá-lo, eu não entendia o que realmente deveria fazer. (Mãe de G.R. – autista, 7 anos).

Há muitas teorias e especulações sobre as causas do autismo, sendo essas teorias socioambientais, psicológicas e biológicas (WHITMAN, 2015, p. 138). Porém, nenhum desses estudos comprova de fato como esse transtorno se desenvolve. Sabemos que não há cura para o autismo, sim um tratamento baseado em prevenções que reduzem a gravidade do transtorno. Portanto, é essencial a avaliação diagnóstica precoce devido às chances de minimizar as limitações.

A equipe multiprofissional que acompanhará a criança precisa estar munida de todas as informações possíveis sobre o assunto, sendo necessário profissionais capacitados para realizar a psicoeducação dessa família.

> Infelizmente me deparei com profissionais que não estavam preparados para nos ajudar. Em todas as consultas que eu fiz com ele nesse período eu ouvi a mesma expressão: "seu filho não tem nada, ele precisa apenas de estímulo, de socializar com outras crianças" [...] Não sei dizer se fiquei feliz em ouvir dos médicos que o meu filho não tinha nada, [...] mas no fundo eu sentia que havia algo, mesmo sem entender do que se tratava, algo me inquietava. (Mãe de G.R. – autista, 7 anos)

Para realizar o processo de psicoeducação é necessário sermos mais do que profissionais capacitados tecnicamente, é necessário, acima de tudo, ter humanidade e empatia para enxergarmos seres humanos diante de nós. São pessoas que necessitam, antes de racionalizar sobre o problema, serem acolhidas por profissionais que ofereçam suporte emocional e escuta, sendo essa função não apenas do profissional psicólogo, mas de todos os demais profissionais que compõem a equipe, principalmente o médico responsável. Somente após o suporte emocional, a família estará receptiva às informações sobre os próximos passos após o diagnóstico, bem como a receber todas as orientações quanto aos tratamentos.

É nesse momento que a família tem o seu maior impacto, pois são inevitáveis as mudanças que se seguem após o diagnóstico. Whitman (2015) faz uma análise completa a respeito dos desafios enfrentados pela família da criança com autismo e o impacto dos desafios no ajuste familiar, compreendendo que os fatores de proteção que essa família apresenta serão determinantes para a sua adaptação à nova realidade, o que influenciará no prognóstico da criança.

Diante disso, compreendemos que os fatores de proteção são peça-chave para um melhor desenvolvimento da criança, sendo o apoio de familiares, empenho dos pais, aceitação social, a religiosidade e o apoio e orientação da equipe multidisciplinar durante todo o processo, determinantes para o desenvolvimento e estimulação dessa criança.

Concluímos que todo o processo que permeia o diagnóstico de uma criança autista é cercado por incertezas, dúvidas, angústias, ansiedades e desesperança dos pais e familiares, de forma que todo o processo de psicoeducação e orientação aos pais são determinantes fatores de proteção durante todo o acompanhamento da criança. Reafirmo a importância do acolhimento a essas famílias, pais e mães inseguros em relação ao futuro de seus filhos que precisam de suporte profissional para seguir em frente com determinação e com a certeza de estarem no caminho certo para a evolução dos seus filhos.

> Eu como mãe de uma criança especial hoje entendo a real importância de termos um excelente profissional ao nosso lado, tanto para a minha criança como para mim como mãe. Nós mães sofremos muito com tudo isso desde o diagnóstico ao dia a dia de uma criança que tem necessidades especiais. Eu particularmente já tive muitas dúvidas sobre o futuro do meu filho, mas entendi que tudo isso faz parte da nossa ansiedade como mães. (Mãe de G.R. – Autista, 7 anos).

**Referências**

AMERICAN PSYCHIATRIC ASSOCIATION. *Manual diagnóstico e estatístico de transtornos mentais*. Trad. Maria Inês Correia Nascimento et al. 5ª edição – DSM-5. Porto Alegre: Artmed, 2014.

BRASIL. Lei n. 13.861 de 18 de Julho de 2019. *Diário Oficial. Lei para incluir as especificidades inerentes ao transtorno do espectro autista nos censos demográficos*. 2019.

MICHAELIS. *Dicionário Brasileiro da Língua Portuguesa*. São Paulo: Editora Melhoramentos, 2020.

NOGUEIRA, C. A.; CRISOSTOMO, K. N.; SOUZA, R. S.; PRADO, J. M. A importância da psicoeducação na terapia cognitivo-comportamental: uma revisão sistemática. Barreiras/BA. *Revista das Ciências da Saúde do Oeste Baiano*. 2017.

ORGANIZAÇÃO DAS NAÇÕES UNIDAS. *Dia Mundial de Conscientização do Autismo*. 2017. Disponível em: news.un.org/pt/story/2017/04/1581881-oms--afirma-que-autismo-afeta-uma-em-cada-160-criancas-no-mundo. Acesso em: fev. 2020.

RAMOS, V. A. B. *O processo de luto*. 2016. Disponível em: psicologia.pt/artigos/textos/A1021.pdf. Acesso em: fev. 2020.

WHITMAN, T. L. *O Desenvolvimento do Autismo*. São Paulo: M.Books do Brasil, 2015.

AUTISMO – UM OLHAR POR INTEIRO

# 39

## GRITOS DO APRENDER

Como se dá o aprendizado de uma criança que não interage na sala de aula? O âmbito educacional sem dúvida traz discussões relevantes e necessárias sobre várias questões que envolvem o ensinar e o aprender das nossas crianças. Índices mostram certa defasagem acerca da alfabetização. Convido-lhe a refletir como isso deveria se dar em relação às crianças autistas que ingressam na escola regular.

**EDILAINE GERES**

**Edilaine Geres**

Edilaine Geres é psicopedagoga e pedagoga atuante no ensino fundamental anos iniciais. Formada inicialmente no magistério pelo CEFAM (Centro de Formação e Aperfeiçoamento do Magistério), atuou em escolas particulares, proprietária de Escola de Educação Infantil em Bastos/SP, onde reside e leciona atualmente. Atuou como coordenadora pedagógica do Ensino Fundamental e como Assessora Técnica Pedagógica. Atualmente ministra formação *on-line* para professores alfabetizadores. Formada em LIBRAS, muito contribuiu como intérprete em cultos da igreja Batista local. É autora de um projeto social para ajudar crianças carentes com atendimento psicopedagógico gratuito: *Aluno Fora de Série*. O nome tem ambos os sentidos: alunos que não estejam acompanhando suas séries por qualquer que seja o motivo e também torná-los fora de série, potencializando seu aprendizado e oportunizando o seu direito a educação, incluindo alunos com TEA.

**Contatos**
www.edilainegeres.com.br
contato@edilainegeres.com.br
14 99116-9384

**Uma criança que permanece na escola sem interagir irá aprender?**

Relatarei um caso real e lhe convido a refletir sobre ele. Jhony, 6 anos, tinha pouca interação, não realizava as atividades, não havia diálogo, troca de informações, mesmo nas tentativas de intervenções. Sua fase de escrita não avançava, dificultando avaliar seu aprendizado.

A típica criança que não incomoda, não desperta as atenções, mas me inquietava esse comportamento frente ao aprendizado e relatei à família tal preocupação.

Um dia, para minha surpresa, ele realizou uma escrita evidenciando que tinha conhecimentos valiosos e significativos sobre a escrita, conhecimentos estes ensinados e trabalhados com toda a turma, inclusive com Jhony. Demonstrou que estava atento nas aulas e sua calmaria externa revelou internamente um vulcão adormecido. O que teria Jhony então?

Vejamos algumas reflexões sobre a escola e autismo. Quando a criança autista chega à escola é preciso adequações para que atenda às suas necessidades. Dito isso, refletiremos sobre estratégias para uma educação de qualidade de crianças autistas. Como deveria ser sua alfabetização?

O autismo é um transtorno grave do neurodesenvolvimento que atinge a ordem e a qualidade do desenvolvimento infantil. Em sua maioria, é caracterizado por alterações sociais, de comunicação, interação e por interesses específicos, algumas vezes restritos e com a presença de comportamentos repetitivos.

Segundo Williams e Wright (2008) e Mello (2003), é considerado um distúrbio do desenvolvimento que normalmente surge nos primeiros três anos de vida e atinge a comunicação, a interação social, a imaginação e o comportamento, sendo uma condição que prossegue até a adolescência e vida adulta:

> Compreender o autismo é abrir caminhos para o entendimento do nosso desenvolvimento. Estudar autismo é ter nas mãos um "laboratório natural" de onde se vislumbra o impacto da privação das relações recíprocas desde cedo na vida. Conviver com o autismo é abdicar de uma só forma de ver o mundo – aquela que nos foi oportunizada desde a infância. É pensar de formas múltiplas e alternativas sem, contudo, perder o compromisso com a ciência (e a consciência!) – com a ética. É percorrer caminhos nem sempre equipados com um mapa nas mãos, é falar e ouvir uma linguagem, é criar oportunidades de troca e espaço para o nosso saber e ignorância [...]. (BOSA, 2002, p. 13)

As práticas pedagógicas, se não orientadas com materiais permanentes e utilizados por anos consecutivos, tornam-se agravantes, pois é preciso atender às necessidades específicas das crianças, então:

> Existe grande dificuldade em definir o termo inclusão e seu papel na sociedade. Muito mais do que simplesmente colocar um aluno portador de necessidades especiais em uma sala regular, este deveria ter acesso às oportunidades, assim como qualquer aluno, com seus direitos e deveres garantidos. (ÁLVARO; DOTA, 2009, p. 125)

Em 2018, à frente da gestão pedagógica na rede municipal em Bastos/SP, pude acompanhar casos de alunos com suspeita e diagnóstico de TEA. Trago o caso de Michael, 6 anos e 3 meses, com suspeita de autismo, sem diagnóstico ou qualquer intervenção iniciada. A mãe era preocupada em deixar seu filho atrás de um portão escolar sabendo das suas necessidades. Como fechar o portão de uma escola e sair tranquila?

Quem seria capaz de fazer mal a Michael? Ora, ninguém, mas só desejava cuidar do seu filho. Entre tantas crianças alguém olhará pelas necessidades dele? Michael em seu novo caminho, tantas outras angústias por trás de um portão escolar fechado que só voltaria a ser reaberto após longas horas de espera, pois quem espera sabe a morosidade do tempo.

Uma certeza: não é fácil para os envolvidos nesse contexto. São fatos recorrentes nas escolas em que há o despreparo e insegurança de todos. Para além da extensão dos portões há a família preocupada com adaptação do filho e a professora preocupada com o ensino. Michael, nesse novo cenário, novos barulhos, um sinal sonoro peculiar da escola que o agitava e incomodava. Retomemos as questões pedagógicas e posicionamos aqui a preocupação da professora com seu aluno que indicava ter TEA. A família tentando entender e aceitar o diagnóstico, que veio após fechamento de avaliação multidisciplinar. Quanto à escolarização, a preocupação da professora é reveladora nas questões burocraticamente exigidas de forma a tratar todos os alunos de forma igualitária. Sua preocupação principal era em conduzir sua prática pedagógica garantindo a Michael o aprendizado das habilidades esperadas. Uma criança com autismo, em considerável grau do transtorno, poderá se alfabetizar, mas necessita de mais tempo para isso, tendo em vista que isso não se limita a um único ano escolar, aprendemos por toda a vida.

Como tudo isso se integra a Jhony que, mesmo com tal comportamento, aprendeu o que era esperado? Ele não era autista, caso você tenha concluído isso. Vamos refletir na alfabetização da criança autista, com base na proposta de Educação Terapêutica. Segundo Kupfer:

> Este é o nome que está sendo dado a um conjunto de práticas que aliam educação e tratamento para crianças com graves distúrbios de desenvolvimento, ou se quiserem, crianças cuja posição na rede da linguagem, cuja inscrição no registro simbólico, apresentam falhas ao ponto de ficar comprometida a sua constituição subjetiva, sua relação com o outro e sua circulação no campo social: psicóticas, autistas, sindrômicas, ou algumas portadoras de deficiências para quem tais falhas simbólicas acabam por se instalar. (KUPFER, 2010, p. 57)

Esses estudos trazem três eixos para a Educação Terapêutica: a inclusão escolar, o eixo simbólico e a operação educativa propriamente dita.

A primeira cita que a inclusão fortalece a necessidade e direito dessas crianças autistas frequentarem as instituições escolares no ensino regular. A chance de dar a essa criança um lugar na escola irá possibilitar os caminhos e objetivos dessa educação terapêutica, segundo Kupfer, quando diz "que ao dar à criança um lugar na escola, está sendo feita uma 'atribuição imaginária de lugar social'" (KUPFER, 2010, p. 57).

A modelização no aprendizado: quanto mais ela for inserida a meios sociais, melhores serão suas possibilidades de aprendizado, convivência social por meios das normas e regras. O segundo eixo trata do simbólico, que deverá referir-se à questão do ensino voltado para além do ensino das palavras, cuidando do seu significado e despertando na criança autista o desejo de aprender o novo fazendo a associação simbólica das palavras conforme relato a seguir:

> Suzana entrou no Lugar de Vida há um ano, e trouxe consigo um hábito estranho: costumava desenhar em sua própria testa um rabisco, uma cobrinha, uma marca. Fazia também desenhos que consistiam em bolas umas dentro das outras, sem muita ordem. A professora reconheceu neste desenho, um dia, uma menina: a bola maior era o rosto, e as menores os olhos, a boca. "Uma menina!", exclamou jubilosamente aquela professora. Suzana incorporou então essa significação, e passou a desenhar o rosto com mais detalhes. E incluiu, pouco mais tarde, nesse desenho de menina, sua marca registrada: a cobrinha na testa. Uma inscrição originária ganhou sua extensão no significante "menina". (KUPFER, 2010, p. 59-60)

Nesse exemplo da prática diária, Suzana não fazia referência a seu nome e mal se atentava à chamada, que as crianças neurotípicas assinalavam e identificavam seus nomes escritos, "Suzana, de início, mal prestava atenção a essa solicitação. Quando sua cobrinha surgiu na testa do desenho, passou a "assinar-se" com ela. Ao escrever, vai soletrando: Su-za-na" (KUPFER, 2010, p. 59).

> Aqui, espera-se que o nome representa o sujeito, e se torne um significante, singularizando-o. Ou seja, que o designe como único personagem a portá-lo. A este apelo, Suzana ouviu, assinando-se com o que, embora fora do código, a representava, a marcava, conferindo-lhe um mínimo de existência no mundo. Está a um passo de curvar-se ao código da língua, pois agora escreve letras ao lado de seu nome. (KUPFER, 2010, p. 60)

O terceiro eixo traz a permanência e transformações de um sujeito em desenvolvimento. As evidências da efetividade de uma educação para além de conteúdos acadêmicos trazem a urgência quanto ao tempo para que não haja maiores danos em tais atrasos já existentes:

> A Educação não tem mais, aqui, o fim de adaptar a criança a um meio social, e de tornar o convívio com ela suportável. Tem a função de dar

à criança um lugar de sujeito. De fato, qualquer educação que se preze deveria estar levando isso em conta. (Ibid)

Os relatos indicam como a educação terapêutica deve ser compreendida e inserida nas instituições escolares, fazendo-se necessária e adequada à criança com o autismo. Observemos o caso de Jhony, que poderia ser considerado uma criança autista e surpreendeu ao final de um período. Bastos (2002) traz a experiência com um aluno autista que, assim como Jhony, permanece na sala de aula sem interação. Porém, a ele foram dados os mesmos direitos das crianças neurotípicas quanto ao ensino, o que desencadeou o aprendizado. Para a autora, essas crianças estarem na escola cumpre uma dupla função, ambas com valor terapêutico: no âmbito educacional, promove a circulação e o laço social e no âmbito da escolarização propriamente dita, o aprendizado da leitura e escrita promovem para essa criança um reordenamento de sua posição diante do simbólico.

Apresentamos então Roberto, um menino de 10 anos, que estava no 4º ano. Muito quieto, silencioso e um tanto arredio. Não dava trabalho na sala de aula, ficava silencioso, observava os colegas e fazia alguns rabiscos no papel. Por isso, a citação inicial do meu aluno Jhony, pois embora fosse uma criança típica com alguns comportamentos, tinha características autísticas. Desse modo, evidencia-se a importância de se investigar e avaliar adequadamente, pois nem sempre o autismo se apresenta da forma tão difundida. Quanto a Roberto, foi garantido e realizado, resumidamente citado aqui, um percurso de evolução percorrendo de desenhos a traços, chegando a grafar e demonstrar seu interesse pelas letras, "neste momento a equipe pedagógica percebe seu conhecimento sobre a escrita; e, conforme citado, 'cai o desenho e surgem as letras'". (BASTOS, 2002, p. 144)

A família de Roberto relatou que a professora do 1º ano acreditava em seu potencial de forma a registrar em seu caderno todas as atividades propostas aos demais alunos, pois embora ele não interagisse, estaria certamente aprendendo segundo ela. Isso revela a relevância de tal educação, que imediatamente me reportou a Jhony: é preciso cuidados no tratar e educar. Há urgência nos reposicionamentos das instituições escolares quanto à forma visível de uma pedagogia tradicional, não possibilitando uma educação terapêutica e o olhar para além do diagnóstico.

Portanto, a condição dos autistas não os exime do direito de frequentar a escola regular, sendo essa parte fundamental da educação terapêutica. Todavia, sabemos que, em alguns casos, isso não será possível dependendo do espectro.

Reportando aos gritos dos envolvidos na inclusão, cabe a relevância desse trabalho com a criança autista: educar e tratar para além das habilidades específicas acadêmicas. É preciso partirmos de uma educação terapêutica garantindo o desenvolvimento das crianças, e o caso do aluno Jhony evidencia sua importância. Não ser especialista em transtornos não é o mais importante, embora seja fundamental buscar conhecimentos. Respeitar e atuar em suas necessidades visando à potencialidade de desenvolvimento do sujeito para além do conhecimento acadêmico irá possibilitar à criança com TEA ser educada e tratada para a vida.

**Referências**

BASTOS, M. B. *Incidências do educar no tratar: desafios para a clínica psicanalítica da psicose infantil e do autismo.* Tese (Doutorado). Instituto de Psicologia da Universidade de São Paulo, São Paulo, SP, Brasil. (2002)

BOSA, Cleonice Alves. Autismo: atuais interpretações para antigas observações. *Autismo e educação: atuais desafios.* Porto Alegre: Artmed, 2002.

CHAVES, Maria José; ABREU. Márcia Kelma de Alencar. *Currículo inclusivo: proposta de flexibilização curricular para o aprendente autista.* 2014. Disponível em: docplayer.com.br/20866516-Curriculo-inclusivo-proposta-de-flexibilizacao--curricular-para-o-aprendente-autista.html. Acesso em: 29 jun. 2020.

KUPFER, M. C. M.; FARIA, C.; KEIKO, C. O tratamento institucional do outro na psicose infantil e no autismo. *Arquivos Brasileiros de Psicologia*, Rio de Janeiro, v. 59, n. 2, p. 156-166, 2007.

MELLO, A. M. S. R. Autismo. Guia prático. 2003. *Coordenadoria nacional da pessoa portadora de deficiência* – CORDE. Disponível em: psiquiatriainfantil.com.br/livros/pdf/AutismoGuiaPratico.pdf. Acesso em: 01 jul. 2011.

VILELA, E. Acontecimento e filosofia. Acerca de uma poética do testemunho. *Educação e Cultura Contemporânea*, v. 5, n. 9 extra; 2008.

WILLIAMS, C.; WRIGHT, B. *Convivendo com autismo e síndrome de Asperger: estratégias práticas para pais e profissionais.* São Paulo: M. Books do Brasil, 2008.

DOTA, Fernanda Piovesan; ÁLVARO, Denise Maria Alves. Ensino inclusivo: aspectos relevantes. Rev. Psicopedagogia 2009, p. 125. Disponível em: cdn.publisher.gn1.link/revistapsicopedagogia.com.br/pdf/v26n79a14.pdf>. Acesso em: 27 ago. 2020

AUTISMO — UM OLHAR POR INTEIRO

# 40

# AUTISMO E EDUCAÇÃO: UM CAMINHO POSSÍVEL

Este capítulo tem por objetivo colaborar com o professor no seu dia a dia com os alunos diagnosticados com TEA, trazendo dicas e modelos de atividades a serem construídas de acordo com a necessidade do aluno em questão. Lembrando sempre que cada aluno é diferente do outro e isso nos leva à capacidade de criar muitos materiais.

**FABIO DE OLIVEIRA SANTOS**

**Fabio de Oliveira Santos**

Pedagogo com habilitação em Deficiência intelectual e orientação escolar pela faculdade integrada Campos Salles (2007), com pós-graduação (Lato Sensu) em Saúde mental e transtorno global do desenvolvimento pela Faculdade Machado de Assis. Graduando em Psicologia. Tem Certificados em intervenção precoce em crianças com atraso no desenvolvimento e/ou desenvolvimento atípico através do uso da Análise Aplicada do Comportamento (ABA) pelo Núcleo Paradigma, AMA, CBI OF MIAMI. Atua como Diretor do Centro de Apoio ao autista de Osasco e professor de AEE-PMO, além de prestar consultoria para escolas a fim de favorecer na Inclusão Escolar.

**Contatos**
fabio@centroautistaosasco.com.br
Facebook: Fabio Oliveira
Instagram: fabioeduc
11 97035-9989

O ano letivo já começou e você descobre depois da atribuição de sala que em sua lista de alunos tem um deles com diagnóstico de TEA. Todos os professores estão falando da condição do aluno, mas ninguém apresenta alguma solução. E agora José?

É sempre importante lembrar-se das características que definem a pessoa acometida por TEA. Ela tem prejuízo em três áreas do cérebro e este prejuízo varia de pessoa em pessoa.

- Prejuízo na comunicação: por este motivo muitos não se comunicam verbalmente. Isso pode mudar com terapias, com fonoaudiólogos especializados em TEA. Não estou afirmando que com as terapias a criança vai falar, mas ela pode adquirir habilidades de comunicação melhores.
- Prejuízo na imaginação: aqui mostra a dificuldade em prever o tempo e também de entender o que está subjetivo na comunicação do seu interlocutor. Essa falta faz com que eles queiram tudo de imediato, gerando muita desorganização no espaço e na casa em que vivem com seus familiares.
- Prejuízo na interação social: com toda essa dificuldade de comunicação e de imaginação, a socialização também tem prejuízos significativos, tornando a criança mais isolada. Devo ressaltar que, mesmo todos estando dentro deste espectro, eles não são iguais.

O que diferencia é o quanto cada indivíduo tem de prejuízo em cada uma dessas áreas. Gosto sempre de pensar na fórmula "aluno mais comprometimento" porque nos faz pensar em pré-requisitos da aprendizagem. Foi com Jean Piaget (1896-1980) que se despertou para esse processo de conhecimento prévio de cada criança. Não vou me estender sobre o assunto, mas, como dica, vale a pena dar uma lida neste conteúdo e entender melhor esse processo.

Usando esta categoria de prejuízo na imaginação, já temos por obrigação a necessidade de criar um painel de rotina. O aluno com TEA precisa de previsibilidade no seu dia a dia: o que irá acontecer, quais atividades irá realizar, se haverá algo diferente etc. A antecipação dos acontecimentos faz com que ele se sinta seguro e não apresente comportamentos disruptíveis. Você deve estar se perguntando: "como vou criar isso?" Pois bem, vá até os espaços comuns da escola, tire uma foto de cada lugar e tente plastificar. Se não for possível, coloque em um saco de quatro furos. Estabeleça as imagens na ordem que forem realizadas as atividades ao longo do dia. As imagens podem ser retiradas para que o aluno saiba que seu dia teve início e terá um fim com as imagens de uma rotina montada. O mais importante é que o aluno seja orientado pela imagem, esse método será usado durante todo o processo. Feita a rotina, devemos iniciar com as atividades que já foram elaboradas a partir do planejamento individual do aluno. Deixarei aqui um modelo de painel escrito, mas ele pode ser de objetos/imagens. Neste caso, o aluno deve parear as figuras e realizar as atividades pré-definidas a cada objeto apresentado.

- Painel de Rotina;
- Atividade;
- Lanche;
- Escovação;
- Atividade;
- Ed. Física;
- Ir para casa;
- Etc.

**Observação:** a palavra "atividades" pode ser repetida no painel várias vezes.

Agora que já sabemos montar o painel e já temos as atividades selecionadas para a realização, temos que registrar essas atividades, pois nosso aluno tem baixo repertório pedagógico, mas tem muita agitação, o que dificulta seu aprendizado. Pensando nisso, apresento uma folha de registro com uma hierarquia de dicas, para que, ao longo do processo, você consiga perceber a evolução do seu aluno:

| FOLHA DE REGISTRO | | | |
|---|---|---|---|
| Data | Atividade | Tipo de ajuda | Observação |
|  |  |  |  |
|  |  |  |  |
|  |  |  |  |
|  |  |  |  |
|  |  |  |  |

Ajuda física = AF
Ajuda leve = AL
Ajuda Gestual = AG
Ajuda verbal = AV
Independente = I

**Folha de registro**

Vou criar uma hipótese para mostrar a utilização da folha de registro e sua função. Por exemplo, esse aluno tem uma superagitação, fica andando pela sala, pulando e segurando um galho de árvore na mão. Fazendo uma análise do quadro, descobrimos que esse galho é seu reforçador. Pois bem, você deve estar se perguntando o que é reforçador. Reforço ou reforçador, no behaviorismo, é a consequência de um comportamento que o torna mais provável. Reforços são, portanto, estímulos a um comportamento em oposição à punição. Para ficar mais fácil de pensar, lembre-se sempre que o reforço é o prêmio por ter realizado a tarefa corretamente.

Então, o galho é algo muito importante. Já temos um aliado. Nosso maior desafio é colocar esse aluno sentado em sua carteira para realizar atividades. Neste momento, meu amigo professor, vou criar uma atividade para que seja possível que o aluno fique em seu lugar. Exemplo de atividade: coloque uma quantidade de canudos na bandeja e mostre para o aluno como deve realizar a atividade, a saber, colocar os canudos dentro da lata um de cada vez. O principal objetivo da atividade é manter o aluno sentado. Nesse momento vai parecer pouco tempo, mas com o aumento de atividades e quantidades o tempo também vai aumentando. Ao final das atividades, é importante que ele seja reforçado com o galho de árvore. Ainda falando de reforçador: é possível também dar um elogio, carinho ou "yes". O reforçador é quem vai determinar a continuidade dos trabalhos.

Você deve estar pensando "Onde vou registrar tudo isso?", "A que horas irá mudar a atividade?" Calma, vai dar tudo certo. Agora é a hora de usar a folha de registro que vimos antes e entender como se define cada tipo de ajuda.

- **Ajuda física:** nesse tipo de ajuda o professor pode pegar na mão do aluno e ajudá-lo a realizar a atividade. Essa ajuda deve permanecer até o aluno não demonstrar iniciativa para realizar a tarefa. No seu registro ficará "AF".
- **Ajuda leve:** aqui sua percepção estará bastante aguçada. Você percebe que o aluno já não precisa mais que segure a mão dele, apenas que o oriente através do toque na mão. No seu registro ficará "AL".
- **Ajuda gestual:** o aluno só necessita que você, professor, aponte para o local onde ele deve realizar a tarefa. No seu registro ficará "AG".
- **Ajuda verbal:** meu amigo, aqui é importante pensar para não usar essa dica em demasia e deixar o aluno dependente do comando verbal. Então vamos usar com moderação. Para descobrir se o aluno está dependendo do comando, é só colocar a atividade e esperar que ele realize: se ele esperar seu comando, bingo, usamos a dica em demasia. Devemos, então, diminuir as dicas e usar o toque para corrigir isso. Aqui ficará "AV".
- **Independente:** aqui já é sucesso, você colocou a atividade e o aluno já realiza sem precisar de nenhuma dica. Parabéns! Seu aluno já está com essa habilidade garantida. Observe que o tempo dele sentado já é bem grande. Agora voltemos para a folha de registro e vamos usar essas informações para registrar tudo nela.

A folha de registro tem por objetivo mostrar todo o seu trabalho pedagógico, e ainda vai te ajudar nos relatórios solicitados. Sabemos que os alunos fazem terapias fora da escola e é comum este profissional pedir esse tipo de documentação, mas o importante aqui é a evolução do seu aluno. Agora, vamos olhar para nossa folha de registro preenchida com o modelo de atividade que criamos com o canudo:

| FOLHA DE REGISTRO | | | |
|---|---|---|---|
| Data | Atividade | Tipo de ajuda | Observação |
| 01/01/2020 | Encaixe simples (colocar o canudo na lata) | AF | Ficou sentado durante a atividade |
| | | | |
| | | | |
| | | | |
| | | | |

Já sabemos estruturar os materiais, vamos dar sequência ao aprendizado de nosso aluno. Nessa atividade tivemos vários ganhos e ampliaremos esse repertório. Trabalharemos com cores usando a mesma base de atividade. Nossa lata agora vai ganhar cor: usaremos o azul para dar início. Monte a mesma base: canudo azul+lata+bandeja.

Usando a mesma estrutura, vamos dar sequência nas atividades. Meu amigo professor, espero que já tenha se acostumado com essa estrutura e percebido que as suas atividades estão sendo criadas de acordo com os seus objetivos. Por essa razão, você vai precisar construí-las.

Para construção de materiais, o cuidado deve ser sempre no material utilizado. Por exemplo: se seu aluno costuma jogar os materiais, para ele vamos trabalhar com coisas de plástico, porque se jogar não fere ninguém. Quando for algum tipo de folha de papel seria interessante plastificar para maior durabilidade.

Agora é hora de ampliar os conhecimentos de seu aluno: vamos partir para atividades de alfabetização. Isso não significa que seu aluno não pode mais fazer as atividades de encaixe simples ou de pareamento. Nós iremos apenas introduzir palavras no repertório. Para isso, precisamos lembrar que nosso aluno tem prejuízo na imaginação. Então, não vamos trabalhar com as "famílias" e sim com a palavra inteira. Isso vai nos ajudar para melhor compreensão do nosso aluno.

Chegou o início de nossa alfabetização. É importante usar sempre imagens. Lembre-se de que para nossos alunos com TEA o visual tem mais chance de ser aprendido sem erro. Pegaremos um pedaço de papel cartão azul e na parte de baixo vamos escrever o nome em azul. Você vai pegar o cartão e ficar de frente com o aluno e dar a seguinte instrução: dê o cartão azul. Ele tem como missão pegar o cartão e te entregar, se não fizer use da ajuda física para que ele entenda o deve fazer. Faça isso colocando o cartão em várias partes da mesa. Quando ele já estiver fazendo isso de forma independente, coloque outra cor só para verificar se ele aprendeu o azul. Quando tiver as duas cores na mesa e você solicitar a cor azul e ele pegar a outra isso mostra que a habilidade ainda não foi adquirida, então devemos continuar com uma única cor na mesa. Assim faremos com todas as atividades, vamos nomear isso de verificação de aprendizado.

Vamos falar um pouco sobre números. Aqui faremos a quantificação. Usaremos a habilidade de pareamento para migrar para a quantificação. Crie a atividade em folha de sulfite com a sombra de um palito e embaixo o número um, então coloque-a na frente do aluno e o oriente para que coloque os palitos em cima da marca, e juntos vocês verbalizam o número e seguem com os numerais. Seguindo esta estrutura daremos continuidade até a quantidade desejada no planejamento. Muito bem! Chegamos em um momento que o aluno já consegue realizar as atividades sem tanto apoio.

Vamos falar um pouco de autismo mais funcional. Aqui quero deixar registrado que as atividades já podem ser totalmente de cunho pedagógico. Às vezes, é importante fazer uma avaliação de conhecimentos prévios do aluno porque eles têm muito conhecimento dentro da cabeça e como ele não se manifesta muito durante as aulas ou em bate-papo fica muito difícil perceber esse conhecimento todo. Montemos uma avaliação: escreva palavras simples, junte 3 e peça a seu aluno que pegue uma das palavras escritas. Se ele pegar a solicitada, mostra que já sabe ler. Faça um rodízio com as palavras e aumente a complexidade delas até chegar em pequenos textos. É importante que, se possível, trabalhe temas que façam parte do interesse do aluno, pois isso torna a tarefa mais agradável. Informo ainda que a tarefa de escrever para alguns é bem difícil e essa dificuldade está no conjunto das características. A habilidade da escrita, em alguns casos, é bem ruim. Então, tenha paciência ou oferte outro meio para garantir o registro das atividades. Saiba que não é recomendável que se apague a escrita de seu aluno, isso pode gerar uma grande frustração e ele pode apresentar comportamentos disruptivos, não sendo bem entendido por alguns esse processo. Se isso acontecer, é importante conversar, apresentar o acerto e solicitar que ele faça a correção do material. Não é regra para todos os casos. Outra coisa não menos importante é a repetição de atividades. Criar atividades não é um bicho de sete cabeças: o que precisa ter bem definido é o objetivo que se busca. Quando estamos falando de pessoas acometidas de autismo, é importante lembrar da característica individual e da necessidade primária para o aprendizado. Sabendo disso, fica muito mais fácil você criar suas atividades do que esperar que alguém tenha criado pensando em seu aluno.

Vou encerrar aqui para que vocês ainda tenham vontade de ler o próximo capítulo. Aguardem! Vem mais coisas aí. Um forte abraço!

**Referências**

MELLO, A. M. S. R. *Guia prático*. 9. ed. Brasília: Editora Associação de Amigos do Autista, 2007.

SCHWARTZMAN, J. S. *Autismo infantil*. Ed. CODE. Brasília, 1994.

SILVA, A. B. B. *Mundo singular: entenda o autismo*. São Paulo: Editora Objetiva/Fontanar, 2012.

AUTISMO – UM OLHAR POR INTEIRO

# 41

# ESPIRITUALIDADE DO AUTISMO

O autismo visto pelo espiritualismo universalista. A observação de seus acordos dentro de seu ambiente familiar. A divina espiritualidade dos autistas, que na Terra são transmutadores energéticos e, por isso, passam por diversos desafios em seu caminho evolutivo. No corpo energético (*chakras*), suas deficiências e por onde podemos iniciar um trabalho inovador de ativação do DNA e Nova Medicina Energética.

## FLÁVIA CAVALCANTI

## Flávia Cavalcanti

Escritora e terapeuta. Em 2012 teve seu primeiro despertar para uma nova consciência. Em 2016 fez sua primeira adoção e em 2017 a segunda adoção e seu maior desafio, uma criança de 2 anos que não falava, não andava, manifestava desequilíbrio, neurofibromatose e comportamento autista. Como pesquisadora e eterna estudante de assuntos sobre espiritualidade, usou da ferramenta Acesso a Registros Akáshicos para compreender o processo, além de Ativação das 12 camadas do DNA e Nova Medicina Energética para estabilizar o corpo energético de sua filha. Assim, ela iniciou seu processo de evolução, de andar, falar e desenvolvimento de seu intelecto, sendo considerado por médicos e psicopedagogos como um caso extraordinário de desenvolvimento. Em 2018, teve seus três trabalhos aprovados no Congresso de Medicina e Saúde Quântica do Deepak Chopra em São Paulo. Hoje, escreve e promove atendimentos e cursos de Acesso a Registros Akáshicos, Abertura das 12 camadas do DNA e Nova Medicina Energética.

**Contatos**
www.akashainterdimensional.com.br
flavia@flaviamarques.com.br
Facebook: Flávia Cavalcanti
Instagram: @akashadeflavia | @akashainterdimensional
YouTube: Akasha Interdimensional
71 9929-63433

## O campo energético

Com um campo muito aberto e capaz de sentir em todos os ângulos, os seres acometidos por autismo vieram à Terra para elevar ao campo de consciência humano, manifestando dificuldades de estar centrados. O autista vive sentindo e recolhendo energia de todas as pessoas como um grande transmutador energético encarnado. Em um sistema que necessita dessa limpeza energética, é inserido como ponto de luz, espalhados pelo mundo transmutando e limpando o planeta.

Transmutar energia significa captar o campo energético denso, transformá-lo em um campo luminoso e banhar a Terra com essa energia nova, transmutada e carregada de energia da consciência. O coração é o órgão transmutador energético que executa esse serviço.

Na matriz do campo energético do autismo, temos desajustes no primeiro e no sétimo *chakra*. O sétimo *chakra* se localiza no alto da cabeça e nos autistas é excessivamente aberto, captando não somente as energias do universo, o cosmos, a energia de consciência a qual chamados de Deus, assim como o campo energético das pessoas, dos estabelecimentos, trabalhando no coletivo. Isso faz com que as conexões cerebrais se tornem confusas devido à vastidão de energias que adentram o corpo físico através dessa exagerada abertura do *chakra*.

Por conta de todas essas informações vindas da abertura excessiva do *chakra*, existe um excesso de sinapses, espiritualmente vistas como pequenos choques e um ressecamento do líquido que envolve as membranas das células que ficam separadas por um espaço chamado "fenda sináptica". Essas células acabam necessitando de reposição por DHA pelo cansaço das vesículas e pelo excessivo funcionamento cerebral.

No primeiro *chakra*, que se localiza na base da coluna, temos um fechamento extremo, trazendo a sensação de não pertencimento. Na visão espiritual, temos indivíduos extremamente conectados à criação e completamente desconectados da Terra, sendo inseguros, não compreendendo as questões normais da vivência mundana, desconexão com sobrevivência, recusa alimentar, repertório alimentar limitado e ritualístico, atrasos de habilidades motoras e orais, resultando em aumento de esforço para mastigação.

A indicação é que se feche parte do sétimo *chakra* e que o abra conforme passarem os anos. Faça sempre um alinhamento energético e abra o primeiro *chakra* criando raízes profundas.

## As emoções dos autistas

Os afetos e emoções não fazem parte do mundo do autista, pois seu coração tem uma única função, que é transmutar energias. A especialidade deles é amor divino, então não são seres amorosos em que se percebe amor humano, romântico, emocional, não fingem sentir amor. Eles simplesmente não sabem o que é amor humano, pois estão conectados a uma fonte suprema de amor universal de onde recebem toda energia cósmica necessária para que em seu corpo essa transmutação possa acontecer, não sendo um processo fácil de entender, uma vez que é diferente do que habitualmente se vê. O que sentem gera confusões e potencializa o estado de ansiedade, tornando-os inquietos muitas vezes. A inquietude vem da captação de campo e das palavras mentais sem ordem que decorrem do próprio processo, quase nunca tendo consciência do gerador de sua ansiedade. Têm dificuldade de aprender sobre a vida através do sofrimento.

Não guardam as experiências traumáticas.

Do ponto de vista do aparelho psíquico, não guardam memórias no inconsciente, têm um id reduzido e não têm acesso a parte moral da psique – o juiz interior conhecido como superego –, sendo isentos de entendimento sobre como se comportar de maneira moral, ser inibido por meio de punição ou sentimento de culpa.

Como sentem o todo e são muito inteligentes, aprendem a manipular as situações para que tudo funcione a seu favor. Então, necessitam muitas vezes que seja mostrado onde está a manipulação para que pais, cuidadores e familiares não se tornem reféns dessa mente tão ativa. Por serem seres verdadeiros, não compreendem por que as pessoas sentem uma coisa e dizem outra. Eles, por sua vez, respondem pelo que sentem e não pelo que é dito, se comportam pelo que sentem e não pelo que é falado com palavras. O pensamento, a palavra, a ação e o sentir de um cuidador devem estar em alinhamento.

Não existe no campo do autista a palavra "mentira" e não reconhecem a sensação da mentira, fazendo uma imensa confusão mental. São extremamente verdadeiros.

A sua extrema sensibilidade na pele gera aversão ao toque por sentirem demais. São também sensíveis ao frio, ao calor extremo e a tudo que diz respeito à superfície.

Eles precisam que seja falado tudo que vão fazer por eles: qual comida, hora do banho, se vão sair, aonde vão, fazer o quê, mesmo com limitação, que muito têm etc. Mesmo assim, é necessário que tudo seja falado, pois eles não entendem quando são pegos de surpresa.

A criação dos autistas precisa ser bem organizada, mas não devem ser tratados como doentes, ou incapazes. Pelo contrário, quanto mais organizado for o processo, mais capacidade de expor essa inteligência eles possuem. Precisam trabalhar o senso de responsabilidade, pois têm uma tendência de não quererem ser responsáveis por sua própria vida, como se os cuidadores fossem os únicos responsáveis por eles, querendo o tempo todo fugir de suas próprias responsabilidades.

## O aprendizado do autista na Terra

O maior aprendizado do autista vem da aceitação de estar na Terra, pois são seres que não se sentem pertencentes a ela. Como captam o campo, são capazes de sentir o pensamento e as emoções das pessoas, o que intensifica muito seu processo de aceitação de si mesmo, de sua energia e de seu campo amplo, já que têm falta de consciência de seu propósito na Terra. A Terra não tem a vibração para receber o tamanho do espírito do autista, por isso esse equilíbrio deve ser feito.

Existe muita impaciência com o humano, o que gera angústia e ansiedade.

## Como são vistos espiritualmente

Normalmente, o autista é observado pela perspectiva filosófica/espiritualista ou religiosa como alguém que veio para pagar alguma dívida, sob uma condição espiritual de karma. Dentro de sua carta evolutiva, existem movimentos passados que fizeram com que o autista agora possa passar por essa experiência de evolução através da transmutação, mas não é somente esse pagamento de karma que deve ser observado, sim todo o histórico espiritual, a espiritualidade da Terra, cósmica, sua luz e sua sombra.

Observar a espiritualidade do autista somente por essa via é pouco diante de suas tantas capacidades espirituais.

Eles estão vivendo a evolução deles através do autismo como todos nós estamos vivendo nossa evolução. Existem muitas manifestações espirituais no processo do autismo devido a sua capacidade de transmutação, o que os faz atrair energias que não condizem com sua vibração pela sua capacidade de limpeza energética. A visão para a espiritualidade é muito maior do que apenas observar que alguém está aqui para pagar alguma coisa cometida no passado, trazida como karma.

Nesse contexto, tratamos a espiritualidade do autismo observando em todos os campos, desde a matriz energética original até a espiritualidade da Terra e cósmica. São grandes para-raios energéticos, sentindo o campo de tudo com muita intensidade.

Sentem o campo do outro, sentem o outro e qualquer conexão cerebral que se estabeleça, convivem bem com isso por não se conectar muito com as emoções. Fazem comunicação telepática.

## A espiritualidade dos pais de autistas

Somente são capazes de receber vibrações tão altas os pais com força e sabedoria para isso. Existem acordos feitos no processo de entre-vida que selam a união de pais e filhos autistas. São seres de comunicação telepática em que um dos familiares o entende por uma voz que ecoa dentro da cabeça, uma clarisapiência: não entendem por que sabem, mas sabem.

Os pais, por sua vez, sofrem muito por medo de falharem, pois sentem como um compromisso. De fato, é um compromisso. O que vocês falharem têm a oportunidade de consertar e assim segue a vida e seu processo educativo: nada está perfeito e tudo é perfeito.

Os pais e cuidadores de autistas são muito guiados espiritualmente, pois estão protegendo e mostrando a vida a seres de muita missão, ou seja, estão também em missão junto a eles.

### Nova Medicina Energética

Tudo é energia. Sem exceção. Tudo o que existe, desde sentimentos, emoções, matéria, seres humanos, natureza, é energia. Energia é o composto, o que somos.

Os trabalhos quânticos atuais oferecem uma alternativa para o autismo. Além do fechamento do sétimo e abertura do primeiro *chakra* citados anteriormente, podemos também trabalhar o retorno ao DNA de origem através da Mandala Biológica de Retorno ao DNA de Origem e aplicação da Mandala do Autismo.

Essas duas geometrias sagradas trabalham a árvore da vida, o genoma humano, toda a biologia, a predisposição às doenças e as doenças de nossos pais, pois se referem à criação. Restaurar ao DNA de origem e aplicação da Mandala do Autismo significa alterar a ancestralidade e a carta de karma, restaurando a seu projeto inicial. São duas geometrias sagradas, que necessitam trabalhar juntas.

### Técnica

Prepare o ambiente, coloque para tocar a sinfonia número 8 de Beethoven. Com o paciente deitado, visualize a imagem da primeira mandala, a Mandala Biológica de Retorno ao DNA de Origem. Visualize-a entrando na região do Timo e expandindo-se para todo o corpo, todas as células, viajando pela corrente sanguínea.

Em seguida, batendo no Timo com as pontas dos dedos, fale a Oração biológica de retorno ao DNA de Origem.

Depois aplique a Mandala do Autismo, visualizando da mesma forma que a primeira e fale a oração do autista, batendo com as pontas dos dedos na região do timo.

### Mandala Biológica de Retorno ao DNA de Origem

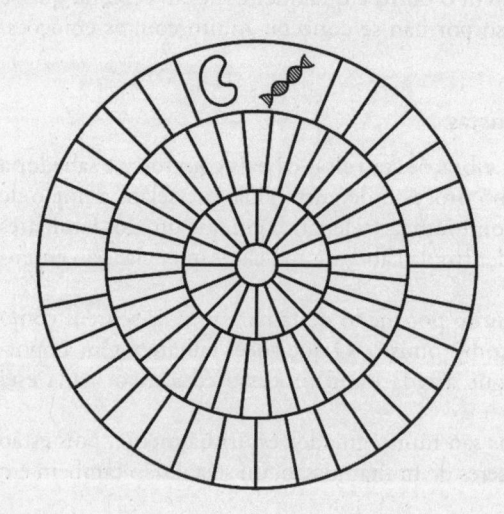

## Oração Biológica de Retorno ao DNA de origem

"Eu, *nome*, como ser divino que sou, sei que tudo posso e tudo consigo. Neste momento ativo as minhas células e envio a informação ao meu DNA quanto ao meu desejo de transmutação de todas as imperfeições, doenças e predisposições genéticas para que eu possa receber o meu DNA de origem, abrindo assim a primeira camada do meu DNA, restaurando em funções biológicas perfeitas. Concordo e aceito que este trabalho seja efetuado dentro de meu sistema e creio na força do Criador para que neste momento também seja ativado todo o meu sistema imune. Cancelo, neste momento, todos os acordos e contratos assinados que no passado eu tenha feito com qualquer tipo de doença ou imperfeição no meu corpo físico. Comprometo-me a cuidar das dores de minha alma com amor e carinho e, também, a cuidar da minha alimentação e ingestão de água e de meu corpo físico. Eu me amo e por isso concordo que meu espírito possa realizar as mudanças necessárias em minha vida para a saúde perfeita de meu corpo físico. Finalizo com a certeza de que este trabalho de amor por mim mesmo, de autorresponsabilidade sobre meus atos, me trará a saúde perfeita e a magia natural do Criador, reservadas para mim desde há muito tempo. Sou um ser divino e recebo do Cosmos a saúde naturalmente perfeita para me colocar na linha evolutiva do novo humano, ser interdimensional que sou. Eu sou o que sou. Assim seja. Amém."

## Mandala do Autismo

## Oração do Autismo

"Eu sou o que eu sou.
Eu vim com um acesso a uma conexão universal.
Tenho por mim, pelo trabalho que vim fazer, um amor incondicional.

Aceito neste momento que este trabalho da Nova Medicina Energética possa dotar-me de saber e verdade.

Aumento neste momento a minha conexão inteligente e me coloco à disposição da Terra para liberar e libertar meus dons, talentos e habilidades.

Reconheço-me como parte desse todo e aceito que toda evolução possa estabilizar meu corpo e minha mente.

Sinto-me pertencente.

Coloco-me na Terra enraizado e pronto a desempenhar o meu serviço à humanidade.

Dou total condição a meu corpo físico para manifestação de todos os meus eus.

Estou convicto de minha interdimensionalidade e sei que sou um canal de informações da fonte suprema, e me ativo conforme meu grau de evolução física, mental e emocional.

Construo a minha mente consciente no aqui e agora.

E assim sempre será!"

Gratidão.

## Considerações finais

Foi por não saber o que era autismo que tudo isso pôde acontecer. Às vezes o saber demais nos faz incrédulos e nos limita. Contudo, foi com este trabalho e também outros trabalhos terapêuticos espirituais de limpezas de vidas passadas, fragmento de alma, energização e alinhamento que consegui estabilizar o processo de minha filha, em que ela conseguiu andar e falar. Em 2018, esses dois trabalhos canalizados de abertura das 12 camadas do DNA e Nova Medicina energética foram aceitos no congresso de Medicina e Saúde quântica do Deepak Chopra em São Paulo e agora posso trazer junto deste livro essa experiência que foi tão grandiosa para nós.

Espero ter acrescentado maior entendimento à vida dos leitores.

## Referências

CAVALCANTI, Flávia. *Abertura 12 camadas do DNA*. Congresso Medicina e Saúde Quântica, Deepak Chopra, 2018.

CAVALCANTI, Flávia. *Nova Medicina Energética*. Congresso Medicina e Saúde Quântica, Deepak Chopra, 2018.

CAVALCANTI, Flávia. *Registros Akáshicos*. Editora Garimpo, 2018.

AUTISMO – UM OLHAR POR INTEIRO

# 42

## A FAMÍLIA COMO PROTAGONISTA NO DESENVOLVIMENTO DE CRIANÇAS COM TRANSTORNO DO ESPECTRO AUTISTA

Neste capítulo abordaremos reflexões sobre o protagonismo da família no desenvolvimento das crianças com transtorno do espectro autista, apresentando estratégias de ensino que favoreçam a rotina diária e considerações sobre fatores que podem agregar na construção de um caminho positivo para toda a família.

**LUANDA GARCEZ RANHA**

## Luanda Garcez Ranha

Psicóloga, psicopedagoga, coordenadora do grupo de pais de crianças com TEA e supervisora certificada em Intervenção Precoce Para Crianças com Autismo, baseada no Modelo Denver. Possui vasta experiência profissional em 15 anos de formação e dedicação ao desenvolvimento infantil. É mestranda em Educação na linha de pesquisa sobre Práticas Educativas e Representações Sociais da UNESA, pós-graduada em Terapia Cognitivo-Comportamental, com formação em Psicologia Fenomenológico Existencial, entre outras certificações nacionais e internacionais como Estágio Clínico e Pedagógico em Avaliação e Intervenção nas Dificuldades de Aprendizagem – Certificado pela Qualconsoante – Disclínica em Lisboa, Portugal.

**Contatos**
luanda@garcezranha.com.br
21 99848-8498

> *Grande é a poesia, a bondade e as danças....*
> *Mas o melhor do mundo são as crianças.*
> **Fernando Pessoa**

O período de gestação é um momento em que os pais idealizam o seu bebê e se estruturam para recebê-lo. Essa idealização comporta as melhores expectativas e, a partir delas, são construídos planos para o futuro.

O nascimento de uma criança transforma a vida do casal. Nasce um filho esperado e com ele um ideal de vida. Com o passar dos meses, a percepção de um desenvolvimento que não corresponde ao esperado para a idade cronológica acende o sinal de alerta: é preciso rever os planos.

Receber o diagnóstico de transtorno do espectro autista (TEA) traz à tona um turbilhão de emoções inesperadas para família: inseguranças, angústias, medos, incertezas com relação ao futuro, conflitos, frustrações etc. Tais emoções e preocupações com o desenvolvimento e com tudo o que permeia o diagnóstico geram um estresse familiar que não contribui para o desenvolvimento infantil. É necessário tempo para acomodar sentimentos e informações. O TEA não afeta somente a criança diagnosticada, mas toda a família. A forma como a família escolhe fazer esse enfrentamento pode contribuir ou não para melhor adaptação a uma nova rotina. Um enfrentamento que contemple uma forte rede de suporte no que se refere ao apoio social de cônjuges, familiares e amigos pode fortalecer e reduzir o estresse.

O *Manual diagnóstico e estatístico de transtornos mentais* (DSM-5), em sua 5ª edição, apresenta uma díade de sintomas para caracterização do TEA: déficits na comunicação e interação social e comportamentos restritivos e repetitivos. Essa díade de sintomas se desdobra em: prejuízos na reciprocidade socioemocional, comunicação não verbal e na habilidade de desenvolver, manter e compreender relações, apego extremo a rotinas e padrões, resistência a mudanças e sinais ritualísticos, movimentos e/ou fala repetitivos ou estereotipados com interesses intensos e restritivos.

O TEA está subdividido em três níveis de gravidade, a saber, leve, moderado e severo, e estão relacionados com a intensidade do apoio que o indivíduo necessita. No nível leve o indivíduo apresenta dificuldade em iniciar interações sociais, com exemplos claros de respostas atípicas, problemas de organização e planejamento, sem grandes prejuízos na autonomia. No nível moderado, é exigido apoio substancial, pois o indivíduo possui interação social limitada, interesse restrito e comportamentos repetitivos frequentes. No nível severo, é exigido apoio muito substancial para o indivíduo com déficits severos nas habilidades de comunicação verbal e não verbal, havendo grande sofrimento para mudar a rotina.

É importante ressaltar que esses sintomas surgem no início da infância ou até que as demandas sociais excedam o limite de suas capacidades. Em outras palavras, na maior parte das vezes os sintomas são anteriores ao ingresso da criança na escola.

Os prejuízos no desenvolvimento da criança causam impactos na família. Todavia, a boa notícia está no fato de que pesquisas científicas evidenciam resultados positivos quando existe intervenção precoce na infância juntamente do ambiente social e familiar favoráveis.

A intervenção precoce em crianças com TEA deve abarcar estratégias terapêuticas, educacionais e, fundamentalmente, suporte e treinamento parental. Quando observamos uma criança com desenvolvimento típico, percebemos que ela aprende todo o tempo, seja interagindo com seus pais, com seus pares, nas suas brincadeiras ou mesmo explorando o seu ambiente. Uma criança com TEA, em que os déficits na comunicação e interação social junto da presença de comportamentos restritos e repetitivos são fatores que reduzem as oportunidades de aprender, precisa de intervenção com intensidade e consistência para que essa aprendizagem aconteça. Da mesma forma, a família precisa de suporte e psicoeducação para que possa aprender a se relacionar com qualidade, de forma mais favorável e potencializar as oportunidades de aprendizagem da criança.

A família é a maior aliada da equipe que acompanha a criança no que se refere aos interesses e no potencial para construção de um caminho positivo do desenvolvimento infantil. A rotina diária familiar deve contribuir para intensificar e dar consistência nas estratégias de ensino. Os momentos de interação durante o banho, vestir e despir as roupas, refeições, brincadeiras sociais e com objetos e até mesmo as tarefas domésticas são ricos em oferecer condições para que a criança aprenda e tornar a família protagonista nos modelos a serem seguidos. A ideia é possibilitar que a rotina de cuidados com a criança e os momentos de brincadeira tornem-se estratégias de ensino. Esses momentos devem ser repletos de afeto genuinamente positivos e vivenciados com clima agradável para a criança e para os pais. O prazer de ambos nesses momentos fortalece a possibilidade de que outros momentos de interação aconteçam.

Sabemos que, para crianças com TEA, prestar atenção no outro, comunicar o que quer, compreender o que as pessoas esperam delas e expressar suas emoções são desafios. Elas se relacionam de forma peculiar, pois normalmente os objetos são o foco de sua atenção em detrimento das pessoas. Uma das explicações para esse fato é que o objeto oferece uma previsibilidade ao contrário das pessoas que podem ser imprevisíveis na forma como se relacionam. As interações sociais são complexas e imprevisíveis, necessitam de uma leitura social em relação à compreensão do outro e do próprio ambiente. Essa forma de se relacionar com as pessoas e com o mundo diminui as oportunidades de aprendizagem, uma vez que é necessário que a criança observe, imite e se relacione com outras pessoas.

A motivação e a afetividade são condições *sine qua non* para que a aprendizagem seja efetiva. Esses fatores podem favorecer a família com as estratégias de ensino. Ela precisa estar atenta para observar como a criança brinca, ainda que não tenha funcionalidade no brincar e o que a motiva para, com afeto, ensinar.

Antes de tentar uma interação ou mesmo uma brincadeira com a criança, é importante que a família (pais) faça uma reflexão sobre o que conhecem de seu filho, suas preferências e sobre o que é capaz de lhe roubar a atenção. Seguem perguntas que podem ajudar nessa reflexão:

1. Nas brincadeiras e na rotina diária que tenho com meu filho, eu oportunizo que ele aprenda?
2. Meu filho gosta e se sente recompensado com as minhas brincadeiras?
3. Meu filho consegue prestar atenção na minha expressão, nos meus movimentos e no que eu digo?
4. O que faz os olhos do meu filho brilharem?
5. Como e com que objeto/brinquedo meu filho gosta de brincar?

Essas respostas serão úteis não apenas para um conhecimento sobre seu filho, mas também para estruturar uma rotina que favoreça a aprendizagem. Descobrir o que ele gosta e como gosta de fazer pode ser o início de uma brincadeira muito divertida. Ainda que o interesse dele não esteja em um brinquedo, é oportuno ensiná-los jogos sociais e músicas, favorecendo trocas de olhares, comunicação corporal e sensações agradáveis. Busque um bom posicionamento, respeitando a distância agradável para ele e evite um ambiente com muita informação. Nesse caso, menos é mais. Por último, mas não menos importante, siga a liderança do seu filho. Conquiste-o brincando como ele sabe e gosta, ainda que seja uma maneira incomum de brincar. Se ele gosta de enfileirar carrinhos, ajude-o a fazer isso até que, aos poucos, você consiga inserir uma nova ação. Dessa forma, você conseguirá construir uma boa conexão com ele e aumento do repertório.

Normalmente, a rotina da criança com TEA e, por consequência, de sua família, é dividida entre muitas horas de terapias, escola e cuidados diferenciados. Os pais podem se sentir sobrecarregados. No entanto, é fundamental considerar o planejamento de uma rotina que traga benefícios para todos os integrantes da família (pais e irmãos) e não se limite apenas à criança com TEA. Concentre-se no momento presente, com atenção plena. A atenção plena possibilita intencionalidade na ação e permite uma escolha consciente por comportamentos que promovam bem-estar para toda a família. O caminho é longo, é necessário pensar na saúde física e mental dos pais e irmãos para que não fiquem esgotados durante o percurso. Igualmente, é necessário reunir forças, investir tempo em qualidade de vida, estreitar laços e criar estratégias que fortaleçam a família nessa trajetória.

A parentalidade nos traz a chance de aprender com os filhos mais do que ensinar. É preciso valorizar a experiência fantástica de estar com eles, pela via do afeto, afetando e sendo afetado.

**Referências**

AMERICAN PSYCHIATRIC ASSOCIATION. *Manual diagnóstico e estatístico de transtornos mentais DSM-5*. Porto Alegre: Artmed, 2014.

CORREA, M. B.; QUEIROZ, S. S. A família é o melhor recurso da criança: análise das trocas sociais entre mães e crianças com transtorno do espectro autista.

*Ciências e cognição*, v. 22 (1), 2017, p. 41-62. Disponível em: cienciasecognicao.org/revista. Acesso em: 11 novembro 2020.

ROGERS, S. J.; DAWSON, G.; VISMARA, L. A. *Compreender e agir em família*. Lisboa: Lídel, 2015.

ROGERS, S. J.; DAWSON, G. *Intervenção Precoce em crianças com autismo: modelo denver para promoção da linguagem, da aprendizagem e da socialização*. Lisboa: Lídel, 2014.

SIEGAL, D. J.; HARTZELL, M. *Parentalidade Consciente: como o autoconhecimento nos ajuda a criar nossos filhos*. São Paulo: nVersos, 2020.

# 43

# INSTRUMENTO DE RASTREIO PARA SINAIS PRECOCES DO TRANSTORNO DO ESPECTRO AUTISTA
## MODIFIED CHECKLIST FOR AUTISM IN TODDLERS (M-CHAT)

Neste capítulo serão apresentados os sinais precoces do Transtorno do Espectro Autista (TEA): características, documentos de Diretrizes de Atenção à Reabilitação da Pessoa com Transtornos do Espectro Autista e um instrumento de Rastreio para que esses possam ser identificados. O instrumento pode ser utilizado a partir dos 18 meses e possui alta sensibilidade e especificidade, além de ser de acesso liberado. A escala Modified Checklist for Autism in Toddlers (M-CHAT) foi desenvolvida a fim de proporcionar aos profissionais de áreas diversas uma ferramenta de uso livre, indicada inclusive pelo Ministério da Saúde, minimizando os impactos com intervenções específicas precoces.

## NADIA GIARETTA

**Nadia Giaretta**

Mestre e Doutoranda em Distúrbios do Desenvolvimento. Atuo na área da educação com ênfase na Educação Especial há mais de 20 anos. Atuo na área de Autismo capacitando professores e profissionais de diversos seguimentos, incluindo a Saúde. Professora, desde a primeira infância até a Universidade. Professora, capacitadora e formadora nas modalidades presencial e a distância. Terapeuta especialista em Língua Brasileira de Sinais - Libras. Psicopedagoga especialista em avaliação, treinamento, formação e capacitação de profissionais de diversos segmentos e com formações variadas, incluindo a saúde. Pesquisadora na área do Distúrbios do Neurodesenvolvimento principalmente em: Autismo, Transtorno de Déficit de Atenção e Hiperatividade e Deficiência Intelectual. Autora de capítulos de Livros nos temas: Língua Brasileira de Sinais - Libras e Estágio. Autora de um artigo sobre Síndrome de Willians (Deficiência Intelectual).

**Contatos**
nagiaretta@gmail.com
Facebook: Nadia Giaretta Ranalli
Instagram: @nadia_giaretta
11 95699-0199

O transtorno do espectro autista, de acordo com o *Manual diagnóstico e estatístico* (DSM-5), está categorizado no grupo do transtorno do neurodesenvolvimento e se caracteriza por déficits em três áreas: comunicação, interação social e comportamento e de padrões repetitivos e restritos de interesse. Esses prejuízos aparecem no início do desenvolvimento infantil, entre os 12 e 48 meses e afetam o desenvolvimento pessoal, social e acadêmico (AMERICAN PSYCHIATRIC ASSOCIATION, 2014).

É de suma importância que os indicadores comportamentais como atenção compartilhada, contato visual, imitação, reciprocidade social, entre outros, sejam observados e acompanhados ao longo dos primeiros anos de vida, em média até os quatro, pois há surgimento de interesses restritos e repetitivos, maior dificuldade em alterar rotinas e falta ou pouco interesse por outras crianças, hiper ou hiporreatividade. Os déficits nesses domínios podem indicar sinais de alerta para o transtorno do espectro autista (BOSA, 2002; BANDEIRA; SILVA, 2017; BRASIL, 2014; A AMERICAN PSYCHIATRIC ASSOCIATION, 2014; FERNANDES et al., 2011).

Estudos apontam que ainda não é possível descrever a causa do autismo, porém evidências científicas comprovam que se refere a um transtorno neurobiológico podendo ser causado por fatores genéticos ou pré, peri e pós-natais como por exemplo uso de álcool pela mãe na gravidez ou baixo peso ao nascer, como outras ocorrências. Vale ressaltar que, até o presente momento, nenhuma causa pode ser considerada, de fato, a origem do transtorno (STRASSER; DOWNES, 2018).

Os sinais e comportamentos característicos do transtorno são percebidos antes que a criança complete 3 anos, conforme já mencionado. Contudo, pode-se verificar que a severidade do quadro dependerá das comorbidades associadas, como o TEA associado a deficiência intelectual.

Porém, a identificação precoce desses sinais e comportamentos é dificultada mediante a diversidade desse transtorno, bem como a necessidade de se analisar múltiplos aspectos como a falta de capacitação dos profissionais da saúde mental, a dificuldade em avaliar, acompanhar e encaminhar as crianças na primeira infância e, em alguns casos, a falta de percepção por parte dos pais e cuidadores em relação aos atrasos ou dos sinais que a criança possa apresentar, que possam refletir alterações no desenvolvimento (FRANCHINI et al., 2019; DE LEEUW; HAPPÉ; HOEKSTRA, 2020; BAIO; WIGGINS; CHRISTENSEN et al., 2018; RIBEIRO et al., 2017; SPIKOL; MCATEER; MURPHY, 2019; DARCY-MAHONEY; MINTER; HIGGINS et al., 2016).

A fim de proporcionar condições específicas para que os profissionais da Atenção Básica atuem com maior segurança e direcionamento nos casos com atrasos no desenvolvimento como o TEA, o Ministério da Saúde elaborou um documento denominado Diretrizes de Atenção à Reabilitação da Pessoa com Transtornos do Espectro Autista. A Atenção Básica foi escolhida para ser o equipamento responsável pela triagem inicial, pois de acordo com as políticas públicas vigentes, esses profissionais são considerados mais adequados por conta do calendário de vacinas obrigatório que coincide com o período de rastreio proposto para identificação de sinais precoces e de alterações no início do desenvolvimento infantil (BRASIL, 2014).

No documento Diretrizes de Atenção Básica, são apresentados e apontados os critérios e marcos esperados do desenvolvimento infantil e os sinais precoces do TEA separado por faixa etária/meses. A percepção das alterações do desenvolvimento possibilita uma precocidade na triagem de rastreio para futuro diagnóstico, tanto para TEA como para qualquer outro transtorno do neurodesenvolvimento, minimizando os impactos com intervenções específicas precoces (BRASIL, 2014; RIBEIRO; PAULA; BORDINI; MARI; CAETANO, 2017).

A Sociedade Brasileira de Pediatria também segue as mesmas orientações do Ministério, no sentido de que, ao observar atrasos no desenvolvimento neuropsicomotor, o profissional deve encaminhar a criança para uma avaliação para TEA (ARAÚJO et. al., 2019). Tal importância recai sobre o rastreio de comportamentos e sinais precoces, que o referido documento do Ministério da Saúde recomenda o uso para avaliação de triagem, indicando como sugestão dois instrumentos, de uso livre, para que as avaliações possam ser realizadas pelos profissionais de áreas diversas sem ônus. Um dos instrumentos recomendados no documento é a escala Modified Checklist for Autism in Toddlers (M-Chat), que será objeto central da discussão e reflexão a partir de agora nesse capítulo (LOSÁPIO; PONDÉ, 2008; BRASIL, 2014).

A seguir é apresentado o modelo da Escala Modified Checklist for Autism in Toddlers – M-CHAT:

Por favor, preencha o que segue a respeito de como seu filho(a) é comumente. Tente responder todas as questões. Se o comportamento for raro (isto é, você o observou uma ou duas vezes), responda como sim.

1. Seu filho gosta de se balançar, de pular no seu joelho etc.?
( )Sim ( )Não

2. Seu filho tem interesse por outras crianças?
( )Sim ( )Não

3. Seu filho gosta de subir em coisas, como escadas ou móveis?
( )Sim ( )Não

4. Seu filho gosta de brincar de esconder e mostrar o rosto ou de esconde-esconde?
( )Sim ( )Não

5. Seu filho já brincou de faz de conta, como, por exemplo, fazer de conta que está falando ao telefone, que está cuidando da boneca ou qualquer outra brincadeira de faz de conta?
( )Sim ( )Não

6. Seu filho já usou o dedo indicador dele para apontar, pedir alguma coisa?
( )Sim ( )Não

7. Seu filho já usou o dedo indicador dele para apontar, indicar interesse em algo?
( )Sim ( )Não

8. Seu filho consegue brincar de forma correta com brinquedos pequenos (carros ou blocos) sem apenas colocar na boca, remexer no brinquedo ou deixar o brinquedo cair?
( )Sim ( )Não

9. O seu filho alguma vez trouxe objetos para você (pais) para lhe mostrar este objeto?
( )Sim ( )Não

10. O seu filho olha para você no olho por mais de um segundo ou dois?
( )Sim ( )Não

11. O seu filho já pareceu muito sensível ao barulho (p. ex., tapando os ouvidos)?
( )Sim ( )Não

12. O seu filho sorri em resposta ao seu rosto ou ao seu sorriso?
( )Sim ( )Não

13. O seu filho imita você? (p. ex., você faz expressões/caretas e seu filho imita?)
( )Sim ( )Não

14. O seu filho responde quando você o chama pelo nome?
( )Sim ( )Não

15. Se você aponta um brinquedo do outro lado do cômodo, o seu filho olha para ele?
( )Sim ( )Não

16. Seu filho já sabe andar?
( )Sim ( )Não

17. O seu filho olha para coisas que você está olhando?
( )Sim ( )Não

18. O seu filho faz movimentos estranhos com os dedos perto do rosto dele?
( )Sim ( )Não

19. O seu filho tenta atrair a sua atenção para a atividade dele?
( )Sim ( )Não

20. Você alguma vez já se perguntou se seu filho é surdo?
( )Sim ( )Não

21. O seu filho entende o que as pessoas dizem?
( )Sim ( )Não

22. O seu filho às vezes fica aéreo, "olhando para o nada" ou caminhando sem direção definida?
( )Sim ( )Não

23. O seu filho olha para o seu rosto para conferir a sua reação quando vê algo estranho?
( )Sim ( )Não

**Aplicação do M-CHAT**

A escala de rastreio M-CHAT aponta sinais precoces do transtorno do espectro autista em crianças com idade entre 18 e 24 meses. A aplicação do instrumento é realizada com os pais, responsáveis ou cuidadores da criança pelo profissional da área. É composto de 23 perguntas simples, diretas e específicas do cotidiano da criança e que devem ser respondidas com "sim" ou "não", mas que apresentam alta especificidade e sensibilidade para o TEA (LOSÁPIO; PONDÉ, 2008).

O instrumento foi desenvolvido originalmente na língua inglesa e foi traduzido para o português pelas pesquisadoras Mirella Lopásio e Milana Pondé, respeitando-se toda a adaptação cultural necessária. Os itens levantados nas perguntas são sobre contato visual, imitação, brincadeiras de faz de conta, contato social e atenção compartilhada. Pode-se observar que as perguntas permeiam todo o desenvolvimento infantil, e sinalizam comportamentos e ações de fácil identificação.

A pontuação do M-CHAT define que todos os itens menos 2, 5 e 12, tendo resposta "não", indicam risco de TEA. A pontuação total que indica risco é de 0-2, se a criança for menor que 24 meses a pontuação de risco é entre 3-7 e entre 8-20 alto risco (LOSÁPIO; PONDÉ, 2008).

**Conclusão**

As políticas públicas internacionais acerca do tema priorizam o uso de instrumentos como o M-CHAT para que se possa indicar os sinais de alerta e comportamentos atípicos que são considerados como característicos do autismo. Essa ação tem como objetivo minimizar os sintomas com intervenções específicas diminuindo o sofrimento tanto da criança como da família. Outros ganhos na precocidade do diagnóstico, como a entrada das crianças diagnosticadas com autismo antes de ingressar na escola, acabam por apresentar um desenvolvimento e participação maior e a escola também se beneficia proporcionando ações específicas e direcionadas.

No Brasil, apesar de as políticas públicas defenderem o diagnóstico precoce e o Ministério da Saúde disponibilizar o instrumento de rastreio M-CHAT com os critérios sobre os marcos esperados de desenvolvimento através das Diretrizes de

Atenção Básica, oferecendo uma padronização, ainda se define que o equipamento das Unidades Básicas de Saúde é a porta de entrada para que essa triagem seja realizada. Mas, pela prática e principalmente pela idade em que a criança ainda recebe o diagnóstico de TEA, observa-se que a cultura de ações preventivas não está imbuída na cultura do país (BRASIL, 2014; BRASIL 2016).

**Referências**

ARAÚJO, Liubiana Arantes de et. al. *Manual de Orientação sobre o Transtorno do Espectro Autista. Sociedade Brasileira de Pediatria.* Departamento Científico de Pediatria do Desenvolvimento e Comportamento (nº 5, abril de 2019).

AMERICAN PSYCHIATRIC ASSOCIATION (2014). *DSM-5: Manual diagnóstico e estatístico de transtornos mentais.* Artmed Editora.

BAIO, Jon et al. Prevalência de transtorno do espectro do autismo entre crianças de 8 anos - rede de monitoramento de autismo e deficiências de desenvolvimento, 11 locais, Estados Unidos, 2014. *MMWR Surveillance Summaries*, v. 67, n. 6, pág. 1, 2018. Disponível em: ncbi.nlm.nih.gov/pmc/articles/PMC5919599. Acesso em: set. 2020.

BOSA, Cleonice A. Atenção compartilhada e identificação precoce do autismo. *Psicologia: reflexão e crítica.* Porto Alegre, v. 15, n. 1, p. 77-88, 2002.

BRASIL. *Diretrizes de Atenção à Reabilitação da Pessoa com Transtornos do Espectro do Autismo (TEA).* Brasília: Ministério da Saúde, 2014. Disponível em: bvsms.saude.gov.br/bvs/publicacoes/diretrizesatencaoreabilitacaopessoaautismo.pdf. Acesso em: set 2020.

BRASIL. *Cartilha para apresentação de propostas ao Ministério da Saúde.* Secretaria-Executiva. Brasília, DF, 172 p. 2016. Disponível em: www.fns2.saude.gov.br/documentos/cartilha.pdf. Acesso em: set. 2020.

DARCY-MAHONEY, Ashely; MINTER, Bonnie; HIGGINS, Melinda; GUO, Ying; ZAUCHE, Lauren. H; HIRST, Jessica. *Maternal and Neonatal Birth Factors Affecting the Age of ASD Diagnosis. Newborn and Infant Nursing Reviews*, v. 16, n. 4, p. 340-347, 2016.

DE LEEUW, Anne; HAPPÉ, Francesca; HOEKSTRA, Rosa A. A conceptual framework for understanding the cultural and contextual factors on autism across the globe. *Autism Research*, v. 13, n. 7, p. 1029-1050, 2020.

FERNANDES, Fernanda Dreux Miranda et al. Orientação a mães de crianças do espectro autístico a respeito da comunicação e linguagem. *J. Soc. Bras. Fonoaudiol*, p. 1-7, 2011.

FRANCHINI, Martina et al. Infants-at risk for autism spectrum disorder: frequency, quality, and variety of joint attention behaviors. *Journal of abnormal child psychology*, v. 47, n. 5, p. 907-920, 2019.

LOSÁPIO, M. F.; PONDÉ, M. P. (2008). Tradução para o português da escala M-CHAT para rastreamento precoce de autismo. *Rev Psiquiatr Rio Gd Sul, 30*(3), 221-9.

RIBEIRO, Sabrina H.; PAULA, Cristiane Silvestre; BORDINI, Daneila; MARI, Jair de J.; CAETANO, Sheila C. Barriers to early identification of autism in Brazil. *Revista Brasileira de Psiquiatria*, p. 1-1, 2017. doi.org/10.1590/1516-4446-2016-2141. Acesso em: set. 2020.

SPIKOL, Amanda; MCATEER, Donal; MURPHY, Jamie. Recognising autism: a latent transition analysis of parental reports of child autistic spectrum disorder 'red flag'traits before and after age 3. *Social psychiatry and psychiatric epidemiology*, v. 54, n. 6, p. 703-713, 2019.

STRASSER, Lauren et al. Prevalência e fatores de risco para transtorno do espectro do autismo na epilepsia: uma revisão sistemática e meta-análise. *Developmental Medicine & Child Neurology*, v. 60, n. 1, pág. 19-29, 2018.